| 识干家®· 博瑞森图书 |

企业阅读 本土实践

全屋整装

高利润运营手册

翁长华
陈　平◎著

天津出版传媒集团
天津人民出版社

图书在版编目（CIP）数据

全屋整装：高利润运营手册 / 翁长华，陈平著. --
天津：天津人民出版社，2020.6
ISBN 978-7-201-15858-7

Ⅰ.①全… Ⅱ.①翁… ②陈… Ⅲ.①企业管理
Ⅳ.①F272

中国版本图书馆 CIP 数据核字（2020）第 043492 号

全屋整装 高利润运营手册
QUANWU ZHENGZHUANG GAOLIRUN YUNYING SHOUCE
翁长华 陈 平 著

出 版 天津人民出版社
出 版 人 刘 庆
地 址 天津市和平区西康路 35 号康岳大厦
邮政编码 300051
邮购电话 （022）23332469
网 址 http://www.tjrmcbs.com
电子邮箱 reader@tjrmcbs.com

责任编辑 王昊静
策划编辑 李俊丽
装帧设计 仙 境

印 刷 河北宝昌佳彩印刷有限公司
经 销 新华书店
开 本 710 毫米×1000 毫米 1/16
印 张 21
字 数 292 千字
版次印次 2020 年 6 月第 1 版 2020 年 6 月第 1 次印刷
定 价 88.00 元

导读

整装其实不是个新名词，早在2012年就有企业将其作为战略方向性的创新模式进行推广，但当时并没有成功。这其中除了企业本身的原因之外，更重要的是当时的消费者对整装还没有明确的显性需求，行业对整装模式还没有普及；另一个原因是当时家居行业的产业链、企业服务后台都没有现在完善，所以整装在当时没有成为一种主流模式。家居行业发展到现在，这些问题都有了明显的改善，所以整装再一次成为行业发展的主流声音。

本书作者翁长华先生在家居行业深耕10多年，专注研究家居行业的商业模式，既是整装/拎包入住/存量房方面的营销专家，也是家居行业众多知名企业的战略顾问。

本书深度讲解了整装的市场格局以及未来家居企业的转型出路，围绕整装的商业模式进行深度解析。

在研究整装商业模式时，作者参考了大量的商业模式理论资料、企业内部运营的实战案例、经销商在终端所遇到的普遍问题，从而进行了系统的提炼。本书从整装的产品模式，套餐计价，供应链管理，运营建店，团队构建，商业运营，获客及用户分析，整装企业案例等方面系统为您讲解。

我们尽可能全面客观地呈现整装商业模式的全貌，帮助整装行业的朋友最有效、快捷、全面地了解整装，帮助行业人士真正解决实际问题，少走弯路，更快地分享整装市场大蛋糕的市场红利。

整装时代，我们如何整装待发

行业发生变化并不可怕，因为每一个变化的背后都孕育着一些巨大的商机！

2018年是家居行业的拐点年！

家居行业开始进入相对成熟的行业阶段，传统的商业模式与经营模式正在经受着10年以来最彻底的颠覆性变革。行业增长放缓只是一个表象，消费者的需求与购买模式的变化、中国房地产行业消费转型与升级、行业销售渠道重构与分流才是本质。在经营瓶颈中徘徊或有先见之明的厂家与经销商都在不遗余力地寻找新的增长出路。

2019年是家居行业的涅槃年！

无论是强势的一二线品牌要突破新的增长瓶颈，对商业模式进行布局做长远投资，还是诸多中小品牌、区域品牌想进一步寻求在行业中的一席之地，都在商业模式与经营层面努力创新，在强大的行业趋势面前面临着重要的变革抉择：在传统的市场利用价格战与渠道战扩大市场份额，在细分市场精耕细作寻找小众的蓝海，还是立足于行业未来重构商业模式，这是2019年摆在家居人面前的一个重大课题。

中国的房地产市场在2018年后也开始进入转型与多元化的格局：以北上广深为代表的特大型城市基本进入存量房时代；常规的省会城市基本进入精装房时代；以县城为代表的小城市基本进入城镇化消费升级时

代。家居行业传统的产品模式与销售模式随着房地产市场的变迁也正发生着改变：整装、拎包入住、旧房家装开始成为终端市场的三种主流模式。

整装，是行业发展的一个趋势，但整装不是一道轻易可以跨过去的坎。对整装，有人蜂拥而至，有人冷眼批判，有人视而不见。无论人们用什么样的眼光看待整装，事实上，整装都存在着、发展着。

有人说，整装的产业链太长、服务难度太大，所以很难做好。但是，大家认真回顾一下定制家居行业的发展历程就会发现，定制家居行业发展最快的阶段、最能让一些企业与经销商从行业中脱颖而出的阶段都是行业最难的阶段：产品开发方向不清晰、生产交付混乱、终端经销商摸不着头绪、消费者需要努力教育。但当行业发展到相对完善阶段的时候，后来的企业与经销商想快速发展的先机基本上就失去了，除非你在市场细分与商业模式上进行充分创新。

整装，现在正是处在这样的一个阶段。当前，还没有一家企业把整装做到真正完善与成功。最重要的是，你比别人抢先一步摸索，做得比别人超前一步就算是一种成功。

整装时代的来临，并不意味着所有的企业都要去做整装，但每个企业都会受到整装模式直接或间接的影响，从而在一定程度上影响企业未来的战略选择。

那么，在整装时代来临的时候，我们该做点什么呢？

（1）充分、理性、客观地审视自己

我们要做到不盲目地迷信整装，同时也要做到不盲目地无视整装。每一个新物种或新商业模式的出现都有其存在的理由，但也并不是适合每一个人或每一个企业。对整装关注的企业与经销商首先要做的是根据自己的战略、优势、资源、品牌、运营能力来决定如何整装，而不是人云亦云。

（2）看清行业趋势的同时，认清自己在整装产业链中的位置

未来的整装，有可能是某个企业相对独立的生态闭环；有可能是某个企业或经销商把它做成服务平台；有可能是某个企业或经销商成为整装产业链的一个服务环节。

具体要充当什么样的角色，企业与经销商要根据自身条件做出客观的选择。

（3）认清未来，要做顺势而为的家居人

未来已来——家装行业产业化、家装与产品融合化趋势已不可逆转。

家装市场将由当初的“卖方”逐渐转向“买方”，传统家装业务利润不断下降，同时家装行业也会告别单纯的“手工”模式，而成为家居的系统服务商模式。

消费者对于装修设计施工、家居产品的购买及售后服务的要求也越来越高，“一站式家居集成方案”服务必将成为一种新的消费趋势。

要么自己成为一种新模式，要么为新模式赋能，这是我们必须面对的行业课题。

三粒米教育一直从事于家居行业商业逻辑的深度研究，为行业同人提供行业发展规律的普及教育与职业化教育，为企业与经销商的事业发展提供系统、全面的理论指导与实践参考。

在此，我非常感谢尚品宅配李连柱董事长、HOMKOO 整装云团队（胡翊副总裁、曾凯总经理、常洪业总监）对我们的大力支持，以及毫无保留地分享内部相关的运营资料，我们应该为行业内有这样无私奉献精神的企业点赞。同时，也非常感谢我的研究助理陈道深先生一年以来默默地配合我进行深度研究工作。

另外，也要感谢更多其他的整装企业、经销商、专业的研究人士为我提供了宝贵的信息与资料，这本书部分实操内容引用了他们的经验与知识成果，才让这本行业专著得以圆满完成，有机会我们会再一次当面致谢！

为了家居行业的健康发展，三粒米教育一直在努力！

翁长华

2020 年 3 月 10 日

第一章

企业与经销商的新出路

第一节　城镇化进程正孕育家居行业增长机会

中国城镇化进程的不同阶段一直在影响着家居行业的财富走向。

中国城市化发展进程正在有条不紊地推进，城市格局也由原来单一的城市模式进入多元化的城市格局。这种演变也给中国的家居行业带来了可观的行业红利。

从世界城市普遍的发展规律来看，城市的最初发展都是以核心大城市的虹吸效应为主，吸聚周边小城市的各类资源，核心城市地位不断强化。此后，核心城市的人口及资源承载力遇到瓶颈，开始有意识地向周边城市扩散、辐射形成新城新区，溢出效应显现。外溢效应的产生使城市之间的关联度得以提升，随着各类生产要素联系的日益紧密，核心城市及其周边将形成城市群的网状辐射。最终，若干城市群之间人口、经济活动彼此联系，大都市带由此形成。

根据中国当前的城市发展步伐，同时也参照国外的城市化发展之路，中国的城市化发展大约会经过四个阶段，在这四个发展阶段中，家居行业的财富机会也同时发生着相应的变化。

第一阶段是强核阶段（强核高聚合力）

核心城市是经济、交通与信息的聚集地，此阶段虹吸效应大于溢出效应，区域内大量资源流入核心城市。

在这个阶段，最典型的是以北上广深、较早开放地区的核心城市、各地省会城市相继发展为代表。这些城市主城区的房地产建设发展得非常火热，较早抓住这些机会的品牌与经销商都取得了较多的财富。

同时，这个阶段的家居消费也是非常初级的，人们对房子的需求是最基本的居住属性，基本没有严格意义上的装修装饰观念。当时，家居行业主销的产品就是以简单地满足功能需求的成品家具为主。

第二阶段是外溢阶段（单城市扩散阶段）

由于投资规模扩大，交通体系完善，核心城市产生强辐射力，向城市边缘及周边小城市形成新城新区，溢出效应显现。

在这个阶段，全国最普遍的现象就是新区、开发区的火热开发。主城区的房地产建设基本饱和，围绕着主城区周边的郊区逐步并入市区进行进一步的开发。单个城市由于对周边郊区、县市的兼并，城市版图也越来越大。从单个城市来说，消费层次与消费属性开始出现明显的区别。位于主城区、新区、开发区、远郊的人们的消费特点的不同，引发了家居产品市场经营的不同定位与细分。

第三阶段是城市群（城市群网状式辐射）

随着城市之间各种联系的不断加强，人流、交通与金融信息密度的加大，形成地区内城市群的网状式辐射。

中国当前典型的城市群如表 1 - 1 所示。

表 1-1　中国当前典型的城市群

国家级城市群	国家级城市群	区域性城市群
长三角城市群	哈长城市群	北部湾城市群
京津冀城市群	山东半岛城市群	天山北坡城市群
珠三角城市群	辽中南城市群	呼包鄂榆城市群
成渝城市群	海峡西岸城市群	宁夏沿黄城市群
长江中游城市群	关中平原城市群	山西中部城市群
—	中原城市群	滇中城市群
—	—	黔中城市群
—	—	兰西城市群

“十三五”规划指出，我国未来将加快城市群建设发展，打造京津冀、长三角、珠三角世界级城市群，在全国范围内共打造 19 个城市群。可以预见，在国家规划层面，城市群的发展也将进入加速期。

我们顺着三大战略规划的指引与城市发展的轨迹来看，未来中国核心城市群的空间格局也逐渐清晰起来。三大战略的叠加区域也将是未来发展最具潜力的区域。京津冀城市群发展潜力最大，长三角、长江中游及成渝城市群分布在长江经济带沿线，是东中西部产业转移最主要的横向通道，而长三角及珠三角地区都是 21 世纪海上丝绸之路的核心区，承担着海上对外开放和创新升级的使命。

已经形成的城市群，比如长三角城市群、珠三角城市群、京津冀城市群，这也是中国当前最龙头的经济城市群。在这样的城市群，家居行业的卖场格局、销售渠道格局、品牌格局、消费属性已经相对成熟，同时市场潜力巨大。在当初发展的初级阶段抢得市场先机的家居品牌在某个市场领域基本取得了相对垄断的市场地位，其他做细分品类与市场的品牌只要找准自身的定位也会有巨大的商机。

正在向城市群的阶段发展的城市群，比如成渝城市群、长江中游城市群、山东半岛城市群、海峡西岸城市群，这些城市群的家居财富正处于火热爆发期。

正在酝酿阶段的城市群，比如呼包鄂榆城市群、宁夏沿黄城市群、山西中部城市群、滇中城市群、黔中城市群、兰西城市群等，这些城市群是家居行业厂家与经销商需要做中长期布局规划的市场。

第四阶段是大都市带（多中心大都市带）

城市群内多个超大城市和较大城市成为区域经济发展、金融贸易及信息技术强大的集聚与扩散中心。

在中国19个城市群发展的基础上，五大超级城市群的格局也在形成，正在向大都市带的方向发展。

国家在大都市带战略上，有四个清晰的战略规划："一路一带"战略、京津冀协同发展战略、长江经济发展战略、粤港澳大湾区建设战略。

京津冀、长三角、珠三角等三大传统城市群是基础最雄厚、经济最具活力、吸纳外来人口最多的区域，承担着引领中国经济发展方向、参与全球竞争的使命，这三大城市群不但要建设成为世界级城市群，而且城市群的核心城市也要发展成为世界级城市。城市群的发展是渐次推进的，在这三大城市群之外，长江中游及成渝城市群正在崛起，长江中游城市群承东启西、连南接北，战略地位突出，而成渝城市群更是承担全面融入"一带一路"和长江经济带建设的使命。

五大城市群无疑将成为未来中国最具发展潜力的地区，抓住这五大城市群的发展机会才能把握住中国城市发展的未来。如表1－2所示。

表1－2　五大城市群经济、人口、房地产市场规模情况

城市群	城市数量（个）	2018年GDP（万亿元）	2018年常住人口（亿元）	人均GDP（万元）	2018年房地产开发投资额（亿元）	2018年商品房销售面积（万平方米）
珠三角	9	8.1	0.63	12.9	11490	9398
长三角	28	17.9	1.54	11.6	25016	25038

续表

城市群	城市数量（个）	2018 年 GDP（万亿元）	2018 年常住人口（亿元）	人均 GDP（万元）	2018 年房地产开发投资额（亿元）	2018 年商品房销售面积（万平方米）
京津冀	13	8.4	1.13	7.5	10702	7155
长江中游	28	8.3	1.27	6.6	9263	18809
成渝	16	5.8	1	5.7	9410	17782
全国	—	90	13.95	6.5	120264	171654
五大城市群占比	—	53.89%	39.92%	—	54.78%	45.55%

经济方面：2016 年，占国土面积 11% 的五大城市群经济总量占全国国内生产总值的 53.89%，是中国经济最活跃、潜力最大的地区。

房地产方面：五大城市群人口虹吸作用突出，推动住宅房地产的繁荣。2018 年房地产开发投资 65881 亿元，全国占比 54.78%，同时，商品房销售面积占全国比例近半。对于下游产业链的家装、家具而言，战略布局从围绕“北上广深开店”向“城市群开分公司”转变。城市群成为市场布局的兵家必争之地。

第二节　房地产格局变化对家居业的大冲击

房地产真的变了！

无论是从厂家还是经销商的角度，都要对房地产市场的未来有个清晰的预判，从而战略性地调整经营方向与商业模式。

从 2017 年开始的房地产调控，到目前为止，应该是一种以长效调控为主要目标的一次行业改革。房地产企业会随着调控政策的常态化进行经营方向的战略性调整。

2018 年，如果对整个房地产行业做一个关键性的总结，那就是：

行业暂停、产业过渡。

行业暂停，是指房地产行业过去的发展模式与盈利模式的暂停。在这个暂停的过渡期间，房地产企业会花费不少的精力与物力来思考或探索与房地产相关产业的延伸盈利模式，家居行业自然是他们不会轻易忽略的一个行业。于是，出现了不少房地产企业向家装、家具等房地产后市场的项目延伸，这就直接或间接地影响到了家居行业本身的一些发展方向。

产业过渡，是指房地产企业在经过暂停阶段的调整与探索之后，会形成清晰的商业模式。比如针对家居行业，到底是去整合还是自己做，或者是两者并行，到时自然会成为房地产行业的一个明确方向。

国家政策对房地产行业的另一个直接影响是：**房地产行业由过去单一的毛坯房交付，直接过渡到毛坯房、精装房并存交付的状态。**

我们以北京市场为例，如图 1－1 所示。

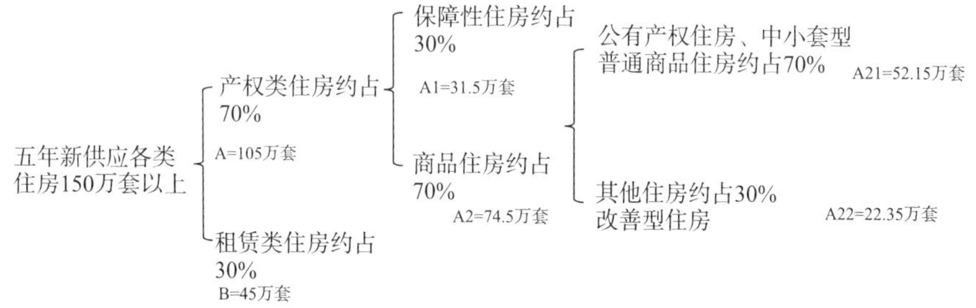

图 1－1　北京城市总体规划（2016－2035 年）

从图 1－1 可以看出，越大的城市、越成熟的市场的房地产市场已经开始进入更多元的格局。这对家居行业的经营模式的变革也直接产生了催化作用。基于传统单品立足于毛坯房的零售模式基本被打破，不是零售模式不行了，而是零售模式要转移战场了。

在新的市场格局下，市场已经形成三大主流的业态，厂家与经销商必须基于这三种业态进行商业模式升级或转型。如图 1－2 所示。

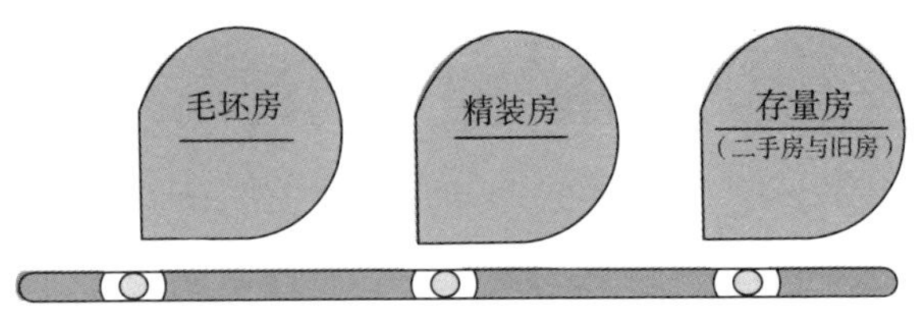

图 1－2　三大主流的业态

传统的毛坯房时代，成就单品王者。

大批做单品的厂家与经销商抢占了毛坯房的市场先机：欧派厨柜、索菲亚衣柜、TATA 木门、大自然地板、东鹏瓷砖、箭牌卫浴。

精装房格局，成就配套王者。

地产配套商：金螳螂、全筑股份、现代筑美。

精装配套商：尚品维意、亚度拎包、欧工拎包入住。

存量房格局，创新者的乐园。

局装：今朝装饰、块块装（博浴尼）

整装：尚品宅配 HOMKOO、欧派整装大家居、爱空间。

中国的房地产市场已经全面进入多元化的格局：稳定的大城市市场、成熟的城市群、正在形成的大都市带市场、高歌猛进的大县城市场。

房地产市场的变化，对家居行业真正的影响如下：

①针对传统毛坯房的经营模式已经不能全部适用于当前多元的房地产类型，要针对不同的房地产类型设计不同的业务模式。

②一种产品模式、一种营销模式已经不能适用于所有市场，要针对不同的市场类型设计不同的产品模式与营销模式。

③终端经销商靠在卖场开店就能完全、同步地解决客户引流、销售成交的时代已经结束，要靠多元化的渠道模式才能真正立足于当地市场，门店直营只是其中的一种途径而已。

第三节　企业与经销商面临哪些挑战

2018 年 1 月至 6 月，家具制造业营收增长率从 2017 年同期的 13.9% 回落至 7.1%，利润总额增长率则从 2017 年同期的 17.5% 下降至 -6.1%。

分析表 1-3 定制家居企业 2018 年前三季度报表数据，可以得出以下结论：

①定制家居企业上市红利消失。2017 年上市的欧派、金牌、志邦、我乐、皮阿诺等企业均取得 35% + 的年度增长，明显收益于上市红利。2018 上半年增幅均收窄 5 ~8 个点。其中，欧派更是低于 20% 的增长速度，行业正在趋于成熟。

②整体增长放缓。2018 年以来，家居行业整体增速放缓已是公认的事实。受社会大环境影响，定制家居经历了集体上市的小高潮之后，从一路高速狂奔转为现在的平稳增长。定制家居 30% 以上的高速增长时代正式宣告结束，已进入 10% ~20% 增长速度的新常态。

③尚品宅配、皮阿诺展现黑马本色。尚品宅配保持近 30% 的增长速度，皮阿诺无论是营收还是净利润均实现 40% 以上的增长速度，一举超越我乐家居，好莱客依然保持较高的净利润。

④在高速发展的定制家居大势下，厨柜行业 1 字头增长已经成为常态。欧派、金牌、志邦等老牌厨柜企业维持了 1 字头增长，顶固、圣象、老板电器、兔宝宝仅有个位数的增长。

⑤索菲亚、好莱客等老牌劲旅，一贯以来都是 30% 以上的增长速度，但在 2018 年的业绩增长都突然慢了下来。

⑥纵观家居行业，增速放缓，体量增大，头部品牌集中程度越来越高，这也意味着，竞争会越来越激烈，行业正演变成头部企业的游戏。

表1-3　定制家居企业2018年前三季度报表数据

2018年前三季度上市定制公司成长能力										
品牌	营销收入		比上年同期增减		净利润		比上年同期增减		净利润	
	2018前三季/亿元	2017前三季/亿元	2018前三季/%	2017前三季/%	2018前三季/亿元	2017前三季/亿元	2018前三季/%	2017前三季/%	2018前三季/%	2017前三季/%
欧派家居	81.97	69.03	18.74	37.20	12.00	9.44	27.07	32.17	14.64	13.67
索菲亚	51.06	42.51	20.11	43.07	6.92	5.76	20.16	41.05	13.45	13.44
尚品宅配	46.38	35.89	29.24	31.24	2.93	2.06	42.28	73.82	6.31	5.73
志邦股份	17.34	14.85	16.79	35.59	2.03	1.55	31.51	30.36	11.73	10.42
好莱客	15.18	12.52	21.29	31.05	3.07	2.23	37.30	45.26	20.19	17.84
金牌橱柜	11.30	9.67	16.83	36.18	1.19	0.91	31.53	125.54	10.55	9.37
皮阿诺	7.77	5.54	40.21	40.17	1.02	0.70	45.91	55.73	12.95	12.65
我乐家居	7.46	5.92	26.03	42.22	0.67	0.40	65.30	50.45	8.87	6.82
顶固集创	5.46	2.98	5.30	25.29	0.51	0.05	21.59	174.99	9.43	1.80

⑦2018 年 9 月，顶固集创成功在 A 股上市，成为定制家居上市阵营的新成员，这说明定制家居行业的增量市场还是强大的。家装家居市场本身就比较庞大，消费者需求日益多样化，加上欧派、尚品宅配、索菲亚等领头企业创新活力十足，纷纷试水整装大道，这些都是定制家居发展的利好因素。

家居行业厂家业绩增长放缓

2018 年，家居行业厂家业绩增长放缓，整体分析有以下四个方面的原因：

（1）目前国内宏观经济处于周期性底部

随着房地产和人口周期的拐点到来，国内经济增长的内在潜力受限，经济转型升级的压力增大。

（2）房地产政策调整

①2017 年下半年以来，我国房地产行业逐步步入严调控周期，一二线城市受到“限购、限贷、限价”影响，三四线城市“去库存”逐渐深入。

②销售情况：2018 年上半年，我国商品房销售面积同比增长 3.3%，比 2017 年同期回落了 12.8%。住房销售的增速回落，也使得住房相关消费增长放缓，家具家装类的商品销售及利润增速回落态势明显。

③精装房政策的持续推进。

④部分城市高房价对装修的挤出效应，透支居民购买力。

（3）客流、渠道严重分流

①房地产精装。

②整装。

③电商。

④购物中心、SHOPPING MALL 等新零售渠道的崛起，使传统家具建材销售渠道发生了深刻的变化。

（4）行业逐步进入成熟期，竞争比以往更激烈

①2018 年整装公司对定制行业造成一定的冲击，他们更倾向于联合当地的小厂共同发展。

②2017 年有 7 个定制品牌上市，上市后均加大了渠道拓展和产能投放力度，终端门店的竞争加剧。

③不断有跨行业的公司进入定制行业，造成顾客一定的分流。

④国家在大力推行精装房政策，工程业务对零售市场有着相当部分的业务量截流。

当然，业绩增长放缓与企业自身也有着不可分割的原因，具体如下：

①在行业急剧变革阶段，企业未能抓住新风口转型新模式。

②冠军企业终端网点布局趋于饱和，企业开店的速度放缓影响业绩。

③传统的销售渠道失效，而其他多元性渠道尚在探索阶段。

④被动价格战，纷纷推出“降价”套餐，直接影响业绩增长。

⑤销售品类相对单一，主销产品遭遇瓶颈，而新品类还未成长。

⑥在剩余经济时代，企业定位不清晰，产品同质化、营销同质化。

⑦行业进入红海竞争，企业缺乏强力的职业化人才梯队支撑。

整体来看，定制行业传统经销商的渠道红利在逐渐消退。2018 年上半年，部分企业开始加大在工程渠道的探索力度，积极寻求新的增长途径。

进入定制市场的路径无外乎厨柜和衣柜两种品类（尚品宅配除外），由于厨柜更倾向于精装房配套装修，所以和大宗销售的联系更为紧密。从这方面来看，定制厨柜市场受到精装房影响会大于定制衣柜市场。当然，这意味着以厨柜主营为主的企业更有机会深入大宗交易。比如金牌厨柜在 2018 年上半年的大宗销售占比达到了 11.05%。尚品宅配也对此表现出较为乐观的态度：一手精装房成交率和客单价都表现良好，精装房成交率在 50% ~60%，客单价在 5 万元左右。

精装房趋势上涨的影响对定制市场像把双刃剑，有利也有弊。精装房市场和零售市场就像跷跷板的两端，精装房市场崛起，零售市场就会受到挤压。由此，存量房市场的竞争将成为关键！另外，工程大宗业务的回款周期较长，营收增加的同时对企业的现金流会产生一定的影响。比如金牌厨柜的大宗交易业务虽然大幅度增加，但在 2018 年上半年经营活动产生的现金流量净额仅为 514.37 万元。

渠道布局是优势，但红利也会消退。比如欧派家居开店 400 家，相对于其庞大的开店基数，对其业绩增长所起到的作用不大。如图 1－3 所示。

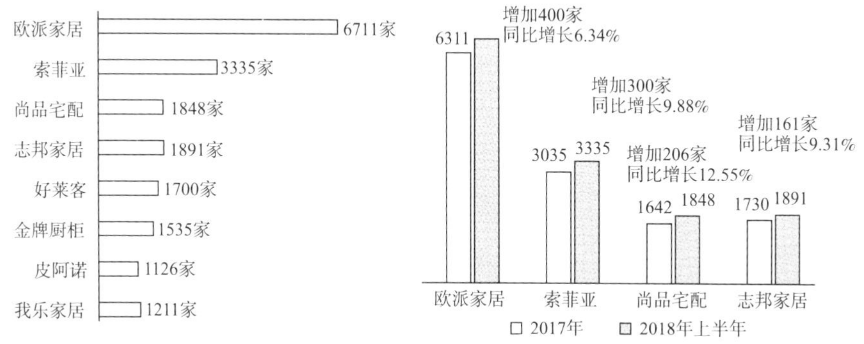

图 1－3 定制家居企业渠道布局与门店总数对比

欧派家居的经销商渠道布局在对比之下“一骑绝尘”，索菲亚作为第一梯队的三巨头（欧派家居、索菲亚、尚品宅配）之一，在经销商渠道布局上稍处弱势，尚品宅配的经销商数量和第二梯队的志邦股份几乎持平。众所周知，尚品宅配的打法在行业内独树一帜，虽然线下经销商数量偏少，但线上的获客能力相对较强，也应该作为综合考量能力的条件之一。

2018 年上半年，欧派家居共增加门店 400 家、索菲亚增加门店 188 家、尚品宅配增加门店 206 家。据了解，欧派家居的门店增长集中在欧派衣柜和欧铂丽品牌；索菲亚寄予厚望的司米厨柜 2018 年上半年仅增加门店 46 家，增长速度不及预期，2018 年上半年 500 家店面翻新也是影响业绩增长的主要原因；尚品宅配的经销商工作也在缓慢推进，同比增长 12.55%，再配合线上渠道，其业绩仍保持高速增长。

从定制行业三巨头的经销商渠道布局可以看出，各自都面临着不小的压力。欧派家居的推进遭遇瓶颈、索菲亚的保守战略及尚品宅配的经销商维护不善，使他们的经销商数量增长遇到了困难。

品类扩张是增长营收的重要手段，但短期效果不够显著。如表 1 - 4 所示。

表 1 –4 2018 年上半年 6 家定制家居企业品类营收情况

单位：亿元

上市公司	厨柜	衣柜	木门	卫浴	家具家品	全屋	其他
胶派家居	25. 20	16. 61	1. 57	1. 83	—	—	2. 28
索菲亚	2. 78	24. 86	0. 60	—	1. 49	—	0. 04
如莱客	0. 02	8. 81	—	—	—	—	
金牌厨柜	5. 95	0. 35	—	—	—	—	0. 13
皮阿诺	3. 16	1. 13	—	—	—	—	—
我乐家居	2. 26	—	—	—	—	1. 73	—

这样看来，上市定制家居企业基本都形成了在原有业务基础上拓展新品类的渠道布局，通过品类扩充等方式，定制家居的参与者们正在实现厨柜和衣柜的相互渗透，全屋定制也成为渠道布局的方向，行业的资源整合正在快速推进。当企业没有更多的增量市场去开拓的时候，企业间的竞争就集中到抢占竞争对手的市场中。所以，厨柜企业开始做衣柜、卫浴、木门，衣柜企业也开始做厨柜甚至软体家具。

品类扩张、全屋定制作为增长营收的手段，短期内可以让营收数据实现一定的增长。但长期来看，各家企业在 2018 年上半年营收增速缓慢、渠道拓展受阻，在推进过程中的困难不言而喻。

经销商业绩增长放缓

2018 年以来，经销商业绩增长放缓的四个主要原因如下：

新生代消费者的购买模式改变与消费开始升级、行业终端的销售渠道结构发生变化、终端经营成本攀升、终端竞争更加激烈。

①在终端急剧变革阶段，经销商未能抓住新风口转型新模式。

②城市网点饱和，或是生意难做，导致经销商开店的速度放缓。

③客流分化及渠道的变化，营销成本高涨，生存压力大增。

④企业用“降价”套餐牺牲经销商利润和收入，换取市场份额。

⑤门店单品经营，客单价值少，坪效、人效低，引流成本高。

⑥坐商被动营销，外围销售渠道不强大，或是营销同质化。

⑦行业进入红海竞争，终端缺乏强力的职业化坐商被动营销，外围销售渠道不强大，或是营销同质化、人才梯队支撑跟不上……

综上所述，我们将家居行业厂家与经销商所面临的挑战总结为 6 个变化。如图 1－4 所示。

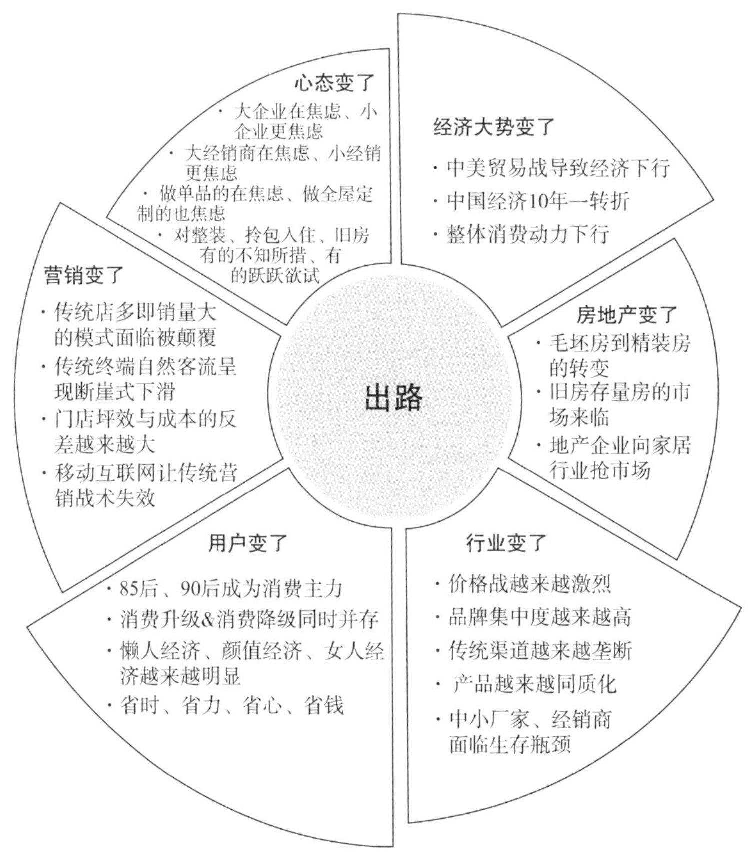

图 1－4　家居行业厂家与经销商所面临的挑战

接下来，我们从6个变化里选择其中的4个展开重点分析。

1. 心态变了

现在，大企业焦不焦虑？小企业焦不焦虑？经销商焦不焦虑？做全屋定制的企业焦不焦虑？做单品的企业焦不焦虑？做拎包入住的企业焦不焦虑？为什么焦虑？做单品的企业觉得这样到底能不能做？现在做整装的没有随便就能成功的，只是看谁相对成功而已，大家都是做整装，你能随便做吗？

接下来，我们谈一谈整装的格局现状：对工厂而言，希望经销商完全按照现有的产品体系、服务标准和运营体系去做。现在整装是没有这个模式的，总部只能做赋能。比如尚品宅配的整装云，他们的后台也有主材，同时也做全屋定制，也招募会员加盟，加盟的经销商可以借助总部赋能的平台，结合自己的产品结构把它运作好，自成体系，然后在当地有自己的玩法。有人说，欧派不是这么做的，他只找当地数一数二的家装公司加盟，这是门当户对的玩法。欧派的整装模式是少数精英的游戏，尚品宅配是全民的游戏。

拎包入住又是谁的游戏？这里说的拎包入住是针对精装房后市场延伸的产业链。拎包入住是谁的菜？如果是做大型工程配套的，肯定是总部的菜，经销商在后面做服务。为什么不提前把这些行业格局看清楚，迎合上去？2017年，我跟一个大企业的老板聊天。他说："我有这么多渠道，只要把渠道做好就可以了。翁老师，你跟我说的那些东西都很对，但这些是未来的事情，我现在暂时不考虑。"结果，这个老板于2018年就开始干起拎包入住。只要你看清楚了，确定自己一定会死时是不会焦虑的，不知道自己是死是活时是最焦虑的，所以心态就会发生变化。

2. 房地产变了

为什么定制家居行业在2010年之前都是做单品的会成功？主要的原因是中国的房地产以前全部都是毛坯房交付，现在是毛坯房、精装房、存量房三者并存。你还继续用原来针对毛坯房的传统商业模式应对这个市场吗？

现在毛坯房界定在具体某个类型的人群上，精装房大多针对刚需、公寓等。现在大城市圈的消费群体开始形成圈层了。现在的房地产格局越来越清晰，我们要思考哪一部分的消费群体才是我的顾客，这个问题要考虑清楚。

但是，县城大部分还是毛坯房。所以，传统玩法在县城还能玩转。县城最大的变化不是市场格局变了，而是用户的装修观念变了。传统印象里，县城的用户应该是什么样的？他们没有消费理念、信息闭塞、装修房子不愿意花很多钱，不愿意接受新事物。现实情况是，他们掌握的信息也很全面。

3. 用户变了

用户最大的变化，可以用三个关键词总结：懒人经济、颜值经济、女人经济。现在的整装、拎包入住和全屋定制都是针对懒人经济的特点，要具备做系统方案的能力，然后再根据消费者的需求重新组合。颜值经济是以整个居家效果好不好看为前提。女人经济对应的是县城经济，在县城买房子都是女人说了算。我到县城发现，全都是农民在买房子。现在，中国的农民非常具有时代意识，消费意识超前。他们现在装修房子发一个链接给我，就像三维家里面的整套效果图，跟我说就要这种感觉，能不能帮我装修？我们通常认为农村客户群体会想这个事情吗？不会的。但现实是真的发生了，他们发这个链接意味着其已经不是单品思维。

4. 营销变了

原来简单粗暴的打广告模式已经过去。以前的营销只要有一个大家公认的产品传播一下就可以了。现在不行，市场越细分越意味着你的产品和服务需要更加细分，我们的传统营销模式开始慢慢失效。

厂家与经销商可以综合以上 6 个变化，再结合自身的情况判断市场发展的方向，避免走弯路。

第四节　企业与经销商靠什么增长

家居行业未来 10 年财富爆发增长的机会正在来临！

下一个 10 年爆发增长的机会在哪里？

为了便于大家理解，在此按大家熟悉的城市划分，分析一下不同类型城市的市场机会。

特级城市：原来新房是增量，存量房是补充；现在存量房市场（二手房与旧房）是未来市场业绩的主要增量。

省会城市：大部分常规的省会城市在未来 3 年，谁先抢占这部分市场，谁就能真正在零售市场称王。

地级城市：常规的地级城市，主力还是新房，旧城改造是增量。

县级城市：常规的县级城市，庞大的农村消费者是增量。

所有大的品牌都在布局未来，作为总部，需要指导经销商做事情，预测省会城市会出现什么状况，提前做好规划，做好资源匹配。作为经销商，需要想清楚未来应该怎样调整自己的方向。我看到过很多经销商原来的业绩很好，后来的业绩下滑，这是因为他们每一个节点都没有踩到点上。

未来三条出路

1. 传统全屋定制原地不动，走差异化路线

走差异化路线，我们想到的可能就是服务差异化。大家都想把服务做好，关键在于是否有这个体系支撑你把服务做好，而不是你想不想把它做好。但是要做到服务差异化很难，所以我讲的差异化路线，第一个是指产品差异化。例如，现代极简、现代轻奢等，让年轻消费者和新中产消费者眼前一亮。

第二个是指渠道差异化。以兔宝宝为例，兔宝宝整合了一家做厨柜的企业，在国内做了 10 亿元的业绩。兔宝宝的产品并没有多大区别，但是它的渠道走工装、配套甚至其他工程等。按照传统玩法做 10 亿元的业绩，声势得有多大？但像兔宝宝这样的企业通过走渠道差异化路线，悄无声息地就实现了。

2. 针对精装房走向拎包入住

针对精装房走向拎包入住，跟房地产公司合作。每一种模式都是一个方向，有利也有弊，关键在于你是否具备做这个的条件。

3. 针对毛坯房、存量房走向整装

针对毛坯房、存量房走向整装，经销商要具备做整装的能力，但不一定每一单都做整装。比如尚品宅配的广州东宝店在 2017 年做了 3. 8 亿元的业绩，订单组成有局装、全屋定制、整装，这意味着具备做整装的能力，但不一定每一单都必须做整装。

不同类型房子的商业模式

1. 针对毛坯房的三种模式

第一种模式：家装还是做家装，全屋定制还是做全屋定制，软装还是做软装。传统的毛坯房、传统的家装公司、传统的全屋定制、传统的卖成品家居，市场上还有这种需求。

第二种模式：家装 + 全屋定制。这种模式大多是典型的装修公司业务转型。

整装模式最早是博洛尼 CEO 蔡明先生在 2012 年时提倡的。整装最先是推向大城市，因为大城市以前都是毛坯房，而且大城市的消费者接受意愿高，但现在做整装反而是受小地方欢迎。比如一个业主在你这里购买厨柜，衣柜也在你这里购买，于是这个业主说这么多东西都在你这里购买，能否把我家里最基础的水电和一些杂七杂八的活一起在你这里搞定？这样一来就变成了整装。家装部分做了，全屋定制做了，再厉害一点的老板把软装部分也做完。其中，最赚钱的是哪一块？首先是厨柜，其次是全屋定制，包括软装里面有很多居家用品也能赚很多钱。

每一个行业，哪怕是使用同一种盈利模式，赚钱盈利的部分都会不同。为什么？

首先，因为行业越来越透明。

其次，如果创新另外一种模式，盈利点相继会发生变化。比如家装公司，原来靠施工就能赚钱，施工透明化的时候靠卖主材赚钱，主材透明化可以增加定制家居赚钱。我们需要思考一下；这个城市处于什么状况，主要赚钱的产品品类或者服务是哪一块？

第三种模式：整装部分。传统家装公司是怎么定义整装的？家装公司的整装就是全包，现在很多定制家居干整装是怎么定义的？就是整装 + 全屋定制。目前对整装没有标准的定义。所以，我们联合尚品宅配 · 圣诞鸟整装云出版了《全屋整装》，希望为行业解答整装的标准定义、业务模型、服务流程等。

2. 针对精装房有三种模式

一是全屋定制。

二是软装。

三是拎包入住。

软装品类整合是让人很头痛的事情。

第一，考验你的整合能力。

第二，消费者对于软装的产品，如果在某个平台看到，觉得满意也会顺带购买。消费者纯粹冲着软装产品单独去采购，这个引流理由就不成立，所以软装大部分是做配套。拎包入住就是全屋定制 + 成品家具 + 软装，这是最核心的模式，关键是产品的组合。

3. 针对旧房的 7 种业务模式

旧房有 7 个业务板块：快修、局装、整装、全案设计、民宿改造、精品施工、软装业务。

不同类型的经销商未来应该朝哪个方向转型

现在的经销商化分成两类：一种是做产品的经销商；另一种是做家装公司的经销商。

1. 做产品的经销商

第一，单品针对毛坯房做整装配套。最早的经销商都是做单品的，现在的经销商都是做全屋定制、整装。做单品立足于毛坯房是原来的主流模式，现在大众主流模式是精装房，毛坯房变得相对小众了。

第二，单品针对精装房做零售。比如这个门不好看，客户要求换一个；这个厨柜客户不喜欢，要把它换掉时……这就是单品做精装房的机会。但这种情况不多，属于小众化市场。单品针对精装房更多的是做工程配套，工程配套是工厂和品牌商的主场。

全屋定制针对毛坯房做整装的零售。全屋定制针对精装房有两种情况：一种是做拎包入住工程，总部对总部；另一种是针对拎包入住做零售。精装房市场未来还有几年机会？它也只是过渡阶段。如果中国房子盖得差不多了，就到了存量房的天下。

单品针对旧房可以做局部装修，快修主要作为引流手段。全屋定制家居可以针对旧房做整装和软装。以前成品家居很火的时候不看好定制家居，定制家居这几年火了，结果精装房时代来临了。精装房时代来临是不是成品家居就会有翻盘的机会？只要你的商业模式涉及，肯定有机会。原来做单品的后面慢慢做全屋定制，等存量房时代真正到来时，或许单品又有机会了，所以踩中时间点很重要。

2. 做家装公司的经销商

现在很多家装公司，清包、半包或者全包，包到最后就成整装了。清包、半包针对毛坯房，属于以前的传统商业模式。一个是做大众化的施工，另一个是做高端的施工。有一种业主是这样的，给设计师一笔费用，施工的工艺全部按照设计师的要求去做，一般的施工队做不到，业主愿意为这部分高质量的施工给出高出市场价一定比例的费用，所以能做到精品施工也能赚钱。针对精装房，清包、半包也就没有什么机会了。

整装针对毛坯房有两种模式：一种是家装整装；另一种是产品整装。针对旧房，清包、半包可以做快修、局部装修，整装也可以做，软装可以整体做。

经销商的转型方向有四个：

第一，继续代理产品品牌，继续做某个品类的经销商，但是要深度挖掘当地的细分市场。

第二，与平台总部合作，做当地的运营商。

第三，强化当地的商业关系，做工程业务的服务运营商。

第四，升级商业模式，做新零售经销商。等存量房时代到来，除整装外，存量房时代的拎包入住、全屋定制都会慢慢演化掉，最后可能会变成宜家的模式，变成新零售的模式。

第二章

整装时代，催化定制企业的经营变革

第一节　整装是不是定制企业竞争摊牌的最后一搏

欧派、尚品宅配、索菲亚以及家装公司、房地产企业跨界，谁会成为下半场领军者并率先突破千亿元？

金牌、志邦，谁会更快冲入一线阵营，形成自己独特的行业标签与地位？

不是大家的信心说了算，而是模式与生态链说了算！

服务创新之争，从成品家具中剥离出了定制衣柜这个行业！

产品占位之争，催化出了从衣柜到全品类的全屋定制家居行业！

入口占位之争，让全屋定制、拎包入住、整装三种模式并存！

那么，接下来的市场格局到底会变成什么样？

全屋定制、拎包入住、整装会不会成为三大主流模式，企业与经销商是观望、跟风，还是专注走自己的路？

为什么行业大哥都不约而同地大力度试水整装，是搅局还是对行业一次本质上的升级？

整装会成为家居行业的终极模式吗

我长年研究家居行业产业链，和产业链上的企业都有不同程度的合作与接触。我发现家居行业已从最初的各自以分散的单品类或单项服务为主的商业模式，开始过渡到跨品类、全屋定制模式，这说明家居行业本身在进行着自然的进化。

对于消费者来说，更希望省时、省心、明码付费地完成一次家装工作。具体内容归纳如下：

①方案个性化——挑战传统套路的家装方案满足客户的个性化需求。

②时间可控化——每项工种施工时间公布于众。

③材料明示化——配材清单透明。

④家居环保化——环保已经成为消费者刚需性的显性需求。

⑤价格透明化——直接颠覆“增项”收费模式，明码实价消费。

⑥施工专业化——施工工艺与施工流程明确标示。

⑦验收标准化——验收标准公布于众；客户、巡检同时验收。

要满足以上需求，整个家居行业就要面临着一次转型升级；未来已来——家装行业产业化、家装与产品融合化趋势已不可逆转。

家装市场将由当初的“卖方”逐渐转向“买方”，传统家装业务利润不断下降。同时，家装行业也会告别单纯的“手工”模式，而成为家居的系统服务商模式。

消费者对于装修设计施工、家居产品的购买及售后服务的要求也将越来越高，“一站式家居集成方案”服务必将成为一种新的消费趋势。

①“一站式家居集成方案”模式进一步升级了家装行业的产业结构，中国家装行业将由以前的建材生产、商品销售、装饰装修公司、施工队、设计师逐步发展到一种集合的趋势。家装企业不再单单扮演着某一个角色，而是集生产、设计、销售、施工于一身，扩大、提升了家装行业的产业链条。

②产品企业也在向“一站式家居集成方案”模式靠拢。如果产品企业还是按传统模式提供产品销售，对消费者的黏性就会越来越小，市场空间会逐步让出去。如果产品企业要自带销售流量，要么与有客户流量入口的平台性企业合作，要么就自己延伸能带流量的接触点，因为在将来零售只会成为家居行业的一种方式，并不会像之前一样是主流模式。

③行业的门槛在逐步提高，会进一步加速行业洗牌，促使家装行业向着更规范的方向发展。越规范就越需要企业具有雄厚的财力，有更强的产业整合、资源协调、运营管理能力。

④“一站式家居集成方案”服务在真正解决新生代消费者的痛点。家居集成带给消费者系统化的服务，家装企业从单纯的家装商转变为家居资源的整合商，将向下游链接更多的建材、家具和配饰产业。集设计、选材、施工及售后为一体，使消费者从费时、费力、繁重的传统家装模式中解脱出来。

⑤“一站式家居集成方案”促使家居行业更加绿色、环保，与国家倡导的政策保持同一频道。“一站式家居集成方案”基本会采用工厂化生产方式，并在现场组装，因此减少了现场施工带来的噪声、粉尘污染。行业大整合只会让更加规范的企业来生产产品，接受专业质量检测部门的监管，降低有毒物质对消费者的危害，使消费者的安全得到保障。

“服务 + 产品”正在成为这个行业的基本模式，服务会成为产品的主要组成部分。在家居行业进入大定制、大产业的时代，家居企业能否有独特的品牌标签非常重要，要想在市场竞争中取得有利地位，符合趋势的综合竞争力比拼已经是不争的事实。

整装，正在以行业终极模式的姿态蓄势待发！

为什么大企业都开始不同程度地试水整装

定制家居行业上半场已经成功的企业，基本上都是以单品类为核心模式成功的。比如欧派做到厨柜冠军、索菲亚做到衣柜冠军、TATA 做到木门冠军……

这些企业想再进一步扩大市场规模与销售额的时候，基本上都走了以下这么一条路：

①大力度强化生产后台，充分收割疯狂的市场增量红利。

②大力度扩大渠道规模，利用渠道数量扩张带来销售规模。

③大力度增加品类，利用品类连单效应扩大单值带来销售规模。

④大力度延伸价格，利用价格层次抢占不同层次的消费群体带来销售规模。

现在问题来了，以上策略基本上都是基于市场不成熟，用非常传统的方式在特定阶段获取市场先机的红利而已。

这些大企业渠道扩张的空间越来越小，品类扩张的瓶颈越来越明显，更大力度的价格战与经营成本越来越难以匹配。

如果不从根上进行突破与变革，这将是一场死局。

相当于在上半场抢占先机快速地奔跑却被堵在了一个十字路口，让后来的人悄然赶上。大企业想在下半场保持领先地位或进一步实现大突破，必须在以下三个方面进行全方位占位：

一是真正解决新生代消费者的内心刚需，也就是要在消费者的认知层面形成自己的入口标签。

在未来的消费属性里，消费者不会将你的某一个产品的性价比作为消费选择的唯一标准，而是认为企业的服务模式能解决自己的痛点，这种认知才是未来最重要的销售入口，它的意义要远远大于实际的销售渠道入口的优势。

二是要在品类规模化与服务个性化之间找到独特的平衡与模式。

企业既要解决消费者的个性化需求问题，又要解决本身规模化的发展问题，这就需要在商业模式优化上再升级，对价值度不高的部分，如基装、高竞争性产品要做到标准化与低门槛化，而对高价值部分进行充分的个性化以实现商业利润最大化，如软装类等。

三是形成企业自身的生态闭环，把对外部依靠的风险降到最低。

企业规模越大，就越需要建立起对接外部风险的竞争力，特别是在风险日益不确定的今天：消费者变迁、销售入口分流、产业格局重塑。如果企业不具备这种能力，很可能会出现因为外部的一根稻草压垮一个企业的现象。

目前，也只有整装的模式能从理论上把这些因素很好地结合成一个整体。这些大企业是希望整装模式能进一步从本质上让企业跳出原始的产品经营模式而向更高价值的服务模式转变，从而让自己在未来的竞争中形成核心优势。

真正要做好整装，需要强大的产业链运营能力，这种模式也只有大企业有希望玩转。如果玩成功，其他小企业的对抗能力会越来越弱，就会出现大企业之间大规模的商业模式之争在不经意之间踢死小企业的情况。

整装的本质：是大企业之间的生态链之争吗

试想一下，随着整装企业的销售规模越来越大，在企业整装平台上能消化的单品类产品越来越多，比如瓷砖、地板、厨柜、衣柜、油漆、木门……

单品类企业在这些企业的采购中贡献的销售比例越来越大，而且也都是各自企业的品牌，那么，整装企业的平台会不会成为下一个天猫或京东？

如果是，单品类企业就变成 B2B，再通过整装平台面对 C 端。那么整个行业就开始进行明确的分工，平台企业对 C 端进行销售与服务，产品企业对 B 端进行供货与服务。另一个可怕的现象就来了：整个行业就可能只出现少数的寡头面对 C 端控制着市场，更多的产品商就成为背后的无名英雄了。

未来就有可能形成这样的局面：C 端都由房地产类平台与整装类平台控制，出现少数的寡头之间的竞争与合作。

这就是不同平台之间的生态链的竞争。

对此有些人并不认同，但我建议大家多关注以下几个现象：

渠道商的红星·美凯龙与居然之家等，都在试水线上线下融合，又同时用资本方式不断地入股产品企业，你觉得他们想干什么？

碧桂园与恒大等房地产商，延伸家居产品消化自己的客户资源，同时向自身企业之外的资源进行延伸，你觉得他们想干什么？

作为产品商的尚品宅配与欧派等，不断地想让自己的终端做到相对独立引流并努力地横向整合渠道资源，你觉得他们想干什么？

只有一些小企业或没有长远眼光的企业还在自身产品的温床上睡大觉，或者无奈地焦虑着。

以上现象都说明一个问题，他们都在进行行业的生态链布局，都在提前进行战略性的生态链占位，为下一步的冲锋做着积极的准备。

在未来的市场格局中，没有自己的生态链闭环的企业只能在场外看热闹，或者跟着拥有生态链闭环的企业去混。

生态链之争的背景下，不一定所有的企业都要做整装，但所有人都必须关注自己在整装生态链中的位置。

企业生态链竞争本质上是对服务控制权的竞争。在未来的行业竞争中，谁失去了服务控制权谁就会丢失C端用户市场的话语权。

对于全屋定制企业来说，生态链的起点是产品，利用产品建立起自身的渠道体系，再赋能加盟商进行整合。也就是说，全屋定制企业以给加盟商提供企业自己生产的产品为核心，再输出整套的整装服务体系：终端以软件为载体的整装展示系统，信息化家装管理+当地基装服务为保障，补充产品为配套。

总部在提供产品的基础上，把整装的信息化管理软件作为服务手段，再整合配套的产品作为自选项目打包提供给加盟商，让有条件的加盟商结合自身条件去运营；总部就相当于赋能加盟商，和加盟商一起建立终端的生态链。

第二节　整装，还是全屋定制 + 整装

整装对于家居行业来说，是搅局还是对行业一次本质上的升级？

对于大多数定制企业与经销商来讲，是观望、跟风，还是专注走自己的路？

正火热的全屋定制接下来会面临什么挑战？

全屋定制企业未来核心的 3 条出路是什么？

什么是全屋定制 + 整装？全屋定制 + 整装的真正核心是什么？

全屋定制 + 整装是大定制时代最主流的模式吗？

为了便于大家更直观地理解现在流行的热词——全屋定制、大家居、拎包入住和整装，我们在这里对其做个界定。因为以下课题的分析离不开这 4 种模式对行业的影响。

全屋定制：厨柜 + 整体衣柜 + 配套成品家具。

大家居：建材主材 + 定制家具 + 成品家具 + 软装。

拎包入住：定制家具 + 成品家具 + 软装 + 家电。

整装：基装 + 建材主材（地板、瓷砖卫浴、室内门、门窗） + 定制家具 + 成品家具 + 软装 + 家电。

正火热的全屋定制接下来会面临什么挑战

在全屋定制高速发展的当下，看似更广阔的发展机会背后其实面临着更高要求的挑战，这是为什么？

从家居产业的全景角度来看，家居消费是一种从家装开始、定制为中、家具与软装为后的消费模式。所以，这种行业角色对全屋定制企业提出了更高的要求与挑战，具体表现在以下几个方面：

1. 全屋定制处在中间的角色，如果不站好队，行业角色比较尴尬

定制产品是处理家居消费的中间环节，向上游可以自由地往家装环

节延伸对接，向下游可以往家具与软装环节对接。在家居消费还不太成熟、行业发展竞争还不充分的情况下，这是一种优势，也是最近几年全屋定制产品异常火爆的原因。

随着消费成熟与产业竞争催化的加剧，家居消费在消费端表现为以一站式消费为主流，在产业内会进行更严格的分工与合作。那么，全屋定制这种处在中间的角色，如果不站好队，行业角色就会比较尴尬。

如果没有前瞻性的规划，全屋定制就会像定制行业在以单品经营为主的时代一样错失发展的良机。

2. 全屋定制开始进入同质化时代，告别高毛利，缺乏核心盈利模式

在传统的定制时代，典型的就是高毛利维持低水平经营与营销。由于行业竞争的加剧，单纯的产品已经告别高毛利时代。也就是说，仅靠产品已经很难面对新的市场环境：单纯的产品单价越来越低，经营成本却越来越高。

传统的多品类扩张采取的都是“产品带产品”的销售模式，这是全屋定制行业的通病。对于消费者来说，“产品带产品”体验感不高，而“方案装更多的产品”或“空间装更多的产品”模式则是一条可行的发展之路，这也是全屋定制模式要突破的核心瓶颈。

这里的根本就是要利用新的客户价值点来带动产品销售，从而达到企业与经销商的盈利目标。

3. 终端的销售入口开始分散，原有的零售模式被弱化

原来主流的定制家居企业的销量贡献大部分来源于终端的零售模式，但随着精装房、家装公司、互联网的出现，销售入口多元化与分散化，传统终端零售模式开始受到严重的挑战。这对于以传统零售起家的企业与经销商来说，是最大的考验。

就零售本身来说，也进入了一个全新的时代，传统零售模式开始进化成为新终端、新零售的模式。

大定制时代在终端入口前置导致的最直接的变化就是4个前置：设

计前置、导购前置、体验前置、服务前置。其中，设计前置就是争夺入口话语权。

全屋定制模式在设计上的话语权受很多条件的制约。与家装企业、整装企业相比，全屋定制企业的设计前置到他们的环节就直接被控制。要用服务的模式做家装，要用家装的模式做全屋定制。这里说的用家装的模式最重要的就是在全屋定制设计环节充分考虑家装设计的衔接。如果家装消费者先去家装公司或整装公司，可能就没有机会再来全屋定制企业了。

设计前置只是一种高价值的人性化服务属性，某种意义上并不等于销售入口前置。如果销售入口前置就必须在渠道运营上进行突破。

土巴兔、京东、天猫、齐家等平台性企业是流量入口，基本没有服务属性。

家装公司也是销售入口，大部分全屋定制的用户是先找家装公司再找定制商家对接的。家装公司是销售入口，也是有设计前置话语权的。

整装公司真正的核心在于创造了一种服务入口，如果说房地产企业延伸做定制家居靠的是平台优势，那么整装就是通过服务前置作为一种核心优势；全屋定制如果要在这方面拥有话语权，就有必要做家装。这也是我们看到越来越多的全屋定制企业涉足家装业务的主要原因。从整装发展的趋势来看，这就为全屋定制是一个大定制产业链的过渡形态找到了依据。

现在整个行业都在进行多品类整合，但是只是简单的产品整合在本质上是行不通的，一定要有贯穿全程的系统化的服务模式。

如果将设计前置与服务前置结合起来，并以产品作为呈现方式，本质上就是真正意义上的整装。这样家装公司就不是一个简单的承包公司，全屋定制企业就不是一个简单的产品组合公司。

在未来的行业格局中，我不认为全屋定制与家装、整装是完全的竞争关系，如果从小范围的角度来说可以理解为是相互抢生意，但从大的产业格局来看，三者是相互促进、相互弥补、相互融合的产业关系。具体谁能主导市场，就看谁有更强的整合与运营能力。

全屋定制企业未来核心的三条出路

当定制行业由壁柜发展到全屋定制的时候，本以为达到了发展的顶峰，可我们却发现，全屋定制时代面临更多的行业考验。

由壁柜发展到整体衣柜经历了一个相对缓慢的孵化过程，整个行业都用非常吃力的方式在经营，而面对广阔的生存空间，这也是个能轻松盈利的大好时代。我记得，当时大家都是忙于应付交货、安装与售后问题，营销则是一个大家不用过多思考的附加问题。这个阶段所造就的大企业，都是当初能把基础问题努力夯实的企业与经销商，而那些没有发展起来或已经消失的企业都是在当时“头痛不医头，脚痛不医脚”的企业与经销商。

整体衣柜向全屋定制发展，是一个飞速变革的行业时代，这种变化让很多企业与经销商反应不过来。这个时代也是定制家具真正步入家居大舞台的时代。企业间的比赛已经从当初单一的产品与生产能力竞争上升到品牌、渠道、产品、营销、团队、管理的综合竞争。

这是一个质的变化，也是全屋定制开始走向成熟、真正形成一个行业的标志。

全屋定制是定制家具的终极形态吗？还是一种过渡形态？

这是现在摆在定制家具人面前的一个值得深思的课题，这关系到企业的战略选择与长远发展。

全屋定制是厨柜、衣柜的终极形态，是大定制的过渡形态。

从产品端来说，全屋定制的产品完全有条件成为一种终极形态，但由于新生代消费者的消费观念的升级，以及整个大行业的相互融合与跨界，单纯的产品形式已经满足不了消费者的需求，也不足以应对行业大环境的竞争。

定制家居行业进入大定制时代，大定制时代最明显的标志是“产品＋服务”成为主流的运营模式。从这个角度讲，全屋定制有了终极形态的产品模式，但缺乏核心的服务模式。

全屋定制企业必须进行自我升级，这个升级最重要的突破口就在服务模式上。

从整个家居消费的产业链角度看，整个消费逻辑是这样的：家装+定制家具+成品家具+软装配套。

从这个链条可以看出，定制家具处于消费链条的中间环节，处于中间位置的有利之处在于可以向两头延伸，不利之处在于如果不定位好可能会处于很尴尬的模糊地位。

全屋定制究竟是家居的产品属性还是家装的服务属性?

从当前的状态来看，全屋定制是一种产品属性，但全屋定制在本质上应该是“产品+服务”的属性。

最早发展的全屋定制，基本上都是由整体衣柜发展而来的，而这些定制家居企业无非是厨柜、衣柜和木门的生产。对于木门、厨柜和衣柜的分类，一般都将它们包含在装修建材中。

而这些品类产品是与服务共生的，或者说，这些建材品类的最终产品中就包含了相应的服务。从历史发展的轨迹来看，全屋定制又有装修的属性。全屋定制融合了家装属性但又以产品属性为主力发展，只是现在的企业并没有对它做个真正意义上的界定而已。

现在的全屋定制产品线延伸越来越广，因为它包含了更多的家具和软装。越发展，其中的界限越来越模糊。在这里我们做个界定：全屋定制是将产品属性与服务属性融合成“产品+服务”的模式。

全屋定制企业的出路有三条：

1. 原地不动，走差异化路线

大众的刚需类产品，基本的品牌格局已定，加上众多的非一线品牌在终端或行业里的品牌溢价不高，这条路很难走。

在未来，没有入口资源与优势的企业更是难上加难。在这样的情况下，建议此类型的企业走以下两条差异化路线：

一是产品差异化路线。其实就是做相对小众类，或者是为定制某一特定群体类的小众产品做专属服务。因为中国市场足够大，类型足够多，所以细分市场也有很多机会。在立足差异化的基础上，发展到一定程度再实行扩张战略。

二是走供应商路线。按照当前的市场情况，大家居、整装、拎包入住模式还处于起步阶段，整合多方资源及系统完善对接还需要一个过程，从起步到完善再到成熟还需要一定的时间来沉淀。在这个时间段内，全屋定制类企业完全可以在立足自身优势的基础上做强，再寻找机会做大。

聚焦产品经营，做专做强做深度挖掘。在产品品类领域做到让行业没有第二个选择，也是一种极强的竞争力。因为不是每个企业都适合做产品延伸或进行行业整合，如果能把自身优势发挥到极致，这也是对手难以超越的竞争壁垒。在产品的研发、生产技术、系统服务等方面都做到极致，并能与时俱进地跟随或引领市场同样到达成功的彼岸。

专注做优质的供应商也是一种出路，专注是一种态度，更是一种战略。

2. 走向拎包入住

向下游的成品家具与软装进行延伸的半整装用定制成品化的思维进行整合，这是当前大多数企业都在试探的一种模式。如果全屋定制企业能把设计这条路真正打通，前端整合主要是解决产品供应的问题，这种现场服务模式相对于家装来说会简单很多。

这里有三个重要的行业角色——定制企业、成品家具企业、专业软装企业，这三种角色都可以从自己的位置出发进行延伸做全屋定制模式，以拎包入住的方式呈现。

3. 走向整装

这里，整装可以界定为全整装与半整装。在相当的一段时期内，半整装也是全屋定制企业的一条比较现实的路。

第一条是向上游的家装环节延伸的半整装。

增加家装的服务属性从而补上服务的空缺来满足消费者的需求。这条路理论上可行，但对于大多数企业来说，这是一条非常艰难的路，家装行业本身就存在诸多的行业痛点还没有解决，一个没有家装基因的企业要走这条路更是难上加难，但也不是完全行不通。如果信息技术日益完善，将家装标准化再嫁接全屋定制，说不定也是可以尝试的。但这个问题的解决不是现在，让我们一起期待将来吧！

第二条路就是向全整装升级，这是最难的路。

什么是全屋定制＋整装

整装必须做全屋定制，但全屋定制不一定要做整装。从这个观点来看，整装模式就是全屋定制＋整装。

全屋定制＋整装的定义：以整装服务为入口，一站式采购便利与系统服务的价值感，以全屋定制产品为核心盈利点的模式。

全屋定制＋整装的模式优势，具体内容如下：

（1）解决服务入口

以服务为核心、装修为入口，定制系统的家居产品，从而完整构成一个家庭装修的过程和结果。简单地说，全屋定制加上非定制类产品的基础装修，就是整装。全屋定制跨界传统家装，将业务拓展到超越传统家装建材的更多家居产品领域，恰好是为整装的发展铺平了道路。未来整装的发展，应该离不开全屋定制的成分。所以，全屋定制可能只是整装发展的一个过渡形式。

整装模式的核心优势在于解决消费者的服务需求痛点，产品不是核心卖点，产品是交付形式。但整装最核心的盈利入口偏偏就在产品上，虽然消费者是冲着整装的服务解决了入口问题，但在大众需求的消费群体里，真正为看不见、摸不着的服务买单的消费者在中国是不多的。所以，对于企业来讲，整装模式的核心就是依托在全屋定制的产品基础之上才能成立，这也进一步说明了全屋定制＋整装的重要性。

（2）客户价值：省时、省心、省钱、效果

客户价值如图2－1所示。

图2－1　客户价值

（3）产品是盈利载体

整装用服务打开消费者的切入口，用服务进行全程贯穿，用产品来实现盈利，所以，全屋定制是整装的盈利载体。

全屋定制的核心是产品属性，整装的核心是服务属性，那么产品就自然成了全屋定制与整装的有效切合点。

为什么全屋定制＋整装能成立

整个家居消费的逻辑为家装＋定制家具＋成品家具＋软装配套。定制家具充当整个家居产业链的中间角色。

全屋定制更多具有家装属性，但全屋定制依然不是家装，更不是整装。就传统定制家居来说，它应该是家装的一个重要组成部分。无论是从家装建材的成本比例来说，这是从对家装品质的影响力来说，定制家居都应该是家装的一个重要组成部分。然而，全屋定制却开始超越传统家装的范畴，开始涉及家具软装等非建材类产品。

全屋整装包含软装、硬装、定制家具、电器、配饰在内的全套服务。

全屋整装的最大特点是装修模块化，将家装中的吊顶和墙面，家具和饰品“化整为零”，根据用户的需求，快速地拟订一套环保、健康、舒适、实用的家装解决方案。

具体整装模式可以分为三大项目内容：基础装修、主材和全屋宅配。其中，全屋宅配就是指包含家具、窗帘、生活用品等 9 个类型的生活产品。这种模式以装修风格为主线，落实到每一个环节、每一个空间装修中。

全屋定制主要针对家装里面所有柜类产品的定制，包括整体衣柜、整体书柜、酒柜、鞋柜、电视柜、衣帽间、入墙衣柜、整体家具等。其最大的比较优势是完美地解决了家里预留空间不足的尴尬，将收纳做到极致。

所以，全屋定制与整装是一种共融共生的关系，它们之间一定有着互融的切合点。

全屋定制与全屋整装的切合点的具体内容如下：

（1）都是用设计驱动带动产品销售

在以单品类为主导的定制时代，设计是由家装公司主导，然而家装公司只是在固装部分呈现，相当于当初的设计只是满足了家装公司心理上的要求而已，并不能真正应用到实际的家居方案里。后面的主材与各类配套产品都是由消费者自行决定的。

全屋定制在大部分产品的配套上基本可以对整装模式进行直接切入，全屋定制企业只要在后端的服务对接下或者是与前端的配套产品对接上，都可以直接以另一种服务模式出现，所以产品是全屋定制与整装的一个硬性的切合点。

（2）都是满足个性化的家居设计

对于全屋定制企业来说，如果不能控制上游的销售入口与设计的主导，那么完全可以在消费者既定的家装方向上进行深度的设计融合，这和现在不少企业在房地产设计数据库的基础上不断地丰富自己的设计案例库是一样的道理。

如果说房地产公司或家装公司做的是整体的骨架设计，那么全屋定制做的就是丰富的功能+装饰设计。对于精装房来说，整装公司做的事情与全屋定制公司做的事情相差不多。从这个意义上说，整装公司其实就是全屋定制模式或拎包入住模式。

在这个背景下，无论是全屋定制、整装还是拎包入住，都是解决消费者的一个需求，所以设计层面在这里完全实现了重合。

（3）都是满足消费者一站式搞定的便利性需求

无论是全屋定制还是大家居/整装，都是厂家站在自己的立场上去讲的，其实对于消费者来说，最需要的就是一站式的全屋家居配套、定制化配套，购买了房子就有一个厂商可以把家里的一切都搞定。现在消费者更需要有一个管家一样的服务，根据消费者个性化的要求，可以一站式满足全屋需求。无论全屋也好定制也好，殊途同归，都要解决这个问题。只是从包装上，不应该只站在厂商的立场上，还要站在消费者的立场上，以用户需求、消费者痛点作为企业发展的原动力。

这里所指的一站式搞定是在系统的统一规划的前提下进行的。全屋定制与整装其实都是给消费者提供全程服务，省去消费者花人力、物力去解决本身并不专业的问题，所以系统的解决方案也是一个重要的切入点。

小结：大定制时代的主流模式是全屋定制+整装

全屋定制的模式会一直伴随着家居行业的发展，它是整装的过渡形态，但不一定要做整装；全屋定制、整装、拎包入住模式会在相当的一段时期内并存。

定制家居行业由于整装的到来开始真正进入大定制时代！

为什么是全屋定制+整装模式，前面已经有了论述，但为什么不是家装+整装或是房地产+整装呢？

家装公司主要是利用自身在设计环节对业主的了解，将定制家居品类进行整合，所以家装公司更多的是利用本身的服务角色进行延伸，把原来靠增项盈利的项目变成免费项目，从而让定制家居的产品作为盈利载体。

家装公司做整装，核心是将原有的服务作为切入点，在服务端有优势，但在产品端是没有优势的。通过整合的方式有诸多不可控的因素，因为在整装的过程中，服务可能出问题，产品也可能出问题，只要一个环节出了问题，就会导致整装质量不可控，而且收费的载体是家装公司本身的一个痛点。当然，不是说家装公司做不好整装，只是家装公司做整装要操心的事情会更多一些。

对于精装房或拎包入住的房地产企业来说，本来就在做这件事，虽然很多事情不是自己直接做的。

从产品融入到房子配套的一站式解决方案，就是以房地产开发商为主导，加上后面家装定制一站式解决，实现拎包入住。

房地产企业在向定制家居进行延伸的时候，更多的是将定制家居整合进精装房或者菜单式套餐里，它的盈利主要体现在房子销售的利润空间。当然，也有房地产商利用客户池优势将定制家居的盈利模式独立出来。

房地产企业由于本身具有话语权且比较强势，可以整合到相对专业又能听话的各个领域的分包供应商。当然，也有房地产企业开始涉足产品端的生产，比如碧桂园。

所以，向整装升级，全屋定制是最适合的模式！

从行业大趋势来看，全屋定制模式是一种过渡形态，这种模式面临很多发展危机，但并不代表全屋定制企业未来的发展是危机重重。因为模式可以因落后而被淘汰，但全屋定制企业可以创新、升级，可以与时俱进！

第三章

整装时代，传统经销商
面临血腥的终端淘汰赛

第一节　这三类经销商将首先出局

从 2018 年上市公司的报表来看，定制家居行业靠自然增长的野蛮增长时代基本宣告结束。虽然不能绝对地以批露的数据为准，但透过现象看本质，行业终端市场真正的洗牌行动正在拉开序幕。

厂家的业绩数据基本能直接反映终端经销商的生存状况。目前，大部分品牌企业的销量贡献主要来源于连锁加盟的经销商渠道。

说洗牌，大家的第一感觉就是被淘汰。洗牌的真正意义是重新分配牌局。对于家居行业来说，洗牌就是对厂家与经销商利益分配的新一轮调整。

从定制家居行业终端发展的脉络看，单品衣柜逐渐取代木工制作、全屋定制融合单品衣柜，现在有点苗头的就是整装服务融合全屋定制，在这一轮又一轮表面看似重新洗牌的市场行为中，好像并没有把原来所谓的传统模式的经销商全部淘汰。生命力强的经销商还是与时俱进地跟上了行业发展的步伐。

什么是传统经营模式

一是在传统的大卖场开店，靠卖场自然客流成交，给顾客输出的核心是产品应用设计 + 产品 + 安装 + 售后。

二是在传统的大卖场开店，以门店自然客流 + 主动营销引流成交，给顾客输出的是产品应用设计 + 产品 + 安装 + 售后。

在 2017 年以前的近 15 年时间里，定制家居行业的主流都是这两种模式。在这两种模式下，导购 + 安装是关键，引流与体验则是锦上添花。

经销商面临的三大关键威胁

1. 客源渠道发生革命性的变革

随着终端本身的竞争加剧，以及客流被行业其他环节的前置截流，导致终端卖场客户的集中性越来越差，完全靠坐店等客的模式已经行不通了。

有的经销商说，我已经在搞促销、走访小区、家装合作、搞联盟活动了，已经主动进行渠道开拓、主动引流了。但是，这些方式是基于原来毛坯房为基础的渠道模式，而且渠道的黏性与主动权根本不在商家手里。

近几年，有不少经销商的订单量很大比例来源于家装公司的带单贡献，但现在家装公司的生存现状也发生了很大的改变，自身的客源也被截流；过往靠搞定客户，自己做设计、主材、基装的模式受到明显冲击。家装公司开始把原有的家装业务当作增值服务，后续增加产品销售来达到盈利的目的，就是把原来带给定制产品经销商的订单由自己进行消化，这意味着产品经销商渠道逐步被边缘化。

同样，小区渠道也开始逐步被边缘化。传统的走访小区模式就是硬性地寻找意向客户进行推销，这种模式在之前的环境下让不少经销商享受了小区渠道的红利。但随着精装房的推行与房地产企业不断向家居产品延伸，客源渠道发生了根本性的变化：第一轮精装房收割掉厨柜与部分柜子产品，只留下部分定制产品由经销商零散消化；第二轮由房地产公司旗下的产品服务公司，如拎包入住公司、物业公司再次消化。

客源渠道发生大变革，要直接改变经销商的现状就是开店模式的变革。

线上渠道客流，基本上就是总部模式才能搞定，不是经销商能左右的。

基于以上情况，终端市场的客户引流模式变革升级，已经是不少经销商要开始探索的重大课题了。

2. 客户的内在需求变革催化经销商经营模式变革

以前的客户都是自己挨家挨户地寻找家居产品，现在基本都是80后、90后的消费群体，接下来就是00后群体。他们很少愿意在整个家装环节投入过多的时间与精力。他们要的是设计方案效果、产品方案顾问、全流程服务的一站式搞定模式，从另一个角度讲，就是要实现拎包入住，当然这是针对大部分年轻刚需群体来说的。

按效果图决定购买与按效果图付费已经成为他们最直接的需求。而经销商传统的经营模式是基于产品设计与产品功能应用，团队也是基于此模式进行设置与培养。这种模式在面对消费者的全案设计需求时心有余而力不足。

有人说，这还不容易，直接转型就可以了。说得容易做到难。家居行业本身就缺乏专业的人才，再加上经销商管理体系相对较弱，大部分都是夫妻作坊的经营模式，就定制行业传统的模式做顺利都有很大的难度，更何况转型。

从当前的市场创新来看，以拎包入住、整装为出发点的不同经营模式开始把手伸向消费者，由当初的渠道争夺到销售入口争夺最终上升为终极的消费者认知争夺，从而反过来经营销售入口与销售渠道。这种模式与传统销售模式的逻辑刚好相反，而且这种模式对消费者的争夺是致命的。

所以，如何从以产品销售为核心的模式真正升级为以全案服务为核心的经营模式，是经销商当下所面临的第二大挑战。

3. 日益复杂的市场环境要求更扎实的运营体系

市场竞争环境对经销商的要求越来越高，有一点不可否认，无论用什么模式，经销商的经营后台体系必须越来越强大。

相对于大部分以单品经营或单店经营的经销商来说，谈运营体系太虚，不谈运营体系前途渺茫。

公司要想真正做大，必须靠体系驱动而不是单一靠销售驱动。

我认识一个省会的经销商，年销售额5亿元左右。如果问这家公司的销售额为什么能做这么大？有不少人可能会说他的销售能力强大。持这种观点的基本上是没做过这个规模公司的或是非本行业的人。

我要告诉你的是，他的公司有员工1100多人，安装与服务相关的人员占了700多人，外围的营销基本上都是围绕以服务为核心线索展开的。在5亿元的销售额里，差不多有一半的业绩是由客户口碑传播带来的。

他的服务不是简单的客情关系维护，而是通过实实在在的专业素养来赢得客户的好评。就安装这个模块来说，这家公司就申请了不少专利的操作标准。

这充分验证了一句话：在定制家居行业，营销就是服务，服务就是营销。但要把服务做好，必须有合理的团队架构、规范的工作流程、完善的激励机制。

未来的终端很少会有单一的产品销售模式存在。一个经销商会变成当地的运营商或服务商，可能要同时对接B端的合作伙伴与C端的消费者。当地的很多销售都是通过整合资源的方式来完成的，而不是通过传统的销售方法来达成的。这种B对B的对接模式，合作伙伴更需要的是经销商的系统服务能力。

三类经销商会被淘汰出局

1. 只顾开店却没有有效经营模式的经销商

按照传统的终端经营模式，一个经销商从代理一个品牌开始，主要做两件事——开店与建团队，这也是之前市场环境下行之有效的模式。当然，并不是说现在这两件事不重要了，应该说现在只靠做这两件事已经不能保证成功了。

比如大城市，传统做法是在各主流卖场分别开店，一般的经销商在一个省会城市会开 3 ~5 家店，大的经销商会开 10 家以上的店（当然还有更多的），这种逻辑就是店多等于销量多。现在，店租成本越来越高、卖场客流量越来越少，两种现象双向夹击，让越来越多的经销商生存在高风险的状态下。

大市场环境在变化，无论经销商怎么优化战术方法，都难以从根本上改变格局。

如何应对呢?

要针对当地市场的特点设计适合自己发展的经营模式。

中国的房地产市场开始慢慢进化：北上广深市场开始进入存量房时代，新房的销售机会很少，那么经销商就要考虑针对存量房的环境用什么模式最有效。比如存量房里大部分是老房子，老房子最大的需求是局部改造，那么就可以考虑局装 + 全屋定制或者局装 + 整装的模式。就像尚品宅配广州东宝店年销售额 3. 8 亿元，其中接近一半的销售额源于这部分需求的客户。

针对大多数县城市场，绝大多数的经销商要么是开单品店模式，要么是开多品综合店的模式，还有用传统的卖产品的方式。因为县城的房地产企业还处于毛坯房时代，大家对危机的感觉不明显，还是传统的三板斧：开店、打广告、搞促销。随着年青一代消费群体的到来，光靠这三招起不到决定性的作用，因为这三招只能解决让客户注意你，但不能解决客户在你这里购买的问题，你要有比别人更好的体验与服务便利性才能更胜一筹。可以考虑建一个以空间为基础的体验大店，然后以拎包入住为交付结果的方式。

你的模式是否前行一步，最终决定经销商在市场上的真正地位。

2. 只会埋头苦干却不会整合市场资源的经销商

现在的终端市场有一个明显的现象，通过传统模式一家搞定客源越来越吃力，客户对一站式服务的要求越来越高。大家都明白这样一个道理，就是要做好生意必须尽力迎合趋势，以满足客户的要求。

可事实并不是如此！

比如客户对整装越来越有需求，就是希望任何东西在预算范围内一站式搞定。这种要求对于大多数经销商来说是很难做到的。做产品的经销商把装修一起搞定，做装修的经销商要把产品一起搞定，对于企业来说，短期内都是瓶颈。

我走访市场时发现，有一个经销商的模式大家可以借鉴一下。这位经销商是做全屋定制产品的，把几个朋友的公司用相互参股的模式捆绑在一起。家装公司在前面引流并做自己的主流业务，在做方案的时候就把后面的合作公司的产品与服务直接融入设计方案，对外形成一条龙的整装服务。

也有的经销商与当地的房地产公司或物业公司一起成立家居公司，双方共同开发市场，也就是把相关的市场链条用合理的机制充分绑定在一起。

3. 运营体系不健全的经销商

经销商的销售体系、设计体系、服务体系这三个核心体系如果不能做扎实，就很难搞定未来更年青一代的消费者。

只注重销售的经销商，短期内发展会很快，但到后面会发展停滞；注重系统建设的经销商短期内可能发展较慢，一旦走上轨道，后面发展就会很稳。

这里说的销售体系、设计体系、服务体系是围绕经销商的经营模式展开的。比如以整装模式为核心，门店的设计师其实就是家装设计师，而当前很多经销商的设计师其实就是产品设计师。如果这个环节不解决，所谓的模式转型就是个伪命题。

体系要健全，首先团队要健全。大多数经销商的门店团队建设是个大问题；如果经销商在经营模式设计好的前提下，对于核心的团队成员再设计有效的合伙机制与培养机制也是有效的解决途径之一。

第二节 传统装修公司、施工队即将消亡

传统装修公司和施工队在未来 3 ~ 5 年将会消亡，这种说法并非危言耸听。二线城市的中小型装修公司基本处于“吃了上顿没有下顿”的状态，不求活得更好，只求能活下去。

苹果装饰、重庆一号家居网、实创装饰等装企的情况依旧让人触目惊心。每年倒闭的装修公司数量有增无减，有风风火火的互联网家装公司，有地方性的中小型装修公司，也有年销售额上亿元的大品牌装修公司。

10 万家装企，从野蛮生长到伤痕累累

1. 竞争激烈，营销乏力，利润越来越低

中国近三十年毛坯房大量涌现，房地产的繁荣也带动了家装行业的野蛮生长。目前，全国注册的装修公司已经超过 10 万家，而且你不断有新公司加入这场大搏杀中。很多装企都在叫苦：做这行竞争太残酷！

一个二线城市年销售额 2000 万元的装修公司，向上跟当地的龙头企业竞争，没有品牌优势、团队优势，营销宣传端的投入也比不过；向下跟施工队竞争，又没有价格优势。施工队更多的是做施工，因为团队小，店租、人工等成本都很低，施工价格就可以降得更低，从而吸引一大批消费者。基于这个原因，很多施工队活得比装修公司还要风光。

很多中小型装修公司之所以惧怕施工队，根本原因在于严重的同质化问题。大家都在做设计、主辅材代买和施工，中小型装修公司的设计师也在接单给施工队出设计方案。中小型装修公司外包找的施工队，可能就是平常跟自己争饭碗的施工队。大家提供的产品、服务都差不多，消费者找谁都是坑，这个行业正遭遇严重的同质化问题。

同质化问题严重导致的直接后果，就是进入杀敌一千自损八百的价格战中。今天 699 元套餐，明天 599 元套餐，后天甚至推出 499 元套餐，都在用恶性促销吸引客户。进入正式装修后，消费者要面临“层出不穷的增项”“施工质量差”“公摊面积也要付装修费”等问题，然后矛盾集中爆发、客户集中要求退款。

到头来，装修公司只是在赔钱赚吆喝。哪怕规模大如苹果装饰，也栽倒在了价格战的手下。反倒是小团队的施工队，压低施工费，不愁没客户。

除了价格战，传统装修公司并无更好的营销手段。近些年，搭乘互联网家装的顺风车，很多装修公司确实获得了流量，但是提供的服务依旧是传统的家装服务。从报名到约量尺、从约量尺到设计方案、从设计方案到进店、从进店到成交，各个环节的转化率都很低，最终导致流量被大肆浪费。

有些公司因为恶性促销，短期内拿到 100 万元、200 万元、500 万元甚至更多的现金流，于是开始盲目扩张。但这些现金流不是纯利，还包含供应商的尾款、工人成本等。当这些现金流提前用于公司扩张后，公司年底无法给供应商和工人结算尾款，只好继续拿明年的客单订金来垫付。

这样的扩张是很危险的，一旦爆发大规模的、集中的客户退款和供应商催款事件，装修公司就无法支付，又没有外部资金注入，最后只能崩盘。这也是传统装修公司做得越大越危险，生存还不如施工队的原因所在。

2. 逐年攀升的成本，一步步压垮装修公司

互联网虽然为装修公司带来了巨大的流量，但是随着竞争的白热化，流量越来越贵。2015 年，微信朋友圈广告刚开通，在专业投放团队的运营下，报名成本大约为 50 元/个，但现在基本要 200 元/个。百度竞价也一样，3 年前的报名成本可以控制在 200 元/个，现在已上升至约 500 元/个。

很多装修老板反映，小区营销越来越难做。之前的物业就是正常谈价格，现在因为找上门的装修公司多了，物业像开拍卖会似的，谁价格高就给谁资源。大家都在做小区营销，很难有自己的特色。

在这一背景下，装企总裁班应运而生、遍地开花，专门给装修公司讲营销，讲如何才能在一个楼盘上锁定 20% 以上的业主，讲如何通过工地营销搞定“老介新”等。

对装修公司而言，这笔学费也是大成本，而且很多都是浪费掉的成本，辛辛苦苦交了一笔钱，得到的都是大而空的理论。

除了上述的营销成本，人才成本也不容忽视。就拿施工工人的成本来说，装修施工并不是一个很受欢迎的行业，大部分工人学历低，装修只是他们别无选择的职业选择。加上高分贝噪声、超浓度灰尘、金九银十连续高强度赶工等负面因素，工人们都没想过长久待在这个行业。

70 后的老工人基本已经回家养老；80 后的工人攒了一些钱，纷纷想转向其他行业；90 后或者 00 后的工人，见多了父辈的劳心劳力，他们打心底里不想当一名装修工人，他们渴望更好的生活。

装修公司越来越多，工人越来越难找，就算工人工资一直在提高，但依旧招不到好工人。

比起工人，优秀的项目经理、出色的设计师、专业过硬的销售、有经验的店长等人才都欠缺。公司花大成本招进员工，一两年后又全部流失掉，永远是一批行业新手在替公司做事。

除了营销成本和人才成本，店面租金、办公室租金、材料、管理、物流运输等成本也都在上升。一边是被价格战压榨得越来越少的利润，

一边是各种不断攀升的成本，传统装修的生存环境非常恶劣。

来不及疗伤，传统装修、施工队必然被取代

家装行业和定制家具的发展历程很相似。如今已经上市的尚品宅配是定制家具行业的先行者。在10年前推出单品定制家具时，市场上到处都是成品家具。当时的成品家具就跟现在的传统装修公司一样，面临着严重的同质化问题。如果尚品宅配继续做成品家具，无异于自杀。

尚品宅配靠单品定制家具成功打开市场，然后凭借工业4.0智能制造技术，让个性定制家具也能跟成品家具一样，大规模批量生产，从而迅速占据市场。

但是很快，单品定制也如雨后春笋般冒了出来。这场景似曾相识？没错，又是同质化问题。尚品宅配快速调整，从单品定制切入全屋定制，再次躲开市场同质化的围剿。

然后呢？我们看看2018年的建博会，耳目所及都是全屋定制品牌的身影，网上搜索一输入“买家具”，整个电脑屏幕都是全屋定制的广告语，成品家具早已烟消云散，单品定制也在快速退出人们的视野。

2018年7月19日，尚品宅配董事长李连柱做客归然书院时大胆预言：“定制家具（单品定制和全屋定制）将会在3～5年内消亡。”所谓的消亡，是指它又变成了一个和早年成品家具一样的状态——产品同质化。

同质化是每个行业发展的必然规律，谁都无法避免。每一个同质化时期的到来，都是一个新旧更替的时期。当年在家具行业，被淘汰的是成品家具；如今在装修行业，必然会被淘汰的就是传统装修。

施工队也不例外，虽然施工队成本低，在自己的一亩三分地里过得挺好。但是，随着新物种的出现，施工队也会被淘汰。

谁能取代传统装修和施工队

谁能取代传统装修和施工队？答案几乎可以肯定——整装+全屋定

制。真正的整装 + 全屋定制，就是整体设计、整体施工、整体交付，并且从毛坯房开始，就将用户的生活习惯、个性定制要求加入设计方案中，真正做到让用户所见即所得，享受一站式装修、一站式定制、一次性购齐的服务。不像市场上一些挂羊头卖狗肉的整装公司，宣传时说的是整装，但实际上还是对主辅材、软硬装产品的简单拼凑。

比起传统装修、施工队，整装 + 全屋定制可以全面提升装企的竞争力。如果说传统的中小型装修公司和施工队是散兵游勇，那么整装 + 全屋定制装修公司就是武装到牙齿的精英部队，在产品、盈利模式、成本控制等环节都具备强大的竞争力。在这里，不妨来模拟一场两者之间的对决。

从盈利模式来看，传统装修赚取的是设计费、工人施工费、材料差价，施工队则主要赚取施工费。早在 10 年前定制家具就免费设计了，而大部分装修公司到现在依旧要靠设计收费来补充营收。

有些传统装修公司还在靠压榨工人施工费来赚钱。至于材料差价，传统装修公司、施工队可以帮客户买门窗，但不一定能同时买得了定制家具；传统装修公司、施工队可以帮客户买瓷砖，但不一定买得了地板，他们只能赚取基装、硬装、软装等某个环节的材料利润。

再看整装 + 全屋定制的盈利模式。因为它给客户提供的是一站式购齐、一站式装好、个性化定制的家装服务，所以它可以把家装环节所需的产品全都打包销售给客户。基装可以赚钱，硬装可以赚钱，软装可以赚钱，定制家具也可以赚钱。

可盈利的环节多，意味着我不怕你在某个环节降低价格来打价格战。传统装修可以降低设计费，整装 + 全屋定制可以免费设计；施工队可以压低施工费，整装 + 全屋定制也可以同等降低施工费，因为整装 + 全屋定制还可以在其他环节实现盈利。

在别的杀毒软件都收费的时候，360 大胆推出了免费杀毒软件，因为还有 360 浏览器、360 游戏等，杀毒软件并不是唯一的盈利点。

从客单价来看，传统装修远不如整装 + 全屋定制高。传统装修只做硬装，整装 + 全屋定制的客单价大约能比它高出一倍。

从产品本身来讲，整装 + 全屋定制的优势就更明显了。对于传统装修，消费者早就怨声载道了。设计图和实际装修效果严重不符、请完假看建材又要请假看家具、施工中又经常出错，工人懂的消费者要懂，工人不懂的消费者更要懂……包括装修公司老板，遇到自己家要装修都很头疼。

而整装 + 全屋定制是符合消费升级的产品，整装解决了消费者一站式装修的需求，全屋定制解决了消费者个性化定制、追求更高生活品质的需求，两者的融合能真正做到让消费者省时、省心、省力。客户交完钱，和家人旅游回来就能拎包入住了。

所以，整装 + 全屋定制提升的是装修公司全面的竞争力。无论从产品、盈利模式还是客单价来看，传统装修、施工队都无法跟整装 + 全屋定制相比，后者对前者的取代也是必然的。

尚品宅配董事长李连柱先生预言定制家具会在 3 ~ 5 年内消亡后，更提出了尚品宅配未来的方向：全力做整装 + 全屋定制，并迅速成立了 HOMKOO 整装云——整装 + 全屋定制赋能平台。尚品宅配不是自己开装修公司，而是做赋能平台，赋能传统装修公司做整装 + 全屋定制。

第三节　整装时代，对经销商的三大致命冲击

有人说，整装只是叫得响而已，根本很难做到！

有人说，全屋定制到后来肯定会以另一种方式存在，要么被整合，要么整合别人！

但有一点不可忽视，那就是家居行业的大产业整合已势不可挡！

整装本身不可怕，可怕的是对传统厂家与经销商的三大致命冲击！

视而不见、跟风，还是对抗？

未来，你不一定做整装，但必须找到自己在大整装生态链中的

位置!

大家不要片面地理解整装，从而去排斥或回避它，整装本身不可怕，但整装现象很清楚地说明了一个问题：家居行业的整合时代已经到来。每个企业不一定要按照别人的方式来做整装或设计自己的商业模式。

为什么要一直提整装这个话题，我们是从整个行业的发展动向的角度来看的，我们所提的整装不是某种单一意义上的整装，而是基于大定制产业整合的角度谈的大整装。有些企业的整装做得不成功，只能说明他的整装不成功。

从另一个意义上来说，企业的小整装做得不成功，也会有终端的消费者需求和上游资源性公司反推过来促使产业联合做整装：房地产公司做的全系统服务、平台性服务公司整合单个企业做全系统服务等。

所以，对于每个单品企业和全屋定制企业来说，这是一个人人必须都要面对的行业现象。行业发展到现在，自己独善其身的时代正悄悄成为过去。

大整装产业链环境下对家居企业与经销商的三大致命冲击具体如下：

客户入口不断前移，毫不留情截掉自然客流

对于广大的经销商来说，当年的单店促销没有改变经营模式，砍价没有改变经营模式，联盟活动没有改变经营模式，搞小区、搞家装公司也没有从本质上改变经营模式。因为在这些销售方式的背景下，经销商依然是立足于传统门店 + 传统营销，大家都是在同质化的经营模式上比拼胆量与行动力。

这种模式下常见的引流渠道有终端客流、电话引流、小区引流、家装与设计师引流、异业合作、促销活动引流、老客户引流、工程渠道引流。

特别要注意的是：电话、促销活动这种不是渠道的方式也能引流，

是基于传统市场环境下渠道没有清晰的格局下才有的奇怪方式。所谓的小区引流，也是用最原始的战术方法拦截客户而已，并没有用系统的在小区让客户因为体验而关注品牌。

很多地方，传统模式正在面临着拼尽全力的最后一搏来尽可能地抢占资源，为进一步转型升级做准备。

抢门店、抢渠道、抢份额、抢人才、抢时间，这“五抢”就是最后一搏的体现。

1. 抢门店

由于传统优质卖场的资源越来越有限，以及大家对终端资源空前的重视，优质门店基本处于拼品牌地位、拼关系的疯抢状态。

大企业开始在大城市进行大店布局与多店布局，对优质门店甚至开始战略垄断，为后进者或弱势品牌进一步制造竞争壁垒。

2. 抢渠道

现在终端卖场的自然客流日益减少，这不是市场的客户在减少，而是客户在上游端不断地被分流。为了保证终端的销售份额，终端经销商不断地进行渠道渗透与延伸不仅是一种经营模式的升级，更是一种战略动作。

以前松散型的渠道开拓模式开始受到挑战，战略合作、兼并收购等方式开始在终端展开。

3. 抢份额

在行业发展的初期与中期，各品牌与经销商只要做好自身的营销工作就可以了。随着竞争越来越激烈，各品牌与经销商开始从渠道、客户层面进行战略性的争夺，原来以经营为导向的营销模式开始向以竞争为导向的模式转变。

由于定制家居行业的行业属性，老客户的口碑对终端长期影响的比例较大，所以老客户池的规模与质量变得日益重要。为了进一步扩大品牌的客户池，在终端销售时，不仅要考虑到产品销售的利润目标，还要考虑到对不同客户群体掠夺的市场份额目标。市场份额越大，就意味着品牌的老客户池越大；老客户池越大，就意味着产生口碑营销的机会越大。

4. 抢人才

营销的竞争其实是管理的竞争，管理的竞争其实就是人才的竞争。近年来，定制家居行业快速膨胀发展，人才已经成为一个刚需性的难题。

一提到抢人才，大家直接想到的就是挖同行的人才。可整个行业都缺专业性强的人才，所以挖人才也不是根本的解决之道。

由于经销商经营的特殊性，自身对人才的造血功能较弱，特别是中小经销商。这就需要企业从营销的角度在人才培养、人才输出上下功夫。

5. 抢时间

2012 年以前，定制行业的商业模式、渠道模式、产品模式、销售模式基本上变化不大。自 2013 年以来，国家大环境的变化、移动互联网技术的普及、资本的常态化介入都在催化着这个行业进行快速的更新迭代。几乎是一年一个新现象，终端各类创新模式也在不断地升级迭代，以前靠时间慢慢积累的传统方式面临着挑战。所以，踩在恰当的时间点做正确的事，已经是各个企业与终端经销商必须面对的课题。

经销商未来的销售方式不再基于战术性基础上的营销，一定是基于客户入口基础上的营销：

终端自然客流，是建立于门店的全方位体验与服务基础上才能吸引客流，像过去靠几个好的样品就能说服客户下单的年代已经过去了。

家装公司客流，简单带单的模式也会逐渐被边缘化，而是要基于类似于整装模式的配套服务。

小区营销，粗暴的客户拦截也会失去意义，因为未来家居产品的销售已经植入消费者买房之前的意识中，实际的动作已经植入样板房的销售过程，即以样板房为起点，贯穿入住后的整个销售链条。传统的小区销售模式基本被排除到边缘性的角色。这种模式不仅仅是销售的前移，还是把整个体验、销售、服务都整体性地前移。

产品基本全包，毫不留情干掉单品订单

消费者一家一家跑建材店的消费模式是上一代人愿意做的事，现在的消费者越来越懒，而且极其反感用原本不专业的经验去做相对复杂的家装与建材的选购与监工工作。特别是家装环节，目前市面上有70%以上的业主需要与家装行业的“小工头”进行对接，这种层次不对等的沟通本身就是一件非常闹心的事情。

一直以来，我们所理解的消费者要的就是厨柜、衣柜等产品，可现在消费者要的是一个省心的家居解决方案，已经从当初的实体产品上升到一个具体的系统服务方案了，单品只是其中的一个形态而已。这就是很多单品门店感觉越来越难做的原因。

从消费者的角度来说，希望满足以下五个要求：

1. 解决设计的系统化与个性化相结合的需求

新生代消费群体正在崛起，成为消费的主力军，他们有着与父辈完全不一样的消费需求，非常重视家装呈现的最终效果，而不是像前辈一样非常重视过程的操办，以节约为目的，省时、省力、省心地有个满意的结果是他们最大的诉求。老一代消费群体的需求是从材料开始进行全程的家装跟踪，而新一代消费群体完全是从设计开始，要以设计为线索打造符合他们心中理想的家。

整装首先要实现从设计到施工的一体化，设计图纸在满足消费者对未来的家的想象时，也是后期消费者一站式选材的基础。从装修工程开始，设计师就从整体设计入手，对材料、品牌、色彩进行整体考虑，将选材与设计同时进行，包括后期施工、软装、家具的配套，有效地控制了产品质量和风格的统一性，改变了传统家装中设计与选材相分离的问题。从消费者的角度来看，家居设计是消费者对产品在视觉上产生的第

一印象，这种印象可以帮助消费者快速做出购买决策，在新的消费场景下，好的产品设计更能触发用户的购买欲望。

2. 解决个人生活方式与家装相结合的需求

整装中定制家具的渗入也会让有装修想法的人有更多生活方式的选择，不禁产生“原来我的家居生活也可以这样”的念头。整装的加入更好地满足了消费者日益增长的消费需求。以万链为例，在万链生活体验馆消费者可看到混合阳台、休闲阳台、生活阳台三类定制阳台，从而满足不同类型消费者的需要。

3. 实现消费者省时、省心拎包入住的需求

面对国内外消费市场环境的变化，中国家居业应改变“以经销商为中心”的传统产业链条，向“以消费者为中心”转型，走品牌专业化之路，升级配套业态和购物服务体验，通过新生活方式的传播，丰富品牌的文化价值内涵。

从消费者的消费习惯来看，目前的家居消费主力是 80 后、90 后，他们更希望接受简单便捷的家居服务。全屋定制行业高度繁荣远超成品家具行业，某种程度上是因为全屋定制可以做到“一家搞定”。

然而，全屋定制搞定的只是所有的家具，而整装为客户提供省时、省心的一站式购齐服务。可以一家搞定硬装、软装和家具，更有甚者已经推出了定制家具的产品。与局部装修相比，整装从整体设计入手，包括后期施工、软装、家具的配套，更能控制产品的质量和风格的统一性。这种从毛坯房到拎包入住式的整装服务，无疑更加符合现代消费者的消费习惯。

4. 规避不可控的费用问题，实现价格透明化消费

随着家居消费主力群体逐渐变为 80 后、90 后，他们的消费理念也发生了一系列的变化，如今的主力消费人群更看重的是透明、便捷的消费形式。

从平方米报价到套餐装修再到整装，整装行业的客单价普遍不算太高，目前的平均水平基本维持在1000元/平方米，按照一家100平方米来算，即10万元左右。再来看看全屋定制，一套品牌厨柜客单价也近2万元了，全部家具加起来10万元也远远不够。从这里看，身负房贷的年轻人会选择哪种装修模式，结果显而易见。

5. 实现全景的所见即所得的消费体验

目前的整装产品，较之以前的传统家装产品有了很大的进步，尤其在概念上，比长期以来家装市场的主要产品——包清工、半包，更贴近消费者的愿望——清晰、简单、麻烦少，所见即所得几乎成了整装产品的标志性口号。

以上五个需求，其实最明显的就是一站式搞定产品选购，再以服务为主线索进行贯穿。

定制家居行业最早是以厨柜占据市场先机，早期的经销商经营厨柜单品，只要在当地开一个好店，并进行有效的营销推广，基本就能解决客源问题。到后面衣柜作为一个单品类出现，厨柜与衣柜整合一个客源变为常态，再到后面的全屋定制的出现，其实都在说明这个问题。

我们再看看终端的情况，以县城市场为例，以前做单品的能做到一定的销售规模，但也很难突破增长瓶颈；后面往往做得大都是在当地以一种综合的独立店的模式，整合了比较多的产品线，有的甚至附带着把前面的基装也做了，用这种模式做成了当地的实际冠军。早期是成品家具用这种模式，把相对齐全的成品家具产品整合在一起，很多经销商在做代理时其实是自己在整合产品，在产品选择的基础上挑选合适的品牌。

随着定制家具与家装的延伸与融合，在以入口在前的优势下，定制家居行业的不少经销商也走上了这条路，引起的连锁反应就是厂家也开始扩张品类推向终端来适应这一情况。

在大城市，随着家装公司的手伸得越来越长，截流了不少单品类的销售入口，很多单品经销商就从某个单品的角度与家装公司进行合作。为了满足消费者的需求，大家也组成了松散的联盟形式，这些现象原来都是以升级销售渠道的模式开展的，现在已经上升到新的产品经营模式。

服务自由组合，毫不留情也对客户围栏收割

现在整装喊得很凶，虽然目前行业人士都持有不同的态度。有的人认为这是个不可忽视的趋势，有的人认为这是不太可能成立的模式，因为以前就有人做过但都没做成功，很多企业都倒闭了。

有一点不能忽视，就是从消费者内心的需求来说，对整装是期待的。特别是现在精装房的推行，精装房其实就等于做了半年整装。也有房地产企业在精装房基础上开始推行拎包入住模式，这就相当于在半整装的基础之上升级为全整装。

由于中国市场的类型多样，消费需求多样，并不是每一个市场或每一个消费者都要整装模式，但主流的消费群体不选择单品已经是事实。

业界对整装现在没有一个定义，行业人士对整装的前景不看好无非就是在相对框架内来界定整装。

整装可以用服务抢占消费者的消费入口，形成对接后，后面是否全部做或部分做可以自由组合。

整装立足于毛坯房有以下两种形式：

①从基装到定制家具、成品家具、软装全部搞定，这就是全整装。

②基装还是由原来的家装公司或包工头做，后面的定制家具开始选择部分产品植入，这就是半整装。当然也可做后面半截，这主要看企业本身的核心产品在哪个领域。

立足于精装房的：直接从定制家具开始到成品家具、软装，其实就是拎包入住模式。

立足于老房的：基本上会以局部改造 + 全屋定制（选项）的模式存在。

从以上现象可以看出，未来的家居企业经销商不一定都要倾全力做整装，但最好都有做整装服务的能力，让消费者有最大的选择空间从而

最大限度地留住客户。

不然，在充分的市场竞争中，单一的入口模式会显得心有余而力不足。

给经销商的三点建议

1. 做好从服务体系向运营商的转型升级

由于整个行业会发生大的变革与重构，比如房地产商的介入、家装公司的转型、工厂总部的升级，都可能对经销商的角色带来直接的影响。比如工厂总部与房地产对接就需要经销商变成服务商；房地产公司在当地整合，就需要经销商变成当地的供应商；家装公司进行整装，就需要经销商变成配套商等。

2. 自强不息，变成家居服务商

特别是大城市市场，经过 10 多年的房地产疯狂发展，在未来的 5 ~ 10 年，老房存量市场越来越庞大，这里有着巨大的家居后服务市场，未来的家居消费需要有一批服务商来满足这一刚需消费。那么，经销商就会由现在以产品销售为导向进行盈利，变成以服务为导向带动服务盈利或产品盈利。

3. 创新升级，变成家居新零售商

这种模式出现的时间会久一点，同时也是转型比较彻底的模式；未来的家居消费会出现零售消费的常态化与百货化，即对家里的部分家居用品与装饰用品会形成周期性的采购消费模式，这种模式主要是以终端自然客流的相对随机性消费为主。经销商要么加盟一个此类的品牌或自己创新一个模式来迎接这种商机。

第四章

什么是一体化真整装

第一节 整装的兴起与演变历程

整装在近年来再次被推上家居行业的风口浪尖，第一个核心原因是新生代消费群体的崛起。新生代消费群体与老一代消费群体在消费习惯上有着本质的区别。“懒人”与“颜值”，是对新生代消费群体最精确的总结，一站式无忧搞定是他们所见即所得的诉求，是家居行业商业模式升级与创新的基本前提。如图 4－1 所示。

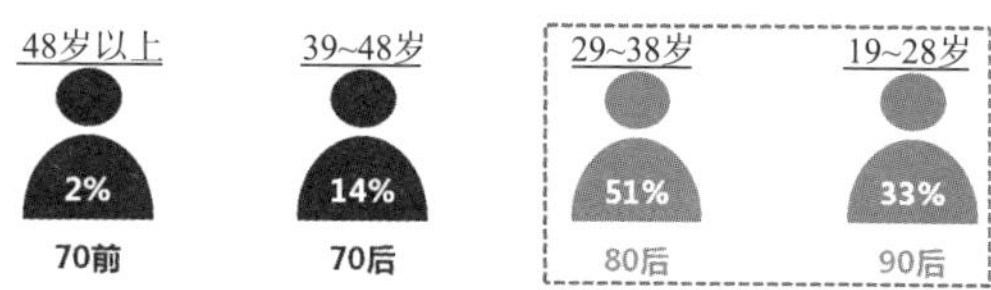

图 4－1 2018 年中国家居家装需求人群年龄分布

对于消费者来说，家装是个复杂专业的过程。据腾讯家居《2018年中国家居整装设计趋势白皮书》显示，在装修方式选择上，“全屋整装，拎包入住”占比为39.6%，其中80后、90后成为整装的主力消费群体。

从调研数据来看，有16%的用户对整装的概念是模糊的，36%的用户认为整装是硬装 + 主材 + 软装，但这并不妨碍他们对家装的高要求，期待整装的省心、省钱、省力，可以实现拎包入住。但真实情况是，很多整装企业能力不足，产品和服务达不到消费者的要求，导致消费者对整装的评价不高，企业的回单率低。获客成本高，扩张的效率低，导致所谓的整装只能是区域性的尝试。

从用户层面来看，随着消费升级，对于装修，人们不再满足于单一的服务和标准化的产品，而是希望装修公司能够提供设计、选材、配送、施工等一站式的整装服务。消费者想要的并不是产品，而是解决问题的方法。消费者希望省时、省心、明码付费地完成一次家装工作。如图4－2所示。

图4－2　一站式的整装服务

未来家装行业产业化、家装与产品融合化的趋势已不可逆转。

从家居行业的角度来看，整装从某种意义上来讲可以说是传统家装业务的产业升级与延伸。由于传统家装的运营模式有着太多的局限性，整装真正要解决消费者的本质需求，必须有相关行业融入才能更全面地解决问题。所以，在这里我们有必要了解一下整个装修产业的发展进化过程。

整装成为行业大势，经历了几个发展阶段，比如包清工和游击队，半包公司，套餐时代，再到集硬装、软装、家电及安装服务于一体的一站式服务，也有人称之为整装时代。

全屋定制的概念在 2013 年兴起，主要针对家装里面所有的柜类产品的定制，包括整体衣柜、整体书柜、酒柜、鞋柜、电视柜、步入式衣帽间、入墙衣柜、整体家具等。其最大的比较优势是完美地解决了家里预留空间不足的尴尬，将收纳做到极致。全屋定制在房间风格的统一上、家居布局上、个性化需求定制上都是目前做得最好的，板材的环保和健康也推动着这个行业大踏步地向前发展。但是全屋定制工作细节错综复杂，从消费者需求分析到下单、组织生产、配送、上门安装及服务等环节必须环环相扣，且产品定制过程中涉及的板材零部件、五金件极多，容易产生偏差。

全屋整装包含硬装、定制家具、软装、电器、配饰在内的全套服务。全屋整装的最大特点是装修模块化，将家装中的吊顶和墙面，家具和饰品“化整为零”，根据用户的需求，快速拟订一套环保、健康、舒适、实用的家装解决方案。具体整装模式可以分为三大项目内容：基础装修、主材和全屋宅配。其中，全屋宅配就是指包含家具、窗帘、生活用品等 9 个类型的生活产品。这种模式以装修风格为主线，落实到每一个环节、每一个空间装修中。全屋整装对企业的要求非常高，因为它综合了装修的全部工序，从前期的设计到施工再到最后的验收，整合起来十分麻烦。整装要具备资金投入、多品类产品研发、施工、生产制造、销售渠道、资源整合，以及供应链体系、团队、信息化系统、物流搭建、售后服务等。

结合以上内容，我们用一张图来说明装修到整装的整个进化过程。如图 4－3 所示。

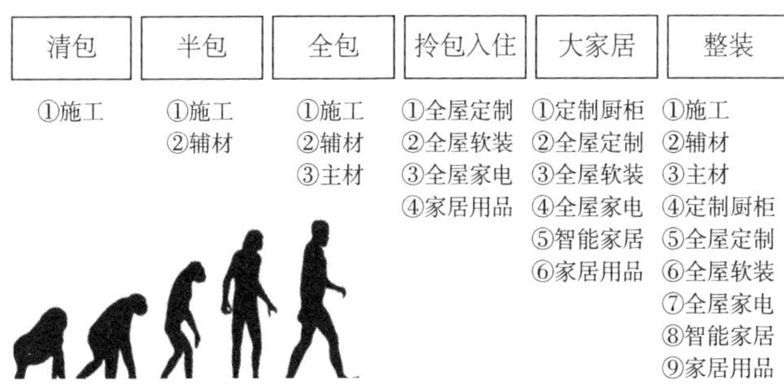

图 4－3 装修进化论

对于整装的概念，行业内并没有官方的解释。从产品形态来看，整装似乎是对装修及居住需求进行整套产品满足：主材产品、辅材产品、定制家具、全屋软装、全屋家电、家居用品。

从企业运营层面来看，整装涉及设计、选品、装修、售后等一站式服务供给。

①完整的装修整体解决方案。

②去中间化，资源整合价值链体现。

③系统效率最高，运营成本最低。

④共享经济打造大家居生态圈。

为了能做到相对客观与系统地让读者对整装有个全面的认识，我们有必要把整装商业模式分阶段进行定义。如图 4－4 所示。

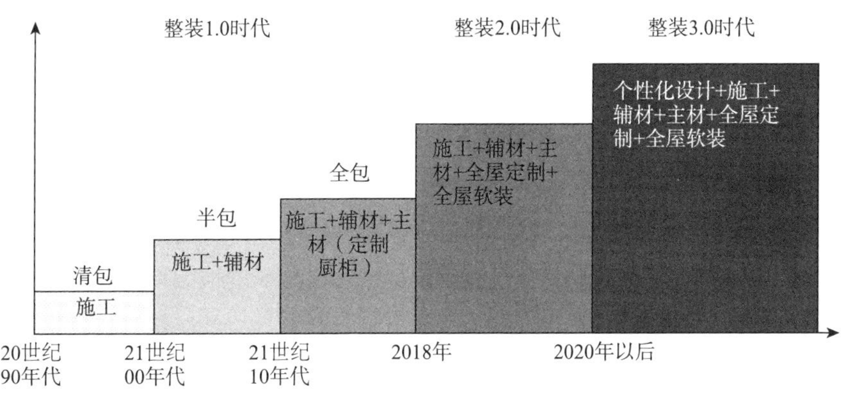

图 4－4 整装进化论

整装是目前装修中比较流行的一种模式，很多时候都会与全包画上等号，实际上全包是整装 1.0 产品。

相比全包，整装包含更多内容，除了装修基础材料、主材、人工外，有的整装又包含家具家电、吊顶造型等多个项目。可以说，全包是从基础装饰到软装、家电，是一种一站式的装修服务模式，是整装 2.0 产品。

第二节　传统整装的主流模式分析

现阶段角逐整装的七股力量

1. 房地产开发公司

房地产开发公司作为上游，是所有流量的源头。万科、恒大的精装房，从精致家装到精致生活的策略截走了大部分的流量。

2. 装修公司

传统家装公司实创装饰的完美家装升级版、业之峰装饰的全包圆、天地和家装的全屋整装、天盛装饰的 68000 元精装套餐等，为年轻一族提供“标配化”家居解决方案。

互联网家装：开启深度变革，爱空间、家装 e 站等一批互联网装修新势力、新思维的崛起，尤其是爱空间推出的第一款产品是 20 天工期、699 元/平方米的标准化套餐，引爆了家居行业。经过几年的打磨，互联网家装开始推动家装行业供给效率的转变，进行精细化的运作。

3. 全屋定制

2017 年年底，定制家具市场的规模轻松越过 900 亿元，定制家具在家具行业的市场份额约为 20%，欧派的大家居、百得胜小家居、诗尼曼首家智慧整装体验店、尚品宅配推出 HOMKOO 整装云、东鹏发布

“整装产品包”、惠达卫浴的惠达整装战略试水、欧神诺整装事业部布局，集中资源发力，以待厚积薄发。

上市定制企业于2018年开始重视整装渠道。

以欧派的整装大家居、索菲亚的布局为代表，这种模式能够给到整装比较好的价格，也能发挥双品牌的引流效果，整装企业在定制上也有足够的盈利空间，推动力足。我们认为，这种模式对于当地一线整装企业的吸引力比较强。

定制企业赋能中小型家装公司，一方面借助整装渠道，另一方面布局整装。

定制企业的经销商和整装公司合作。这种模式灵活性高，但具体实施的政策，以及如何引导、培训是难点，如果有统一的布局效果会更好。

4. 软装公司、主材公司、辅材公司：供应链

随着整个行业越来越趋向于为顾客提供一体化的家居生活解决方案，全屋家居、全品类经营、整装服务等成为各大企业共同的发展趋势。我国家居行业供应链平台应运而生，赋能中小型家装公司，例如尚品宅配的HOMKOO整装云。

5. 服务型公司

技术性公司：如三维家。

仓储物流安装公司：为了解决最后一公里的痛点，也涌现了很多优秀的互联网物流公司（如海尔的日日顺、美乐乐家居物流、京东物流、苏宁物流、广州一智通等）和互联网安装平台（万师傅、居家通、红背心等）。

6. 平台型

例如，土巴兔、齐家网等互联网家装平台。一站式装修大平台，全面连接用户、装企与品牌供应商。对品牌厂商而言，平台上积累的海量装修数据能够帮助厂商更加精准、快速地了解用户的需求变化，及时调整销售策略。对装修企业而言，力图能够深度整合供应链和施工作业系统，实现施工主材的智能调配，帮助企业提高施工效率，降低成本。

7. 跨界巨头派

阿里巴巴、京东、苏宁、小米、58 的破局分羹（阿里巴巴投资居然之家、京东京造、苏宁极物、小米有品、58 到家）。

行业中现阶段传统整装的六种模式

1. 深度融合型整装

从施工到软硬装进行全面融合和风险把控，这对企业的要求太高，不论是人力、物力还是财力，就目前形势而言，此路满地荆棘。

2. 整合资源型整装

品牌联盟，资源互补，此路可行，但是对不同企业的执行力和利益分配存在挑战。

3. 核心辐射型整装

主链条 + 众包服务，比如只做软装类，硬装施工类战略性外包。此种模式对外包的管控力和售后服务的把控力要求严格。

4. 平台型整装

轻量平台型整装：类似垂直家居的淘宝，只做平台撮合，不做任何交易。

重量平台型整装：平台参与交易，计提返点。比如齐家网、土巴兔、一起装修网。

5. 供应链型整装

软装供应链、主辅供应链、成品供应链等。

6. 赋能型整装

通过发挥企业在信息化系统、线上引流、供应链方面的优势，为中小装企赋能，从而既可以借助它们的获客渠道，又可以为公司布局整装做长远打算，但这种模式对企业的能力要求较高，需要时间的积淀。

目前行业中整装商业模式代表品牌简要对比分析

1. 欧派整装大家居——树根理论

对于靠加盟模式做大做强的欧派，一直有一个“树根理论”：如果把欧派比作一棵大树，代理商就是欧派的树根。只要让树根长得够深、够粗、够密，欧派之树枝繁叶茂，硕果累累是迟早的事。

欧派整装大家居的诞生，是一场“1 + 1 > 2”的渠道核聚变。欧派整体的战略还是总部指导帮扶，充分发挥经销商的作用，成功建立样板，再成功复制推广，实现整装供应服务商角色的转变。

与家装公司过往的渠道合作不同，欧派整装大家居时代，从合作的根源开始，就不是简单的产品供应，而是一体化的聚合体系。

①终端层面现在以厨柜为主，要求所有地级以上城市拓展整装渠道，总部也开发了整装产品，价格也做了调整，让经销商利用当地资源与当地的家装、整装公司合作。

②整装大家居在 20 多个城市试点，公司总部和当地 TOP3 家装/整装公司合作，这是未来开拓整装渠道的主要形式。

③公司和全国性的或区域性的整装公司，如生活家、靓家居，达成战略框架协议，未来这将是主要合作模式之一。以前和生活家合作是以单品为主，现在是以整装大家居的形式进入，在全国网点中选择一些做试点。

④围绕“树根理论”解决整装大家居经销商与当地传统经销商的利益冲突，原来的代理商和整装代理商共存有四个原则——利益共享、业绩共算、渠道分开、品类分开。

2. 尚品宅配——赋能

在整装项目推进上，尚品宅配有别于欧派的“树根”模式，它利用自己的直营优势，不拿加盟商做“小白鼠”，先通过自营整装试水实验，总结出成功经验后，再赋能给加盟商。

①在广州、佛山、成都三地稳步进行自营整装，目的是希望通过自营装修团队实际体验整装云项目的所有环节，有利于公司实际体会整装云会员企业的痛点、难点，并有针对性地进行项目调整和优化，以便于以后可将更好的经验分享给整装云会员企业。

②公司充分发挥自身的 IT 技术优势，通过为广大的家装企业提供整装销售设计系统、BIM 虚拟装修系统、中央厨房式供应链管理系统、机场塔台式中央计划调度系统等四大系统，用系统技术去驱动行业进步和发展。

对中小装企构成一定的准入门槛，软件系统和降低小批量订单也是值得突破的地方。

3. 橙家——全价值链

①重点开展 F2B 业务，即合伙人开店计划，在全国主要城市核心商业区开实体店，由橙家控股，招募本地合伙人共同经营。

②通过一年开 6 家自营实体店，橙家搭建了一套从用户下单到仓储配货再到后端对接工厂生产的供应链信息系统。目前，橙师傅 App、橙家家居客户服务端 App、工程管理系统、PC 端网站已全部上线。

③形成了门店 + 仓 + 网络入口的配套打法，比如北京地区一个仓支撑该地区几个店面的销售和服务，门店承接网络和自然客流的转化体验，网站、App 等入口吸引互联网用户，成为营销、引流窗口。

④因为碧桂园的背景，让其具有供应链上非常强的价格优势和成熟的装修施工经验。橙家每平方米装修价格可以做到 688 元还有利润，对于互联网家装公司而言，这个价位基本上就是在做公益事业。

⑤但橙家有一件明确不做的事儿，就是个性化需求市场。对橙家来说，要做百亿千亿规模化企业的基地是这套标准化、流程化打法，这套打法与碧桂园的采购优势合力，可以让橙家做到 15% 的毛利润就能生存，而传统家装公司的毛利润要到 35%、40% 才能生存。

4. 爱空间——做大店，集团军化作战，服务全城

（1）互联网装修模式

互联网装修模式是爱空间的创建基石及主打商业模式。创造性地提出按平方米报价、闭口合同、包工包料和确定工期。

（2）城市合伙人计划

爱空间在入驻每个城市时建立合资公司，邀请合伙人、投资人入股当地的爱空间公司，当地公司合伙人将占据公司股份的40%，并需要完成所有家装的落地签单和实施工作。

爱空间以城市合伙人的方式，在一周内收集到了4000份城市操盘手简历，一个半月确立了11个城市的合伙人，两个月实现了4个一线新城市的开业。其模式通过在城市建立合资公司，负责所有家装的落地签单和实施工作，收益来自城市公司的价值增长，而不是短期的利润分红。爱空间强调的是人，把一部分优秀的有共同意愿的人结合在一起，通过一个平台让人的内驱力去完成合作，在利益共享的原则下充分激发合伙人的事业心。

（3）客户合伙人

爱空间计划在每一个新进入的城市里寻找100名种子客户。这些客户只需要购买爱空间的F码（爱空间的装修资格，客户无须再另外支付装修定金，即可锁定装修资格）并完成装修，且做到将其装修故事进行分享、将装修好的房间作为样板房展示的任务，即可获得以699元为基数，1年获得10倍，3年共计获得30倍（即699×30）的奖励。

5. 生活家

生活家主要分为三个发展阶段：第一阶段是套餐式整装、第二阶段是一房一价式整装、第三阶段是全国整装复制拓展。生活家现处于规模化扩张阶段，从成都出发，进行全国连锁复制，建立24个直营旗舰店，即24个直营分公司，正处在全国精细化运营内功的打造期。

6. 斑马仓

采用S2B2C模式：斑马仓总部集合运营中心（S）、赋能众多材料

商和装企（B），并共同服务于用户（C）的全新互联网营销模式。

斑马仓一方面通过平台将建材品牌输出给优质家装公司，另一方面连接 C 端，将建材品牌直接推荐给平台用户，同时依托天猫、京东渠道，拓展品牌线上营销手段。更重要的是，斑马仓拥有一个专业的 KA 团队，直接帮建材商搞定大客户，让订单销量与利润节节攀升，真正实现一站式服务。

斑马仓已在全国 150 多个城市拥有了合伙人，与近 60 家品牌厂家达成战略合作。同时，斑马仓凭借高效创新的运营模式，与 e 修鸽、浙大 VR 实验室强强联手打造了斑马仓设计中心；斑马仓 App，运用大数据技术实现千人千面，运用 SaaS 系统连接 PC 端、App 端和实物终端。

7. 住范儿（地方性整装商业模式）

住范儿成立于 2015 年，最初定位做软装电商平台，2016 年年初转型做“微硬装 + 软装”的出租房改造，并通过在知乎等平台分享优质家装内容收获了大批粉丝。为进一步满足用户需求，住范儿进入家装领域。住范儿主要面向 25 ~ 40 岁的一线城市消费群体的新房及二手房翻新需求，目前提供整装、局装（厨卫及墙面翻新）业务，设计风格以简约为主，整装客单价在 10 万 ~ 12 万元。

住范儿目前是直营模式，仅在北京、上海两座城市开展业务，单月订单量为 150 ~ 200 单。

对于住范儿而言，互联网最突出的作用体现在获客上。住范儿服务的家装客户中，50% 以上由公众号粉丝转化而成，获客成本远低于行业平均水平，这种获客方式在行业中并不多见。

第三节 一体化真整装

由于整装近两年才被推上行业发展趋势的风口浪尖，不同形式、不同叫法，甚至不同做法的都叫整装，而且现在行业中对整装也没有一个权威的定义，这对很多没有真正实践过整装，或想进入整装领域的企业与经销商来说是一个挑战。

在此，我基于当前已经在整装领域有过实践的企业与经销商的经验基础，以及三粒米教育对整装理论探索的前提下，对整装下个定义，希望大家能相对客观全面地理解整装，从而指导自身企业的经营。

什么是一体化真整装

真整装模式是基于工业4.0的思维，借助于系统、软件、全供应链的一体化整装，即设计一体化、产品一体化、施工一体化，三个一体化系统融合才是一体化真整装。

三个一体化分别单独做到，对于有某项特长的企业与经销商来说还是有可能的。但只有把三个一体化真正融合，才能真正解决消费者的整装需求。如果不能解决这个问题，那么只是把几个服务简单相加的整装其实就是伪整装，这种整装非但不能给自己的生意带来商业模式的变革与升级，还有可能把自己的公司拖入一个口碑度极差的境地。

这跟传统的所谓一站式整装有着本质的区别。

三个一体化系统解决，需要整装公司同时具备设计研发与设计软件信息化、核心产品研发与产品供应能力、施工数字化管理系统等三项能力。

传统大型家装公司做整装，最大的优势是在终端的现场环节，但又是用传统的管理方法来解决传统的问题，在设计研发与产品供应能力上又是弱项（当然，有人说家装公司在家装设计上最有经验，但我们要清楚整装要做的不仅是家装设计，还要做家装与产品的融合设计），这从根本上还是无法解决真整装的系统运营问题。

传统的产品企业（如传统的全屋定制企业），虽然能解决产品问题，但不能有效解决设计与施工问题。

由以上结论可以得出，一个同时具备解决设计研发与信息化、核心产品研发与配套供应、施工管理数字化的公司是最有可能做成真整装的。

1. 传统家装与一体化真整装

传统的一站式家装看上去好像也能实现拎包入住，但那是很生硬地把装修的各个环节拼凑在一起。其中，最重要的设计、产品、施工都是脱节的、割裂的，用户体验并不好，而且整个全流程的社会效率极低。其本质还是传统半包 + 主辅材代购 + 软装代购。很多家装公司所说的整装更多意义上是全包装修的模式，这种模式其实从本质上并没有满足消费者真正对整装的潜在需求，是一种伪整装。

我们把真整装与各类装修公司的业务模式用表 4 – 1 来做个对比。

表 4 – 1　真整装与各类装修公司的业务模式对比

类别		包工头游击队	半包家装	全包家装	标准化家装	真整装
设计与费用	设计	不包设计	不包设计	包设计	包设计	专属设计师出免费 3D 设计方案，先看效果图再装修
	报价	无明确价格体系，包工头随口报价	装修项目繁杂、收费不透明、增项不断	装修项目繁杂、收费不透明、增项不断	按建筑面积计价	套内实测面积套餐式报价，不为墙体/公摊面积买单，价格确定，零加价
装修材料	主辅材	包辅材不包主材，客户自购单价高	自购主材，品牌众多，不专业易超预算，费时费事包辅材，质量没保障	包材料，材料质量不确定	包材料，品牌、款式较少，选择单一	材料标配一线品牌，工厂集采、集中配送
	家具软饰	自行购买	自行购买	自行购买	有合作品牌家具	硬装 + 定制家具 + 宅配一家购齐

续表

类别		包工头游击队	半包家装	全包家装	标准化家装	真整装
施工过程	施工工艺	工人手艺参差不齐	工人手艺参差不齐	分包给工头，施工过程与质量缺乏真正监督	照图凭经验施工，缺少工业化、产品化施工标准	按工业化、产品化思维做装修，品质相对有保障
	工期	随意分配施工人数，交期以保证	材料配送与施工节点脱节，延误工期	缺乏监督，工期难以保证	工期有保证	全流程数字化管理，工程可控

从一站式到一体化，是家装行业一次巨大的进步，必将掀起行业巨变，改变行业做不大、无法复制、用户口碑差的局面。

2. 拎包入住与一体化真整装

什么是拎包入住?

为购买精装房的消费者提供一站式的全屋定制、成品家具、全屋软装、全屋家电、智能家居等产品及安装服务，让消费者能像住酒店一样拎着旅行箱就可以入住叫拎包入住。顾名思义，拎着包就可以入住。

拎包入住模式演变如图 4－5 所示。

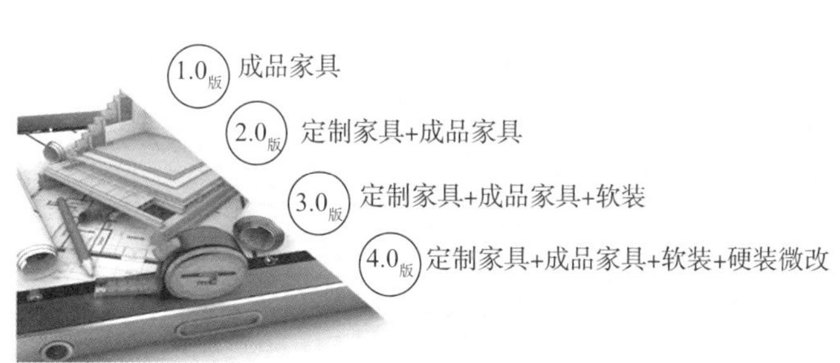

图 4－5　拎包入住模式演变

拎包入住的顾客需求：

投资客：便宜到极致（2 万元内/单）——成品家具。

刚需型：快、优惠、看到实物（3 万 ~6 万元/单）——定制为主。

改善型：全案、放心、一步到位（10 万 ~20 万元/单）——改装、成品、定制。

拎包入住的五大痛点如图 4 -6 所示。

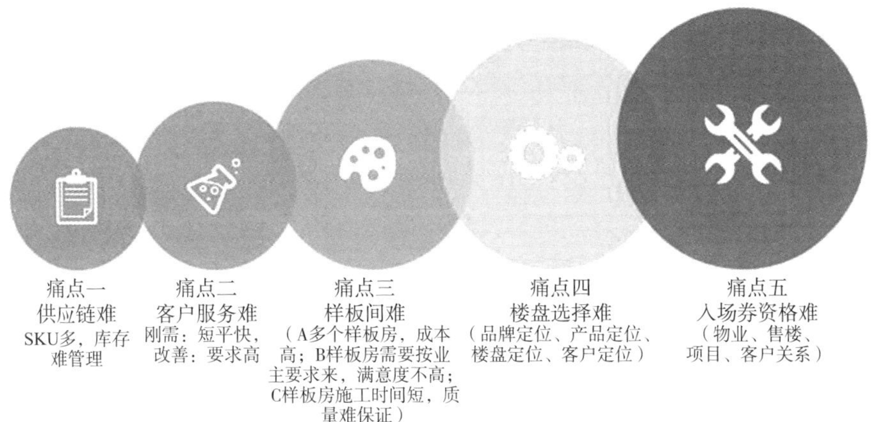

图 4 -6　拎包入住的五大痛点

从以上内容可以看出，拎包入住是针对精装房的一种服务模式，这是一个比较显著的特征。当然，有的人也认为把从毛坯房开始，全部一站式搞定，业主可以直接入住也叫拎包入住，但这种模式其实就是整装模式的概念。

拎包入住与真整装的对比如表 4 -2 所示。

表 4 -2　拎包入住与真整装的对比

类别	拎包入住	真整装
目标客户	新房精装房业主、二手房非毛坯房的精装改造	毛坯房业主、精装房业主
产品模式	定制家具 + 成品家具 + 软装 如果拎包涉及微改升级业务，其实就向整装延伸	主辅材 + 定制家具 + 宅配一站式购齐

续表

类别	拎包入住	真整装
服务模式	设计 + 定制家具安装 + 成品家具配套 + 软装搭配	设计 + 基装施工 + 主辅材供应 + 定制家具 + 宅配供应
营销周期	零散的拎包入住基本上是入住后速战速决 3 个月时间，或是与房地产公司合作，从售楼阶段就开始介入	针对一般定位毛坯房的营销周期基本集中在装修期；高端的客户周期较长
业务模式特征	基本上为设计 + 产品配套的相对固定组合的拎包模式	业务模式可以做整装模式，也可以做拎包入住模式

由以上综合分析可知，做到真正的软装、硬装一体化才是符合消费者需求的真整装，全屋定制系统化解决个性化需求。

下面，我们从真整装的三个一体化来解读真整装的关键内涵。

设计一体化

如果非要说家居行业未来的销售入口是什么，我认为能打动消费者的设计理念才是真正的销售入口，设计是整装的 1，其他是整装的 0。

设计一体化的精髓：我们可以给你设计一个完整的方案，更可以帮你实现这个完整的方案：一个面孔面对消费者，给一整套家装的解决方案，同步帮你实现理想家装；把客户到客户满意缩减到一步，减少大消费过程中各个痛苦的环节。

传统装修是不同商家组合起来完成分段设计：第一步，一个消费者开始面对家装设计师做家装空间与施工的设计；第二步，一个消费者面对定制产品设计师做定制产品的应用设计；第三步，一个消费者面对软装设计师的软装搭配设计，也就是一个消费者全程要面对好几个不同的设计师。整个过程都需要消费者自己来做判断与监督，消费者本质上是自己做了整个设计的主笔设计师的项目经理工作。由于消费者本身不专业，各个环节的商家都是站在自己的角度来理解设计、落地设计，这就直接造成了当初家装设计时的“所见”到后面的“非所得”的结果。

如果光靠一个设计师的能力来主导，一是无论是做家装出身的设计师还是做产品应用的设计师都不具备这种能力；二是即使有具备这种能力的设计师也不好找，更不好复制团队，不能复制的团队是无法做大的。

而真正的设计一体化，是一家用户一个人完成一个整体方案。这种模式可以总结为3个1模式：1个人（设计师）、1张图（硬软装效果图）、1个方案（设计效果图、采购清单+报价、施工图）。

从消费者的便利性角度来说，是让消费者用最傻瓜的方式得到自己想要的家：一键启动、一键搞定。不需要自己费时费神地用一个怎么努力也改变不了的专家角色来做出不一定专业的决策。

在这个问题上，不是传统家装公司没想到这个问题或者不想解决这个问题，而是他的系统不能够解决这个问题。要解决这个问题，必须有一个基于全供应链与工业4.0思维的整装销售设计系统。

整装的设计从消费者的需求来说，最核心的是围绕着生活方式为线索展开的设计，这是对传统的家装设计、定制产品设计层面一个质的颠覆。只有以这个为前提，再加上具体落地的设计呈现——空间设计、风格设计、功能设计、产品应用设计才能实现。传统的设计、家装、产品分割模式，这些设计都是在理论上完成了，其实到最后都是以相互分割的状态存在着。

生活方式设计的核心是把消费者在不同人生阶段不同的家居需求通过设计来得到具体的呈现。中国人的家庭居住理念发生了翻天覆地的变化，从最初的简单居住功能到现在的个性化需求，见证了中国家居行业消费升级的变化，同时也见证了中国整体人居观念的变化。图4-7是尚品集团HOMKOO整装云对当前中国新生代家居消费理念的诠释。

以数百万计的中国家庭为研究对象
系统的分析、归纳、总结出
中国家庭全生命周期的定制模型
+功能+风格+生活方式
满足每一个家的定制需求

我家，就是我+

图 4－7　HOMKOO 整装云对当前中国新生代家居消费理念的诠释

1. 单身贵族阶段

这个阶段的核心设计诉求是：个性、自由、时尚！如图 4－8 所示。

单身贵族
SINGLE ARISTOCRAT

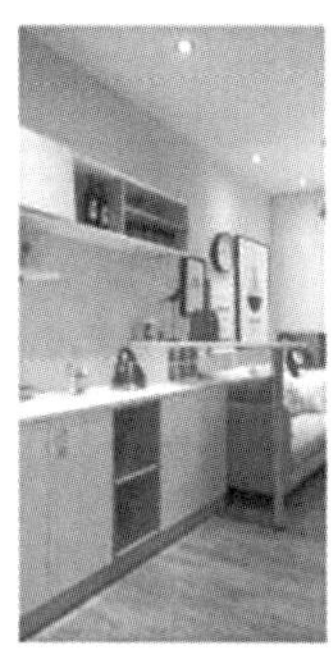

图 4－8　单身贵族阶段设计诉求

设计师在与这类消费者沟通过程中，有效地把握其工作属性与生活主张，才能真正找到打动消费者的设计理念。

很多有了一定经济能力的单身一族，由于工作节奏和生活节奏的不断加快，大部分人已经从家中搬出，租住套房或公寓，过起自由独立的单身生活。如果你是单身一族，如果你正享受单身生活，那么你对单身居室肯定会有很多独到的见解，无论是对房屋的装饰，还是对家具的摆设都会很有心得。

单身居室的面积未必是很小的，要适合个人的经济能力，无论是面积较小的房屋，还是套房或者公寓，最重要的是房屋的装饰、家具的选择、色调的搭配、空间的合理利用等。如果这些方面你都可以把握得恰到好处，那么我相信，你的房间肯定是很温馨的。

相对来说，他们对色彩、便利性功能、休闲功能有着独特的主张。单身居室的特点如下：

（1）空间极致利用

单身居室强调对空间的利用，如果租住的房间面积比较小，那么就要充分利用有限的空间。即使房间面积比较大，合理地利用空间，房间整体效果也不会显得凌乱。

如一套壁柜既简单又实用，靠在墙的一侧，无须占用很大空间，可以摆放很多不同的物品，让房间摆设看起来井井有条。可移动折叠沙发可以随心所欲地移来移去，家里来的家人较多时，还可以折叠起来放在一边，又可以节省空间。

（2）色调简约大方

单身居室装修忌讳颜色多样，很多种颜色混合在一起，会使人眼花缭乱。因此，在整体色调选择上应该简约、一致，尤其注重主色调的一致性，最佳的色彩是单色或者浅色，使整个居室看起来色调和谐。

（3）家具精致简单

单身居室的家具大多是简单、随意，实用性比较强的。由于单身贵族多半具有较强的经济实力，因此在选择家具方面，他们比较注重突出个性化和个人品位。

（4）饰品画龙点睛

对于单身贵族尤其是年轻人来说，饰品是必不可少的，一件小小的饰品，有时可以起到画龙点睛的作用，但切记不要装饰太多以免过于杂乱，在颜色和材质的选择上要合理搭配。

设计师对这些细节的考虑，才是真正打动消费者的本质所在。

2. 二人世界阶段

这个阶段的核心设计诉求是：在一起、小情调、新生活！如图 4 - 9 所示。

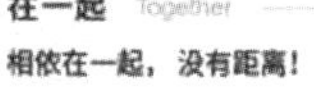

图 4 - 9 二人世界阶段设计诉求

这个阶段基本上会从女性的审美出发进行家居设计，这也是整装设计师要重要把握的一点。“温馨”是这一阶段的核心关键词，特别是卧房，这是两个人共同生活的核心标志。

在设计理念上反对新人搬入新居前请人施工，做满屋子的柜子，家具也全做固定的。

常见的错误做法是：客厅大沙发面对一个大电视柜，主卧室是衣柜、床头柜、床座，所有家具把空间塞满，数年内无法再做任何改变与调适。

正确的做法是：在考虑到当前需求的同时，一定要为未来的变化留有空间。新婚夫妇的事业刚起步，孩子还没出生，经济基础还不稳固，一次性把新居装修完会有许多弊端。因为家居设计理念会随着人们年龄的增长，渐渐地有所改变，一次性完成装修会造成浪费。

随着宝宝出生、父母来住、亲朋好友来住，居室又要有所变化。所以，空间要留白，为未来变化发展留有足够的余地。

重点是打造一个温馨的卧室。卧室是整个婚房的重点所在，如果把卧室的设计理念诠释到位，基本上就能搞定新婚夫妇的内心诉求。

家具可以移动。新婚家庭有那么多的变化因素，所以主张家具选用活动与固定相融合的方式，因活动家具可以搬走，以适应各种变化。活动家具在屋子内搬来搬去、变来变去，随时赋予家新的感觉、新的面貌，如综合柜可以变为书架。

3. 伴你童行阶段

这个阶段的核心设计诉求是：陪伴、安全、收纳！如图 4 – 10 所示。

伴你童行

ACCOMPANY THE CHILDREN

图 4－10　伴你童行阶段设计诉求

针对有小孩的家庭时，设计理念要充分考虑以下几点因素：

（1）环保

环保是很多家庭关心的话题，给孩子装修房间更要注意。近年来，儿童白血病多发也与家庭装修有关，因此可选择简单大方的装修风格，减少室内污染给孩子带来的终身遗憾。除了减少装修项目，在选择材料时也要尽量保证材质的环保无污染性。

（2）安全性

安全性是孩童房设计时需考虑的重点之一。由于小朋友正处于活泼好动、好奇心强的阶段，容易发生意外，在设计时需处处费心，如在窗户设护栏、家具尽量避免有棱角、采用圆弧收边等。材料也应采用无毒的安全建材，家具、建材应挑选耐用的、承受破坏力强的、使用率高的。

（3）充足的照明

合适且充足的照明，能让人感觉房间温暖、有安全感，有助于消除孩童独处时的恐惧感。由于儿童的活动力强，所以在儿童房空间的选材上，宜以柔软、自然素材为佳，如地毯、原木、壁布或塑料等。这些耐用、容易修复、非高价的材料，可营造舒适的睡卧环境，也令家长没有安全上的顾虑。

（4）明亮、活泼的色调

孩童房的居室或家具色调，最好是给人明亮、轻松、愉悦感，色泽上不妨多点对比色。

（5）可随时重新摆设

设计巧妙的儿童房，应该考虑到孩子们可随时重新调整摆设，空间属性应是多功能且具多变性的。家具不妨选择易移动、组合性高的，方便他们随时重新调整空间，家具的颜色、图案或小摆设的变化，有助于增加孩子想象的空间。

（6）预留玩耍空间

学龄前儿童喜欢在墙壁上随意涂鸦，可以在其活动区域，如墙壁上挂一块白板或软木塞板，让孩子有一处可随性涂鸦、自由张贴的天地。这样不会破坏房间的美观性，又能激发孩子的创造力。孩子的美术作品或手工作品，也可利用展示板或在房间的一隅加个层板架摆设，这种既满足了孩子的成就感，也达到了趣味展示的作用。

4. 学业有成阶段

这个阶段的核心设计诉求是：乐享、培养、舒适！如图 4 – 11 所示。

图 4 – 11　学业有成阶段设计诉求

这个阶段，家长都会把重心放在孩子的学业上，要为孩子营造一个有利于学习成长的家居环境。条件好的家庭，很可能会为孩子设计一个专属的书房，但大部分家庭，孩子的卧室就可能与书房的功能合二为一。

青少年的房间设计以独立、自由为主。正值青春期的孩子，对于私密性要求相对较高。这个时期的孩子更渴望独立和被理解，在装修之前，征求孩子的意见是有必要的。

（1）青少年房间设计要点

①空间独立私密，尊重孩子的意见。青春期阶段的孩子已经有了独立意识，房间设计的关键在于体现一定的私密性。青春期的孩子渴望独立和被理解，所以对于房间的设计，家长可以在舒适健康的大前提下，适当征求孩子的意见。

②墙面装修避免颜色太鲜艳。这个时期的孩子对空间的色彩敏感度有所下降，而且心智较成熟，建议墙面以中性色调为主，如米色、白色等，可选择实用和细腻的家具搭配。

③家具更换不频繁。这个阶段的孩子处于一个相对稳定的学习状态，在选择家具时可以购买尺寸较大的家具，避免以后还要频繁地更换家具。

④光线柔和。房间内尽量使用自然光线，利于对孩子视力的保护，因此窗户不要有太花哨的造型，应尽量打造一个宽大透亮的透光环境。而在晚上使用灯具时，光线要明亮柔和，不要过于杂乱，避免为孩子选择那些不安全环保的灯饰作为孩子看书学习时的光源。

（2）儿童房间装修的十一个细节

①卧室不能设在机器房边、露台楼下，不要悬挂太多风铃，否则易造成宝宝脑神经衰弱。

②卧室进门处最好不要有镜子。

③天花板应平坦，以乳白色为佳；天花板可装饰纵横木条，但不可悬吊各种奇怪饰物。

④地板不可铺深红色地毡及长毛地毡，以免孩子患上支气管炎、哮喘。

⑤光线应该明亮；主色忌粉色、大红色、深黑色，以免宝宝形成暴躁不安的个性。

⑥如果卧室面积小，装潢应简洁，以使空间看起来显大为好。

⑦卧室门不要对着厕所门。

⑧不要贴太花哨的壁纸，以免宝宝心乱、烦躁。

⑨如果卧室空间小，设计成上床下桌的结构能最大程度地利用空间，还能留出一些地方让孩子玩耍。

⑩男孩子和女孩子的心思是不一样的。一般女孩子喜欢温馨的淡粉色，男孩子则钟情于蓝色、绿色。可以让设计师按孩子喜欢的颜色和风格设计出他们想要的房间。

⑪市面上的有些泡沫塑料制品（类似于拖鞋材料），会释放出大量的挥发性有机物质，儿童房铺塑胶地板后，可能会给孩子的健康带来不利的影响。

（3）儿童房间装修六大误区

误区1：影响美观不安护栏。按照国家《住宅设计规范》规定：外窗窗台距楼面、地面高度低于0.9米时，应有防护设施。

误区2：儿童房家具过多。儿童房普遍面积不大，如果家具摆放太满，限制了孩子的活动空间，反而给孩子带来麻烦。

误区3：使用地毯避免磕碰。3岁以下幼儿喜欢趴在地上玩耍，所以不少家长铺上泡沫地垫或者地毯。地毯易藏污纳垢不易清洗，易使儿童患上呼吸道疾病，化纤毯会引起孩子的过敏反应，泡沫地垫含有甲醛成分，也会危害孩子的健康。

误区4：不拔家电电源线。很多家长图省事，电风扇、洗衣机等电器的电源线从来不拔。孩子天性好动而且没有辨别能力，无意中按着一个开关、一个按钮，都可能对其造成伤害。

误区5：过度统一色彩。装修儿童房时，女孩房大多设计为粉色、浅紫色等，男孩房普遍设计为蓝色、绿色等。实际上，孩子对色彩的喜爱并不固定。

误区6：光源多而复杂。一般家庭每个区域都有主光源和补充光源，如果儿童房也如此设计，灯光则过多。如果将灯具安装在孩子头部正上方，对儿童视力有可能造成损伤，也容易发生危险。

5. 家成业就阶段

这个阶段的核心设计诉求是：稳重、品位、尊享！如图 4 - 12 所示。

家成业就

MARRY AND SETTLE DOWN

稳重 

深色主调儒雅从容的生活态度！

品味 Taste

一种品质，一种永不过时的生活方式！

尊享 Honorable

睿智生活，专属定制！

图 4 - 12　家成业就阶段设计诉求

从理论上讲，成功人士对原创与纯正风格的设计比较感兴趣，因为人生到这个阶段有足够的底蕴来承载深厚的文化基因。如表 4 - 3 所示。

表 4－3 各群体设计风格偏好与材质偏好

群体	风格偏好	材质偏好
高端	纯正欧美、经典中式、原创类	名贵实木、原木
准高端	欧美、传统中式	中等实木、板木
中端	简欧简美、现代时尚中式	板木、板材
准中端	抽象简欧简美、模糊新中式	板材
底端	风格不太明显（现在简约）	普通板

高端家装设计就是装修设计在强调个性化与功能性的基础上，还加入了更多的自主创意与特色，在达到美化居室作用的同时，充分体现主人的身份地位与生活品位、文化涵养。居室除了美观、舒适外，高端设计主要体现一种家居文化，所有的家居产品在设计风格上能体现业主对生活的态度和价值追求。

①趋于个性化。聪明的消费者深知设计对家装的影响巨大，他们更愿意花时间和设计师交流，愿意将自己的生活习惯娓娓道来，和设计师成为朋友，这样设计出来的家装风格往往才是成功的，才是最贴近消费者生活的，也更适合消费者的个性化需求。

②贴近生活设计。高端家装设计主要是针对高端消费者推出的，拥有全新设计理念并贴近消费者生活的个性家装设计，内容包括高端私宅专家级设计咨询、限量化预约式服务、私宅空间后期饰品方案、尊贵客户终身服务档案等。

③功能型到文化型的转变。个性化、生活化的设计是高端设计必须坚持的主线，贴近主人生活的设计构思是主线上最重要的连接点。因此，将单纯的功能型产品过渡到文化型产品，是拥有先进设计理念的设计师首先需要具备的重要条件，而设计师的高端设计思想在后续服务中得以体现并得到保证才是将这一产品成功过渡的关键。

④高端装修不等于奢侈家装。高端装修都有客户自己独特的价值观和品位，所以高端装修并不完全是大量资金投入的奢侈家装产品，而是

一种生活方式的体现。

6. 儿孙满堂阶段

这个阶段的核心设计诉求是：适老、培养、舒适！如图 4 – 13 所示。

图 4 – 13　儿孙满堂阶段设计诉求

随着老年人可支配收入的增长，消费观念的变化，其居住条件也大大改善了。近几年，老年人住宅装饰装修问题得到了社会的普遍关心。

相关家装设计师接受记者采访时表示，老年人是社会的弱势群体，其住宅装饰装修必须与老年人的生理和心理特点相适应，营造舒适优雅、简洁方便、个性突出的生活环境。做好老年人的家居装饰，很能体现一个家装企业的“用心”“爱心”“孝心”。

（1）无障碍的室内外合理设计

居室的格调和布局要符合老年人的生理和心理特点。室内外进行无障碍设计，减少地面层的高差，以利行走方便，也为推（坐）轮椅进出创造条件。室内地面应采用防滑材料，比如厨卫应采用防滑瓷砖，其他地面可采用木地板、塑料地板、橡胶地板或地毯。卫生间的洁具不宜用蹲坑，可选用专供解决老人久坐起身困难之用的能升降的马桶盖。浴缸不宜过高，较高应加垫，为老年人坐立方便，浴缸要安装扶手，浴缸底面要有防滑垫，以确保安全。老年人在室内活动路线必须畅通无阻。

（2）朴实无华的实用装饰材料

装饰材料的选择，应协调配套，符合老年人的审美标准。注重简洁、典雅，不求华丽，比如地面除了注意防滑外还要便于清洗。室内装饰的色彩要有利于老年人的心理与健康，老年人一般喜爱典雅、洁净、安宁、稳重的风格，加之体弱、心律减缓、视力减弱，一般宜采用浅色，如浅米黄、浅灰、浅蓝等。忌用红、橙、黄色，因为红色会引起心律加速，血压升高，不利于健康。浅蓝色则给人以安宁感，适合减缓心律，消除紧张感。浅米黄色给人以温馨感觉，有利于休息，消除疲劳。

（3）基于安全的无棱角家具设计

家具应从实用出发，宜少不宜多。家具外露部分应尽量减少棱角，老年人用的双人床应两面上下，有条件的应有手扶之处，床与沙发应稍硬不宜过软，沙发、家具应体现人体工程学，沙发不宜过软、过深和过矮，更不要坐下去站不起来。

室内灯光应有弱有强，夜间最好有低度照明，便于老人起夜如厕。因老年人视力衰退，写字、看书灯光应强一些。室内电灯开关安装部位，夜间使用要方便。家用电器设备应尽量采用智能型，如电锅、电水壶等应有自动保温功能。

做真整装，真正的整装设计是源头，只有解决消费者真正的设计需求，真整装才能真正成立，否则整装就是换了说法的传统家装全包。

整装设计的一个重要环节是将全屋定制企业原本的终端优势应用到整装销售中。比如成熟的全屋产品方案、急速渲染的设计软件、一键生成的报价系统、3D 实景/VR 体验的科技手段等。实现客单价提高、转化率提升，客户从 1 到 100 指数级增长。

只有将家装空间、产品、装饰、功能进行一体化融合，才能做到真正意义上的设计一体化。当然，这仅仅依靠设计师个人的专业水平是很难达到的，家居行业设计师群体本来就没有规范的职业化教育，这不是一个企业所能解决的，这是一个行业问题。更深层一点说，是国家对职业化教育的基础建设问题。从本行业来说，我们能做的就是充分利用技术手段解决这个问题。用图 4－14 说明一下一体化设计的大致思路。

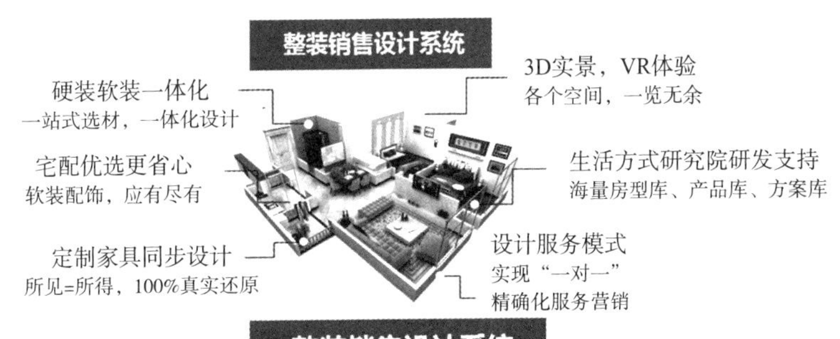

整装销售设计系统

装修公司	用户
快速设计	所见即所得
快速出预算	明明白白消费
快速签单	快速做决定
更大客单价	从毛坯到拎包入住
更高成交率	一站式搞定
更好满足用户需求	省心省力省时

图 4－14　一体化设计的大致思路

产品一体化

关于产品搭配问题，如果用一句话来总结传统家装或整装的现状，就是用不同商家的产品拼凑组合而成的产品方案。

这种方式有以下三个问题比较突出：

①设计与产品脱节。家装设计师在前面可能会意向性地把吻合的产品类别设计进去，但到后面真正落地时，不同的产品商家有不同的服务模式与产品供应模式。也就是说，每个商家都是以自己的经营角度为主体，而不是以家装设计师的全局角度来考虑问题，具体的问题如产品到货周期、产品安装排期等。

②设计与采购脱节。由于设计方案不是真正基于消费者需求的落地方案，那么消费者可能会自己去采购有些产品，由于消费者本身并不专业、采购信息并不对称吻合，最后出现交付结果的产品方案与原先的设计方案出现偏离，从而影响装修效果。

③产品交付效果差，没有真正的负责人。由于这种模式有不同角色的人和消费者一起参与，最有可能的结果是：每个环节都没问题，但就是达不到所要的效果，最后由于没有核心负责人而不了了之，由消费者自己承担后果，形成不好的口碑。

那么，什么是真正的产品一体化呢？

产品与设计真正打通，产品是为了实现消费者想要的设计方案；基于用户的设计方案所需的硬软装全系产品都有，实现人与货的真正无缝对接。

解决产品一体化的本质：传统家装或整装是卖装修与产品（特别是家装公司转型做产品的家装+产品模式特别明显）；现在是卖一整套系统解决方案，产品只是其中的一个环节。

真整装的产品一体化要从以下两个层面来思考：

①针对终端的整装公司（2B）来说，产品一体化是解决产品采购供应的一体化；不用多头对接不同供应商的订单系统与服务系统，用心

做好消费者的服务工作就好。解决供应链的效率远比单纯的采购成本重要得多。

②针对终端的消费者（2C）来说，消费者要的是与整体设计方案高度吻合的产品体系，最终能有一个人对整体效果负责，而不用自己费时费神地去用不专业的方式整合产品。立体解决系统问题远比单纯的产品性价比重要，特别是新一代消费群体的消费理念升级，在这一点上体现得更为明显。

当然，这里并不是说供应总部不用考虑采购成本优势的问题，能做一个整装产品供应的总部，做到产品综合的性价比优势问题不大。只是没真正认识到真整装作用的终端经销商与消费者有可能走入一个误区：认为产品供应的优势就是成本的性价比。

从产品的现场应用效果的角度来说，产品一体化是真正解决消费者对于产品的风格一体化、功能一体化、档次一体化，以形成一个与整体设计相融一体的产品解决方案。

产品一体化的公式：主辅材 + 定制家具 + 宅配一站式购齐。

这是与传统的设计、家装、产品分离的服务模式最大的区别，也是本质的区别。传统模式设计与产品基本上是分割的，不是家装公司不想做，也不是消费者不想要，而是传统模式根本做不到。特别是消费者自己采购的模式，由于本身对行业与产品的不专业，搭配出来的产品方案根本做不到所见即所得。

主辅材 + 定制家具 + 宅配一站式购齐的模式，如果把它拆开，其实每个模块传统模式都实现了，但结果不尽如人意。核心就是没有一个人能对整体的系统线索负责，所有产品就成了拼凑性的组合。

产品一体化模式有效地解决了这个问题，主笔设计师与整装项目经理相配合对整个产品链条进行设计与跟踪，最终把消费者的需求真实地呈现出来。下面，我们以实际的案例（房子各个空间的产品配置）来解读一体化产品配置方案。

1. 客厅的一体化产品配置方案

客厅的一体化产品配置方案如图 4－15 所示。

图 4－15　客厅的一体化产品配置方案

2. 卧室的一体化产品配置方案

卧室的一体化产品配置方案如图 4－16 所示。

图 4－16 卧室的一体化产品配置方案

3. 厨房的一体化产品配置方案

厨房的一体化产品配置方案如图 4－17 所示。

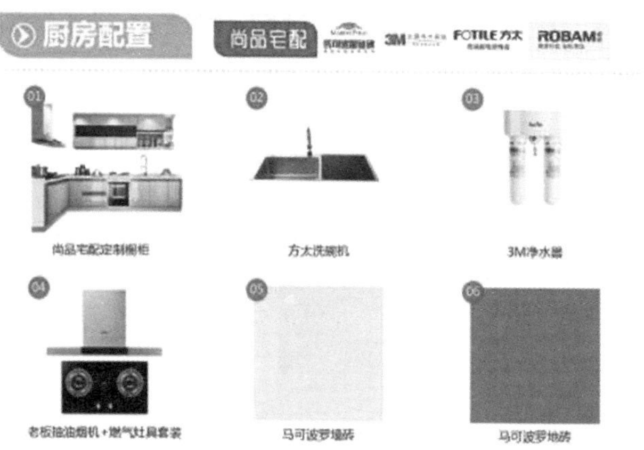

图 **4－17**　厨房的一体化产品配置方案

4. 卫生间的一体化产品配置方案

卫生间的一体化产品配置方案如图 4－18 所示。

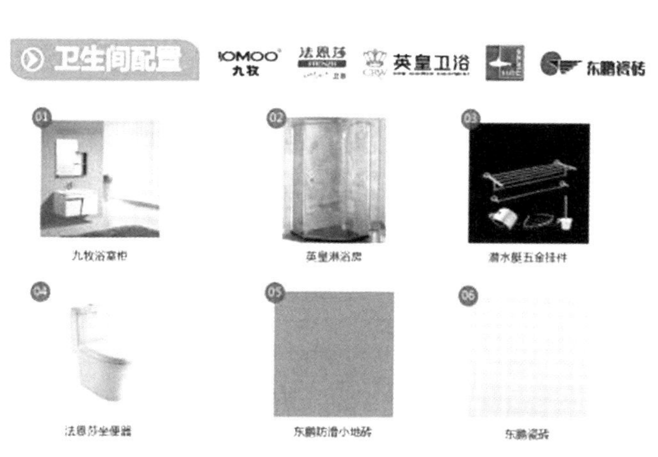

图 4－18 卫生间的一体化产品配置方案

5. 儿童房的一体化产品配置方案

儿童房的一体化产品配置方案如图 4－19 所示。

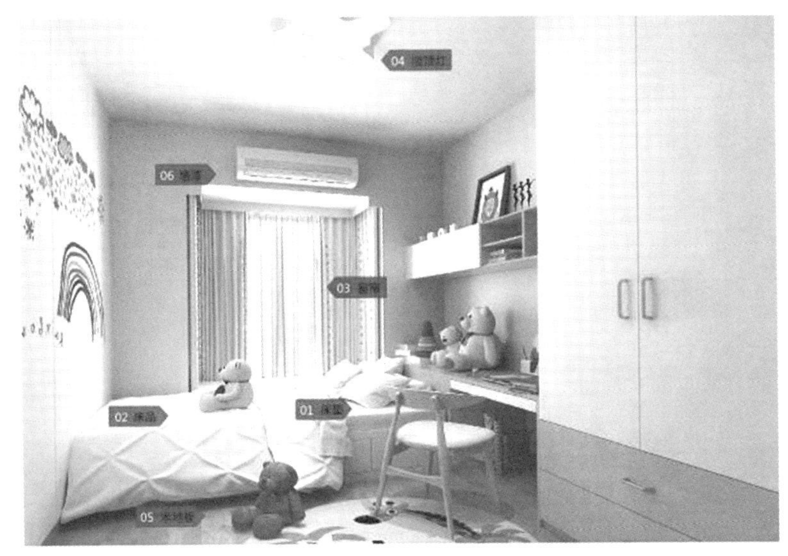

图 4－19 儿童房的一体化产品配置方案

以上是实现产品一体化的终端实现条件，要实现产品一体化还有一个重要的环节，就是整装产品的供应链环节。

要做到真正的产品一体化，必须有先进的家装行业 S2B2C 模式，对整装的业务能力及服务模式的升级。用强大的供应链，大幅度提升供应端的效率，以更好地赋能给平台对应的 B 端，帮助他们更好地服务每一个消费者。

精髓是：品牌直选、集中配送！（当然，这是对强大的整装总部来说的，如果要做小规模的区域整装模式只可借鉴）如图 4－20 所示。

图 4－20　产品一体化的精髓

从理论上讲，针对品质客户，整装总部最好是能整合知名的主辅材品牌、套餐品类，做到全覆盖（定制不一样，产品品牌的定位也不一样）。如图 4－21 所示。

图 4－21　整合产品品牌

整装要从总部解决产品供应问题，不仅是解决产品配套问题，还要解决终端落地层面传统家装公司用项目经理采购模式出现的种种弊端：偷工减料、以次充好、随机采购，从而导致终端服务出现种种问题。传统家装公司只关注对人的管理与监督其实是很难控制的，要从源头利用系统的力量才能得以解决。这其实是对家装产业的一次质的转型与升级。要实现主辅材全包直采，让项目经理环节实现零采购。如图 4－22 所示。

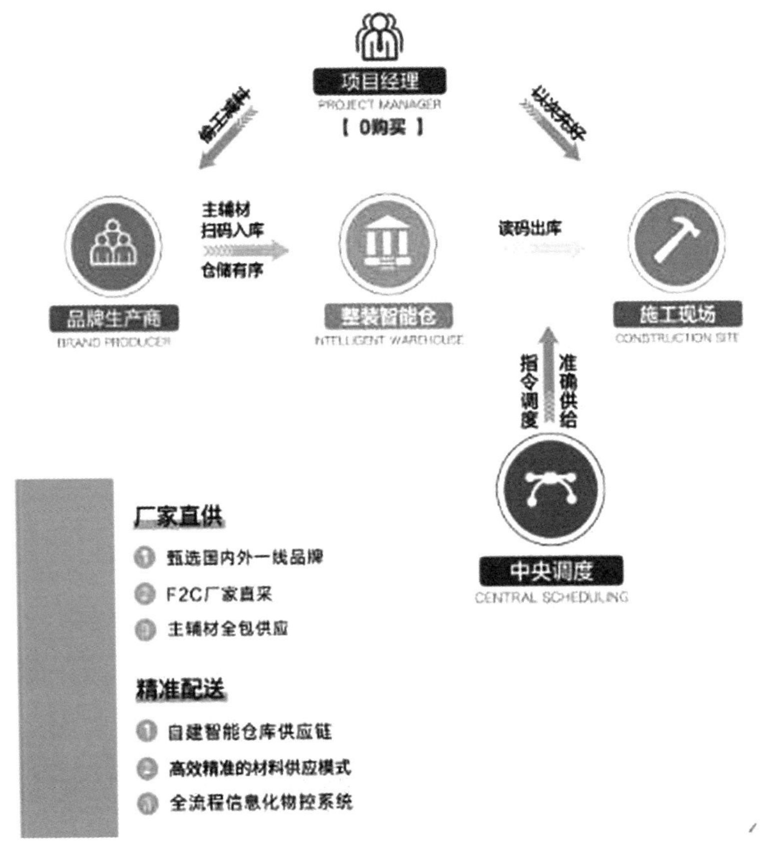

图 4－22　主辅材全包直采

施工一体化

施工交付问题一直是家装行业的顽疾，在传统的运作模式下，家装企业无论用什么管理办法都很难解决。从本质上说，这根本就不是管理能解决的问题。

施工交付能力是整装整体交付能力中的主要部分，其他诸多材料交付能力、家具交付能力、设计交付能力等，都还存在着重大不足。仅以家具交付能力为例，目前木制产品的交付周期都在45～60天，还不包括返工周期。这种现象尽管可以归结为制造企业的供给能力，但在很大程度上是整装市场产品开发、需求整合、大数据能力不足的体现。完善、升级、创新交付能力是最终家装行业、整装市场能够高品质快速增长的基础和根本保障。

整装的施工管理能力在行业天花板之下：传统家装企业的整装一般保有了其固有的水准，包括施工工人管理、工地管理、材料管理、售后管理等，但相当数量的整装企业在施工管理端尚难言具备基本水准，基本采取的是沿用传统行业人员与制度，避免在施工交付端出现更大窘境的应对式做法。

制约整装施工（交付）能力、水平的主要因素仍在工人手中，由于整装总体单量不大（10万元左右，含主材，稍高一点的单量还含家具、布艺、灯饰等），施工工人在每个工地的收入有限，整装施工吸引优秀施工工人的能力不足。尽管整装市场强调单量充足，但在家装行业市场中，优秀施工人员处于卖方市场，传统家装公司的高单量客户足以吸引相当部分的优秀施工人员。

施工工人的来源与危机：根据2017年《中国家装行业发展状况调查报告》的统计，中国室内装修行业的施工工人97.6%来自农村，其中以县乡村地域关系或亲缘关系为纽带的工人来源占有最大的比例。据不完全统计，2014年我国建筑装饰行业从业人员约为1600万人，其中现场施工人员约占60%，为960万人，施工现场作业人员主要由40岁以上的中老年人构成，男性比例在90%左右。由于年轻技术工人补充严重不足，施工现场劳动力老化现象日益突出，从业者队伍的年龄、性别结构越来越不合理，这将成为家装行业发展的致命隐患。

施工是个顽疾，但做整装必须解决这个问题。那么，如何解决呢？

就是施工一体化。

施工一体化要做到100%按照图纸施工、100%按照效果图还原、最大化地降低施工出错率。

我们先看下施工在整装运营系统中的位置，如图4－23所示。

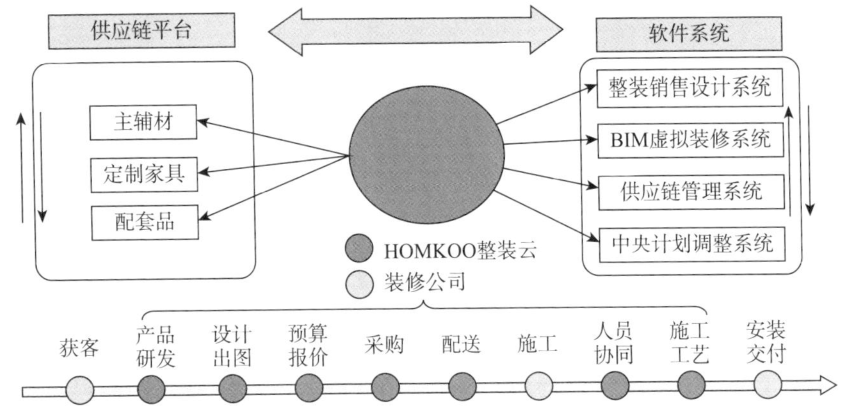

图4－23　施工在整装运营系统中的位置

解决施工交付问题的核心是：解决由不可控到可控的问题。实现可控的核心是工地要实现数字化管理；工地实现数字化管理的前提是，所有的工地都要实现数据化、信息化与在线化。

要实现数字化管理必须完成以下五个核心环节：

（1）BIM虚拟装修系统

BIM虚拟装修系统如图4－24所示。

图4－24　BIM虚拟装修系统

（2）从复杂的设计地图升级为傻瓜的设计导航

从复杂的设计地图升级为傻瓜的设计导航，如图4－25所示。

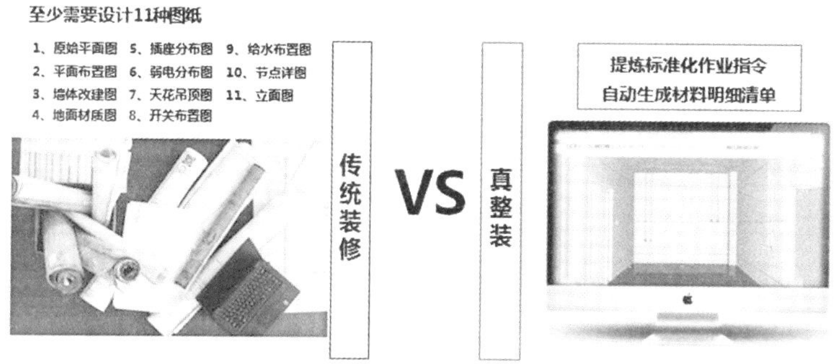

图 4－25 从复杂的设计地图升级为傻瓜的设计导航

（3）机场塔台式中央计划调度系统

机场塔台式中央计划调度系统如图 4－26 所示。

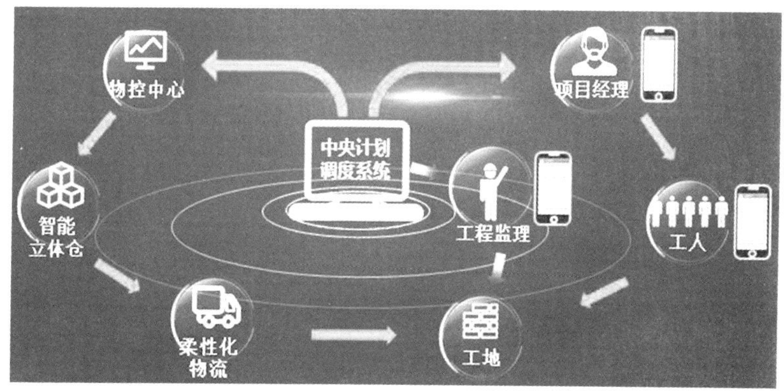

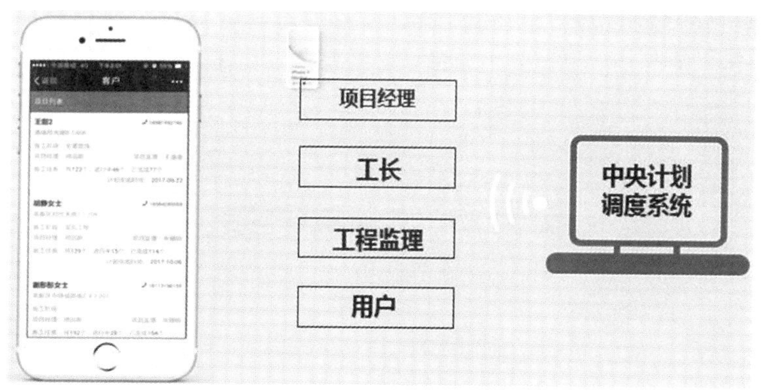

图 4－26 机场塔台式中央计划调度系统

(4) 中央厨房式供应链系统

中央厨房式供应链系统如图 4－27 所示。

图 4－27 中央厨房式供应链系统

(5) 完善的供应链平台支持系统

完善的供应链平台支持系统如图 4－28 所示。

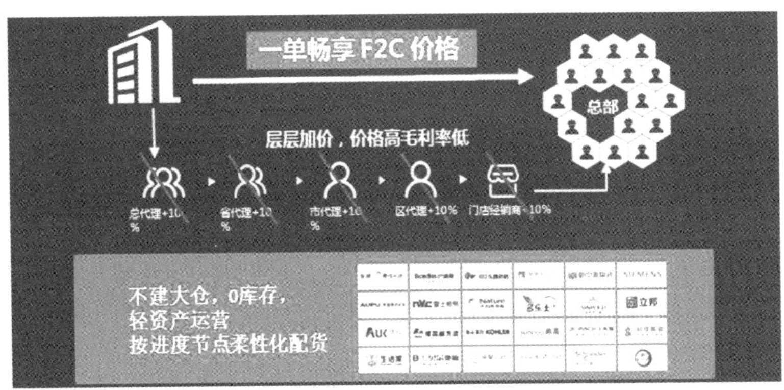

图 4－28 完善的供应链平台支持系统

第四节 谁能做好整装

关于整装这个课题，还没有哪个专家给出过结论，也没有哪个企业能给个明确的答案，因为整装模式还在路上，具体内容如下：

①以欧派、尚品宅配为代表的企业都开始涉足整装行业，是“先烈”还是“先驱”？

②互联网家装企业有着雄厚的资本、先进的引流模式却前仆后继地倒下，这是对我们的警示吗？

③有人说，欧派是因为产品与渠道扩张至极限，不得已才做整装来推动企业的增长空间，欧派自己也这么认为吗。

④欧派整装大家居的痛点有两个：一是产品组合还处于叠加阶段；二是现阶段的客户群体不符合欧派的产品定位？实际情况是这样吗？

⑤有人说，产品型的企业转型做服务是很可能成功的，但服务型的企业转型做产品就是个伪命题，事实是这样吗？

⑥家装公司其实更适合 2B 模式，只需要把专业服务做好，就有机会做强做大。如果偏要走 2C 模式，自己做产品、做品牌就很难让消费者信任吗？

⑦HOMKOO 整装云是尚品宅配基于自身模式去做整装的，它有两大核心优势：一是可验证、可靠、覆盖面广的软件基础，能够做到高度的信息化管理与运营；二是大规模的定制加工能力，远超同行企业。尚品宅配自己也这么认为吗？

⑧无论是欧派，还是索菲亚、尚品宅配等定制企业，产品研发与设计都有数据库做支撑，但实际上他们已经违背了定制的初衷，去追求产品标准化？

⑨目前，很多跨界品牌进入定制行业，比如房地产公司，以前为什么不做家装、不做定制，是因为卖房子更容易赚到钱，所以他们不是没有能力去做成功，而是在花费大量精力和成本后发现才赚一点钱，完全瞧不上这点利润？

相对于需求端来说，整装的优势很明显。

整装不是一个全新事物，其实家装行业就已经有了半包和全包的概念。但这种模式还不是系统解决方案，还要占用消费者大量的时间与精力，还不能解决消费者真正的痛点。这种将设计与选材进行分离的方式给家装公司与消费者带来了不必要的麻烦。

我们不能光看表面的风光，整装的劣势也显而易见。

整装的第一核心竞争力是服务能力，要搞定这么长的服务链条必须有强大的管理后台，原来家装公司发展的瓶颈就是服务模式在很大程度上的不可复制性，整装模式不仅要继续面对原有的服务瓶颈，还要面对后面长长的产品链。这对于很多企业来说是一个明显的管理课题。

其中，硬装、定制家具、软装是三个相对独立的服务链条，要求一家公司对三个链条要做到无缝对接，否则又会沦落到传统家装模式的问题旋涡里。也就是说，企业要建立一套适合自己的全流程服务模式，用一条主线来从最前端全面贯通到最后端，这从管理、团队、运营上就要求做到规范与标准。

再者，企业总部要有足够的产品线宽度来配合整装模式，这就要求企业在产业链整合上要有强大的运作能力，这对于大部分中小企业来说也是个很头痛的问题。

对于渠道商而言，能承接这种全流程服务与产品的经销商所面临的挑战更大。不只是要求经销商公司化运营就可以，整装模式要求经销商做到系统化运营，只有通过完善的系统才能驱动整装的真正落地与运行，要从单纯的经销商转变为当地的服务商与渠道运营商，但大部分经销商是没有这个能力的。这也是很多整装公司都只是出现在区域的厂家品牌层面的原因。

整装模式表面看起来单值大，但里面看得见与看不见的服务成本也非常高，如果管理不到位很容易造成因成本高昂而导致不赚钱。

那么，谁能玩动整装呢？不同出身的企业在玩整装时的侧重点又是什么？

无论是原来做定制家居、家装公司，还是房地产企业，做整装直接的好处就是可以带来家居全品类消费的延伸，从而达到做大消费单值，实现企业销量大幅度提升的战略目标。

房地产等平台型企业做整装

观点一：家装很难标准化，从而降低成功的可能性。

刚性需求将可能被标准化，但定制家居与手机、汽车行业不同，手机与汽车行业是在创造需求，而定制家居是在满足消费者的需求。所以，手机和汽车能够在终端标准化呈现，即整机、整车让消费者购买，而定制家居还要将这种“标准化”搬回家变成自己的生活方式。

比如某房地产企业主动整合家装公司、定制品牌，推出中高端的“定制精装”产品，业主可以在“标准化”里自由选择户型、风格、设计师等。目前，我国商品房多是框架结构，90 平方米以下户型主推精装房，满足消费者刚性需求，但 90 平方米以上户型多是改善型住宅，甚至购买者将会根据个人喜好、家庭结构、生活方式等对房子结构拆解重建。

服务操作本身是很难标准化的，企业要做的就是把做服务的人进行专业标准化的管理，就像海底捞一样。

观点二：大型跨界公司不是做不好整装，而是不屑于整装的投资回报率。

目前，很多跨界品牌进入定制行业，比如房地产公司，以前他们为什么不做家装、不做定制，是因为卖房子更容易赚到钱。汽车行业愿意花精力去钻研整装，是因为他们发现实行规模化生产与管理后，能够不断降低边际成本。所以，本质上不是房地产等平台品牌搞不定装修、搞不成定制，而是他们认为家装产业化革命还没有到来。

家装行业需要脚踏实地地做，任何想借助资本等外力达到短平快的目的注定不可能成功，从众多倒下的互联网家装企业的情况中就可以明白这个道理。

对于精装房或拎包入住的房地产企业来说，本来就在干这件事，虽然里面有很多事情不是自己直接做的。

从产品融入到房子配套的一站式解决方案，就是以房地产开发商为主导的，加上后面家装定制一站式解决，实现拎包入住。

房地产企业在向定制家居进行延伸的时候，更多的是将定制家居整合进精装房或者菜单式套餐里，他的盈利主要体现在房子销售的利润空间，当然也有房地产商利用客户池优势将定制家居的盈利模式独立出来的。

房地产企业由于本身具有话语权且比较强势，可以整合到相对专业又能听话的各个领域的分包供应商。当然，也有房地产企业开始涉足产品端的生产，比如碧桂园。

家装公司等服务型企业做整装

家装公司主要是利用自身在设计环节对业主的了解，将定制家居品类进行整合，所以家装公司更多的是利用本身的服务角色进行延伸，把原来靠增项盈利的项目变成免费项目，从而让定制家居的产品作为盈利载体。

家装公司做整装，核心是将原有的服务作为切入点，在服务端有优势，但在产品端是没有优势的。通过整合的方式有诸多不可控的因素，因为在整装的过程中，服务可能出问题，产品也可能出问题，只要一个环节出了问题，就会导致整装质量不可控。

从这点上来说，家装公司做整装很有必要弥补产品供应链的短板，可以通过投资、并购等资本手段来推进。

代表性企业包括东易日盛、业之峰装饰、江苏锦华、湖南美迪等企业。这类企业一般拥有较好的服务链整合能力和交付能力，而“整装”产品的引入，可以带入更多的流量，从而转化为利润。

房地产行业告别毛坯房，迈进精装房时代。未来家居建材企业将主要面对豪（毛坯房）、二次装修（含老房改造、精装房升级）等客户群体，项目是非常复杂的，这是 HOMKOO 整装云无法解决的技术难题。因为只有专业的家装公司才能够把服务做到家。

实际上，HOMKOO 整装云整合国内外上百种建材品牌，但最后还是逃不出卖“定制产品”的套路。比如中小型家装公司需要购买东鹏瓷砖，直接到佛山采购的价格绝对低于平台价格，但最终会导致加盟商为赚取利润而飞单的问题。同时，作为整装平台，要有开放的格局与胸怀，不能既做裁判员又做球员，现今获取流量的成本很高，如果新居网只卖自己的产品，其成本变高、效率变低，则违反了商业规则。

在2017年年底，某公司在设计、施工等方面做出战略调整，立足服务打造开放性的“定制”平台，比如一个杯子，在设计图出来后也能被定制生产。为应对精装升级等复杂项目，我们甚至成立单独的部门负责。另外，很多家装公司的施工队伍平均年龄为45岁以上，年轻人怕脏、怕累、怕苦，不愿意干，目前落后的施工方式在未来5~10年很可能会被淘汰，这都需要家装公司主动推出新技术、新设备以改变家装环境。

专业的问题交给专业的人去处理，非服务型公司可以考虑利用资本方式整合有服务优势的企业。

全屋定制等产品型企业做整装

全屋定制企业的优势在于产品端，劣势在于消费入口与服务端。

全屋定制企业要有更大的发展空间，要接近消费入口是一个不可忽视的课题。家装环节是全屋定制与消费者系统解决方案满足的一个中间地带，全屋定制企业如果解决了这个问题也就意味着贯通了一站式解决方案的落地问题。

全屋定制向前一步跨界传统家装，将业务拓展到系统的服务环节，为实现整装的发展铺平了道路。未来整装的发展，非常核心的立足点就在全屋定制。所以，虽然目前全屋定制与整装发展并道而行，全屋定制最终发展还是要与整装合并。从某种层面来说，全屋定制是整装发展的一个缓冲形式。

有实力的大定制企业在原来产品载体的基础上，出于入口资源劣势弥补与产品利润平衡的考虑，会向服务端与关联性产品进行延伸。比如欧派提出“一家搞定”的大家居模式，其实就是这种战略尝试。2017年以来，定制企业对相关品类进行的兼并与收购也是基于这种商业模式的升级。

到底谁能真正玩动整装模式?

其实，谈论谁能做好整装这个大课题的前提，是要论证一个核心：到底是做产品出身的企业能做好整装，还是做服务出身的企业能做好整装，或是做平台出身的企业能做好整装。

在三粒米教育看来，整装的核心在于首先如何控制装修的过程，其次是供应链，最后是如何获客。整装的过程太长，参与的环节与人员较多，品质、效率和客户满意度可控度低，以及过程体验差，进而影响最终的结果，而装修又是个标准化较难的环节。

成都亚度家居胡非认为：

目前看来，各企业做整装的机会均等。做产品要补上服务这一环节很难，特别是加盟模式。做服务的，装修这一行就没有几家认真把服务做好，高毛利、低净利，对人的依赖性太强，整装领域有口碑的企业太少。平台可能更关注获客便利和供应链成本，对消费者的痛点解决不了。欧派宜宾店成功的关键不是短期促销成单，而是怎样保质保量地按期交付。整装变革势在必行，这是项系统工程，允许试错找经验!

过去的传统装修是填空题，整装套餐是选择题。选择题的可控度更高，还是有很大进步空间的。填空题由于答题人的能力、水平等不同，做出来的答案千奇百怪。

很多家装公司就是想脱离这个环节，想做相对轻松的项目，最后发现作为竞争门槛，这块还是要加强的。

全屋定制遇到突破瓶颈，大家都想往难走的路上走，想达到规避竞争、蓝海市场爆发增长的战略目的。

这个市场很大，但目前又没有哪家企业能系统地解决这些问题。整装市场目前的状况是：大市场小份额的格局。

从以上现象分析，做产品出身的企业、做服务出身的企业、做平台出身的企业，做整装的机会都是均等的。

参考观点 1：产品线拉宽，整个服务环节不可控。

加盟连锁的家装品牌，做强大很难。“十年磨一剑，一年关店”。

为什么加盟难以复制？这是因为它涉及消费需求、品牌属性、人工成本、产品输出、供应链整合、施工流程管控等多方面维度。

手机、汽车等行业形成巨头垄断，是因为产品能够高度地标准化。而餐饮、娱乐、建材家居等行业，因为消费属性决定客户需求千差万别。比如人的居住环境、生活方式就很难被标准化，所以整装模式出现后，家居建材行业短期内很难出现巨头垄断的格局。

事实上，任何建材家居企业都难以做到“全能全做”，越是中高端消费越不会被标准化。某企业前两年成功转型整装，虽然打通了前端施工与后端供应链等系列环节，但仅限于两套系列整装产品。如果这家企业一旦将产品线拉宽，供应链整合与施工流程管控等就会成为十分头痛的问题。

整装不等于把产品简单地相加，它是以设计为核心、服务为核心线索的系统工程。整装模式能否实现，第一要务是能否有效解决现场交付问题，第二才是产品与供应链问题，获客则是锦上添花。

参考观点 2：产品型的企业转型做服务，是有可能成功的，但服务型的企业转型做产品就是个伪命题。

无论是高端消费群体，还是中低端消费群体，都脱离不了两个方面：一方面是客户的信任问题；另一方面是提升效率问题。

而解决效率问题有三个维度：一是去中间化；二是复杂的东西简单化；三是闲置资源共享。

但是服务型的企业转型做产品，就是个伪命题。比如立邦漆刷新其实没有核心技术，而很多家装公司也能做刷墙工作，但只有立邦凭借产品优势把刷新服务做成功了。对于消费者而言，永远只会关注产品最终的呈现效果，而很少去关心服务的过程。

为此，产品型的企业很可能做成整装模式，但反过来服务型的企业就不一定成功。

参考观点 3：欧派、尚品宅配等行业巨头通过涉足整装模式，立足于产品优势，可以掌控更多入口资源。

为什么要去做整装？现在做家装公司的都很累，管理环节多、施工时间长、沟通协调复杂、业主不满意难收款。与之相比，产品型的企业，短平快的销售方式能够轻松赚取利润。很多 OEM 工厂不喜欢做品牌，是因为他们不做代理、不用赊账，管理简单、风险低，而且能够节省广告、督导、培训等成本费用。

欧派、尚品宅配等行业巨头通过涉足整装模式，立足于产品优势，可以掌控更多的入口资源。比如 HOMKOO 整装云先整合全国优质家装公司，然后对加盟商推出“现场施工”的标准与管理体系，并启动竞争淘汰机制，就可以轻松解决“现场交付”的难题。

第五章

整装商业模式

——产品篇

第一节 整装的产品模式

家装模式从原先的包清工、半包、全包，发展到整合家具软装和家电，将所有居家元素全打包的“整体家装”（萌发阶段），经历了主材代购向采购模式快速迭代。家装行业作为定制家居的上游，最先接触消费群体。

整装最终落地还是以实际的产品来呈现。那么，整装模式到底包含哪些产品呢？

一般意义上，整装的产品包含以下几项：

①基装。主体拆改、水电改造、木工、贴砖、刷墙面漆、厨卫吊顶、厨柜安装、木门安装、地板安装、铺贴壁纸、散热器安装、开关插座安装、灯具安装、五金洁具安装、窗帘杆安装、拓荒保洁、家具进场、家电安装、家居配饰。

②硬装。电线、水管、隔墙、吊顶、房门、地板、瓷砖、墙面涂料、洁具、厨具、灯具等不活动的东西。

③全屋家具。厨柜、衣柜、内门、定制壁柜、沙发、床等。

④软装。易于更换的饰物，如窗帘、壁挂、地毯、床上用品、灯具及装饰工艺品、居室植物等。

基于真整装的定义，整装的产品模式又有另一个说法。整装的产品模式会以产品包的形式，不同企业会根据自身的条件、客户需求的相对个性化对产品包进行相对自由的组合。具体产品包如图 5 - 1 所示。

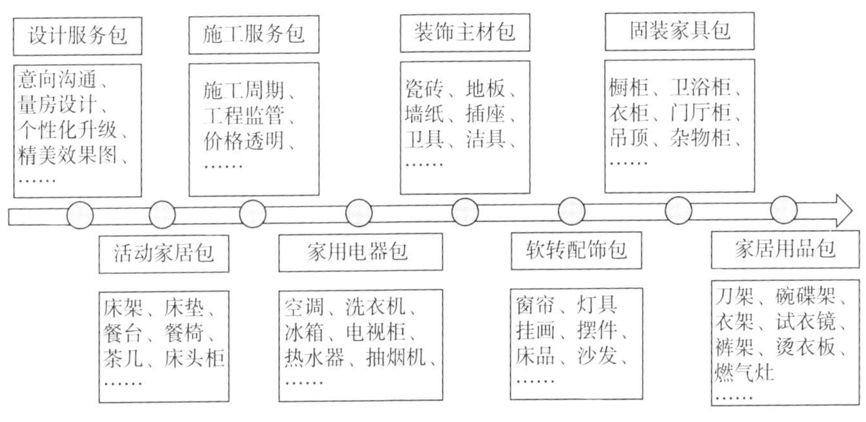

图 5 - 1　产品包

图 5 - 1 是将整装有关的产品做了一个合并同类项的集合，整装产品模式最核心的还是：主辅材 + 定制家具 + 宅配产品。

从终端的消费者的角度来说，家装时第一关心的是终端呈现出来的整体家装效果，其次会关心大件的产品包：主材包、固装家具包、活动家具包。至于家用电器包、家居用品包，都是在家装后才会关心的。

像活动家具包、家用电器包、家居用品包等产品包，在当前市场中已经属于比较成熟的品类，消费者也很容易通过正常的渠道采购，并且这些产品包的服务也相对简单，品类本身的服务体系也比较健全，所以当前还很难真正完全打包。如果消费者满意整装的设计方案，会以设计方案为参考再进行自行采购。

如果整装公司设计能主导消费者，软装包与活动家具包则可以打包到整体方案中。如果从当前现实意义的角度来说，主辅材 + 定制家具则是整装公司最容易标准的产品模式。

最有可能被完全打包的可能有两种：一种是消费者自己不愿操心是前提，以及整装公司的整体套餐方案的性价比确实让消费者满意，特别是对于没有太多时间与精力的刚需消费者；另一种是整个方案确实属于比较个性化的设计，消费者本身的专业程度与采购渠道根本达不到方案的效果，一定要借助于整装公司的专业化运作才可以做到。

由上面分析可以看出，整装的产品还是处于相对自由组合的模式：整装公司给出整体的解决方案，根据消费者的特性圈定必选项与可选项，必选项是整装公司本来就有优势的产品与服务，可选项是消费者自己坚持的或整装公司只是配套服务的产品项。

由于市场的消费特性现状，整装不可能一步到位做到完全的整装产品模式，需要有个市场教育的过程。为了便于大家理解，整装从业者有必要根据市场的成熟进度把整装分为不同的阶段，从而采取不同的产品模式。

图 5－2 是三粒米教育根据整装市场发展轨迹画出的整装进化阶段，也可以清晰地看出不同阶段整装的产品模式，大家可以作为参考。

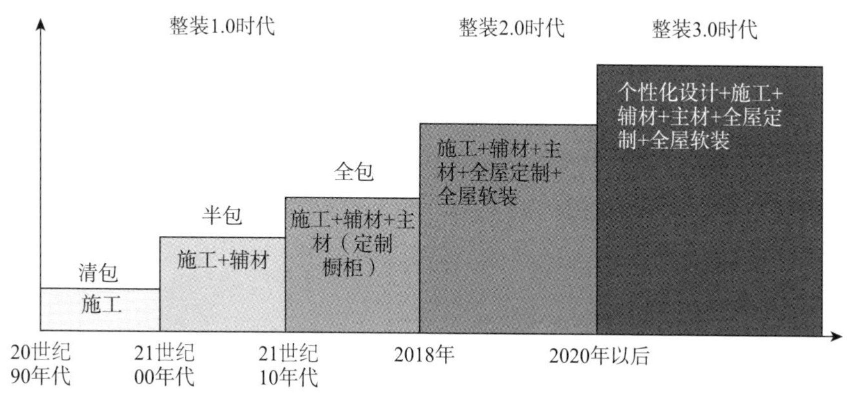

图 5－2　整装进化阶段

图 5－2 是针对整装公司具体的传统实物产品的划分，实际是指导整装公司的产品采购与整合，但由于整装是一种新的家装模式，在终端呈现时必须以新的业务模式与消费者对话，不然就是传统的全包家装业务，失去了整装的真正意义。

到终端具体落地的过程中可以融入具体的客户与业务模式，下面从市场角度梳理整装的产品模式。

整装针对不同的房子类型的业务有如下几种：

➢毛坯房 4 个整装业务：硬装业务、精装业务、全屋整装、全案设计。

➢精装房 4 个整装业务：精装业务、局部整装、软装业务、全案设计。

➢旧房 4 个整装业务：全屋整装、局部整装、软装业务、全案设计。

下面我们对整装的不同业务模式进行分析，以期让大家在终端落地时能找到具体的方法做业务。如图 5－3 所示。

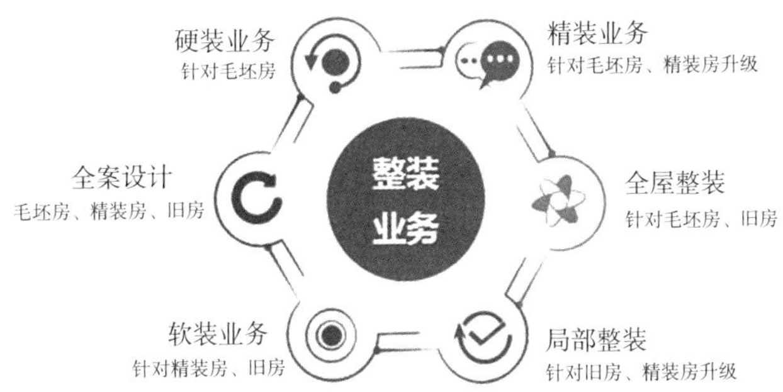

图 5－3 整装业务

1. 硬装业务主要针对毛坯房

硬装业务如图 5－4 所示。

①实物产品主要分为：主材产品和辅材产品。

②服务模式主要包括：设计服务、施工服务、售后服务。

③颜值体验主要包括：硬装设计效果，施工现场保护，施工现场宣传语，统一工服、鞋套。

④硬装主要靠施工收费、主辅材差价盈利、个性化升级收费赚钱。

业务板块	实物产品	服务模式	颜值体验	收费模式
① 硬装业务 （针对毛坯房）	□ 主材产品：瓷砖、地板、墙纸、插座、卫具、洁具等。 □ 辅材产品：水泥、沙子、泥子粉、石膏粉等。	□ 设计服务：意向沟通、量房设计、个性化升级、精美效果图等。 □ 施工服务：普通施工、精品施工、拆打改造、工程监管、工程验收。 □ 售后服务：垃圾处理、家政服务等。	□ 硬装设计效果 □ 施工现场保护 □ 施工现场宣传语 □ 统一工服、鞋套	□ 设计收费/免费 □ 施工收费（高毛利） □ 主辅材差价（高毛利） □ 个性升级收费

图 5－4　硬装业务

2. 精装业务主要针对毛坯房和精装升级

精装业务如图 5－5 所示。

①实物产品主要包括：主材产品、辅材产品、定制家具。

②服务模式主要包括：设计服务、施工服务、安装服务、售后服务。

业务板块	实物产品	服务模式	颜值体验	收费模式
② 精装业务 （针对毛坯房、精装升级）	□ 主材产品：瓷砖、地板、墙纸、插座、卫具、洁具等。 □ 辅材产品：水泥、沙子、泥子粉、石膏粉等。 □ 定制家具：定制厨柜、定制衣柜	□ 设计服务：量房设计、、个性化升级、效果图等。 □ 施工服务：普通施工、精品施工、拆打改造、工程监管等。 □ 安装服务：厨衣柜安装等。 □ 售后服务：垃圾处理、家政服务等。	□ 硬装设计效果 □ 定制家具设计 □ 施工现场保护 □ 施工现场宣传语 □ 统一工服、鞋套	□ 设计收费/免费 □ 施工收费（低毛利） □ 主辅材差价（低毛利） □ 定制家具销售 □ 个性升级收费

图 5－5　精装业务

③颜值体验主要包括：硬装设计效果，定制家具设计，施工现场保护，施工现场宣传语，统一工服、鞋套。

④施工服务和主辅材差价可能成为引流产品，所以精装主要靠定制家具、个性化升级收费赚钱。

3. 全屋整装主要针对毛坯房、旧房

全屋整装如图 5－6 所示。

①实物产品主要包括：主材产品、辅材产品、定制厨柜、全屋定制、全屋软装、全屋家电（包含智能设备）、生活用品。

②服务模式主要包括：设计服务、体验服务、一站服务、施工服务、家具保护、安装服务、售后服务等。

③颜值体验主要包括：软硬一体化设计，风格系列搭配，软装饰品搭配，施工现场保护，施工现场宣传语，统一工服、鞋套。

④整装主要靠定制家具类销售、软装饰品类销售、家用电器类销售、生活用品类销售赚钱。

业务板块	实物产品	服务模式	颜值体验	收费模式
③ 全屋整装 （针对毛坯房、旧房）	□ 主材产品 □ 辅材产品 □ 定制厨柜 □ 全屋定制 □ 全屋软装 □ 全屋家电（包含智能设备） □ 生活用品	□ 设计服务 □ 体验服务 □ 一站服务 □ 施工服务（包括打折服务等） □ 家具保护 □ 安装服务 □ 售后服务等	□ 软硬一体化设计 □ 风格系列搭配 □ 软装饰品搭配 □ 施工现场保护 □ 施工现场宣传语 □ 统一工服、鞋套	□ 设计收费/免费 □ 施工收费（低毛利） □ 主副材差价（低毛利） □ 定制家具类销售 □ 软装饰品类销售 □ 家用电器类销售（包含智能设备） □ 生活用品类销售 □ 个性升级收费

图 5－6 全屋整装

4. 局部整装主要针对旧房、精装升级

局部整装如图 5－7 所示。

①实物产品主要包括：主材产品、辅材产品、定制家具、全屋软装、全屋家电（包含智能设备）、生活用品。

②服务模式主要包括：设计服务、体验服务、一站服务、施工服务、家具保护（针对旧房和精装房，家具的保护特别重要）、安装服务、售后服务等。

③颜值体验主要包括：软硬一体化设计，风格系列搭配，软装饰品搭配，施工现场保护，施工现场宣传语，统一工服、鞋套。

在中国，一般消费者都不愿意为“看不见”的服务买单，而施工服务和主辅材差价可能成为引流产品，所以整装主要靠定制家具类销售、软装饰品类销售、家用电器类销售、生活用品类销售赚钱。

业务板块	实物产品	服务模式	颜值体验	收费模式
④ 局部整装 （针对旧房、精装升级）	□ 主材产品 □ 辅材产品 □ 定制家具 □ 全屋软装 □ 全屋家电（包含智能设备） □ 生活用品	□ 设计服务 □ 体验服务 □ 一站服务 □ 施工服务（包括打折服务等） □ 家具保护 □ 安装服务 □ 售后服务等	□ 软硬一体化设计 □ 风格系列搭配 □ 软装饰品搭配 □ 施工现场保护膜 □ 施工现场宣传语 □ 统一工服、鞋套	□ 设计收费/免费 □ 施工收费（低毛利） □ 主副材差价（低毛利） □ 定制家具类销售 □ 软装饰品类销售 □ 家用电器类销售（包含智能设备） □ 生活用品类销售 □ 个性升级收费

图5－7 局部整装

5. 软装服务主要针对旧房、精装房

软装服务如图5－8所示。

①实物产品：移动家具（床架、床垫、餐台、餐椅、茶几、床头柜等）；软装配饰（窗帘、灯具、挂画、摆件、床品、沙发等）；家用电器（空调、洗衣机、冰箱、电视柜、热水器、抽油烟机、智能家电）；生活用品（刀架、碗碟架、衣架、试衣镜、裤架、烫衣板、燃

气灶）。

②服务模式主要包括：设计服务、体验服务、一站服务、安装服务、售后服务等。

③颜值体验：风格系列搭配，软装饰品搭配，产品外观设计，产品包装设计，统一工服、鞋套。

业务板块	实物产品	服务模式	颜值体验	收费模式
⑤ 软装业务 （针对精装房、旧房）	□ 移动家具 □ 软装配饰 □ 家用电器 □ 生活用品	□ 设计服务 □ 体验服务 □ 一站服务 □ 安装服务 □ 售后服务等	□ 风格系列搭配 □ 软装饰品搭配 □ 产品外观设计 □ 产品包装设计 □ 统一工服、鞋套	□ 设计收费/免费 □ 移动家具类销售 □ 软装饰品类销售 □ 家用电器类销售 □ 生活用品类销售 □ 个性升级收费

图 5-8 软装服务

6. 全案设计主要针对毛坯房、精装房、旧房的高端客户群体

全案设计如图 5-9 所示。

①实物产品主要包括：无。

②服务模式主要包括：设计服务、施工监理、家具买手、家装知识教育等。

③颜值体验主要包括：极致个性化设计。

④收费模式：设计收费、材料提成。

业务板块	实物产品	服务模式	颜值体验	收费模式
⑥ 全案设计 （针对毛坯、精装、旧房）	—	□ 设计服务（量身定制） □ 施工监理 □ 家具买手 □ 家装知识教育等	□ 极致个性化设计	□ 设计收费 □ 材料提成

图 5-9 全案设计

图 5－10 是 HOMKOO 整装云的产品模式。

案例分析	实物产品	服务模式	颜值体验	收费模式
HOMKOO 整装云整装+全屋定制	□ 硬装套餐：（1）799套餐：全屋装修（标准包）+精品定制厨柜；（2）1099套餐：全屋装修（豪华包）+精品定制厨柜+自选定制衣柜等。 □ 升级套餐：全屋定制、配套家居等	□服务流程：免费在线预约→上门量尺→出整装设计效果图→参观展厅，沟通方案→确定方案，签订合同→中央调度施工及管理→家居安装→竣工验收→售后服务	□ 软硬一体化设计：硬装设计+定制家具设计+软装设计	□ 原定套餐费用 □ 个性化升级费用 □ 二手房打拆费用 □ 施工建渣外运费 □ 材料搬运费 □ 远程施工费 □ 管理费 □ 税费

图 5－10　HOMKOO 整装云的产品模式

第二节　整装的套餐设计方法

整装为什么要做套餐

在互联网家装风靡的时候，家装套餐就满天飞。对此我的看法是，互联网家装的套餐模式更多的是用套餐来解决营销层面的引流问题，而不是真正去解决消费者的服务价值问题。

那么，整装做套餐的意义是什么呢？

解决消费者价格不透明、预算不可控的痛点。尽量用套餐来解决消费者比较忌讳的增项加价问题。产品套餐的本质是用户思维：最优性价比 + 一站式购物。

从另一个维度实现明码实价，俨然已经成为行业共识。

整装套餐的核心作用，用图 5 - 11 来说明。

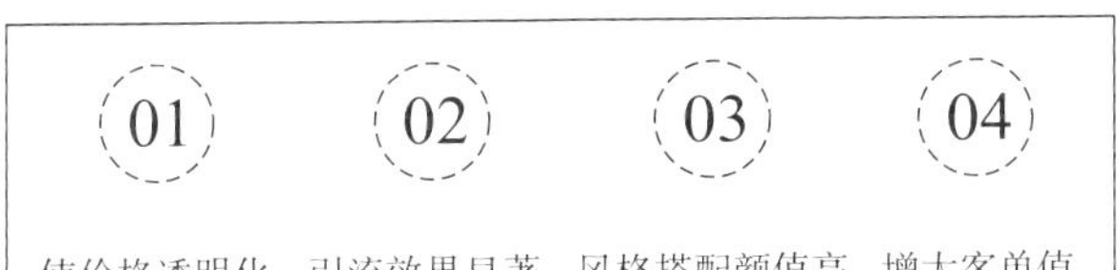

图 5 - 11 产品套餐的作用

整装时代并不意味着价格也变成了“整包”，而是更需要清楚价格明细。

①整装计价，实际上是为了避免在装修过程中出现增项，一口价让消费者透明消费，但这样的“整包价格”绝不是说就没有了装修明细单。恰恰相反，整装模式下的明细应该更清晰。

②如按“面积”的报价中，客厅每平方米是什么价，洗手间每平方米又是什么价，因装修工序、用材不同，报价可以不同，但一定要有清楚明白的核算方法。

③如系统生成的“一口价”，系统是如何生成的，核算方法又是什么。

这些都应该在合同签订之前明明白白地告诉消费者，而不是在纠纷出现之后再来告知。比如套餐的标配内容介绍应包括：效果图、面积、计价方式、套餐内容、风格、空间、品类、品牌、材质、规格、数量、价格、付费方式、工期、保修等。如图 5 - 12 所示。

整装套餐的呈现如何设计

1. 按照交易目的设计套餐

主要的依据是根据消费者的消费档次来设计不同的套餐，以保证不同层次的消费者都能找到适合自己的套餐方案。如表 5 - 1 所示。

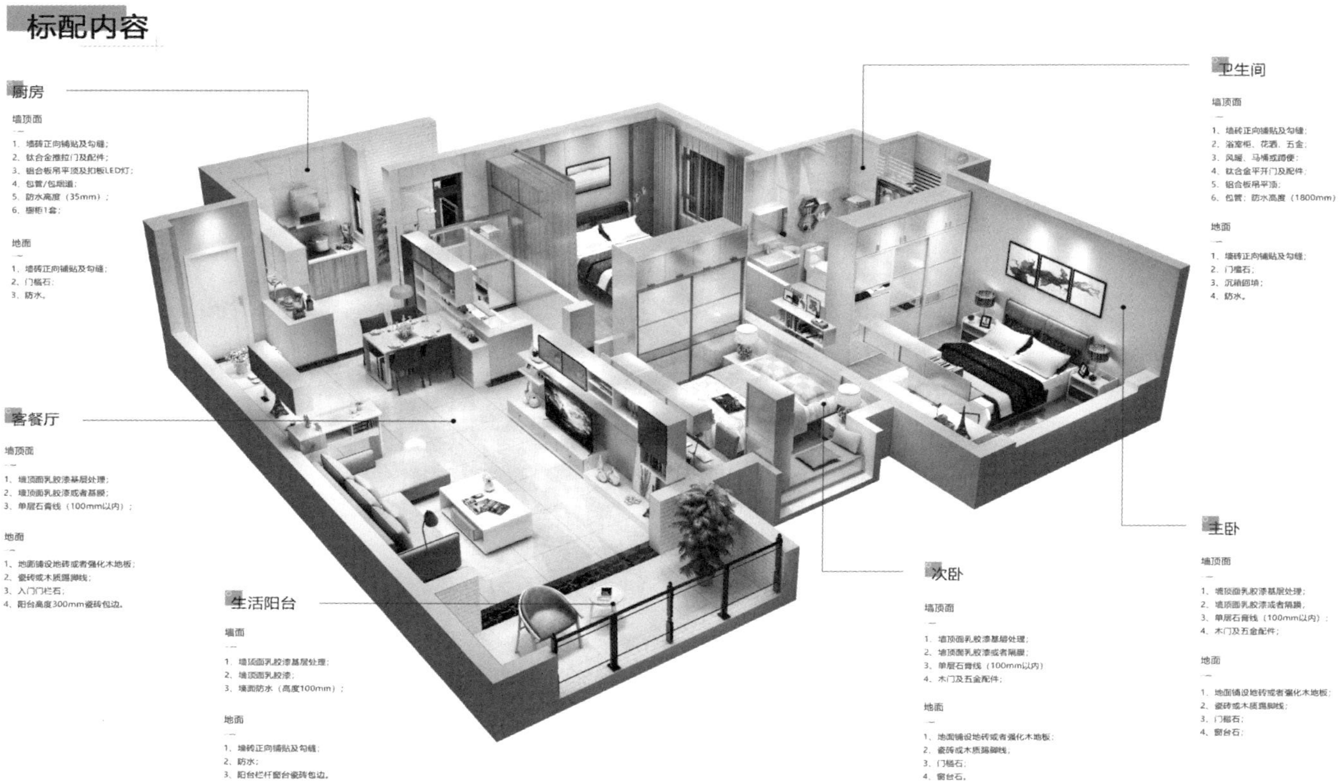

标配内容

厨房

墙顶面

1、墙砖正向铺贴及勾缝；
2、钛合金推拉门及配件；
3、铝合板吊平顶及扣板LED灯；
4、包管/包烟道；
5、防水高度（35mm）；
6、橱柜1套；

地面

1、墙砖正向铺贴及勾缝；
2、门槛石；
3、防水。

客餐厅

墙顶面

1、墙顶面乳胶漆基层处理；
2、墙顶面乳胶漆或者基膜；
3、单层石膏线（100mm以内）；

地面

1、地面铺设地砖或者强化木地板；
2、瓷砖或木质踢脚线；
3、入门门栏石；
4、阳台高度300mm瓷砖包边。

生活阳台

墙面

1、墙顶面乳胶漆基层处理；
2、墙顶面乳胶漆；
3、墙面防水（高度100mm）；

地面

1、墙砖正向铺贴及勾缝；
2、防水；
3、阳台栏杆窗台瓷砖包边。

次卧

墙顶面

1、墙顶面乳胶漆基层处理；
2、墙顶面乳胶漆或者隔膜；
3、单层石膏线（100mm以内）
4、木门及五金配件；

地面

1、地面铺设地砖或者强化木地板；
2、瓷砖或木质踢脚线；
3、门槛石；
4、窗台石。

卫生间

墙顶面

1、墙砖正向铺贴及勾缝；
2、浴室柜、花洒、五金；
3、风暖、马桶或蹲便；
4、钛合金平开门及配件；
5、铝合板吊平顶；
6、包管；防水高度（1800mm）

地面

1、墙砖正向铺贴及勾缝；
2、门槛石；
3、沉箱回填；
4、防水。

主卧

墙顶面

1、墙顶面乳胶漆基层处理；
2、墙顶面乳胶漆或者隔膜；
3、单层石膏线（100mm以内）；
4、木门及五金配件；

地面

1、地面铺设地砖或者强化木地板；
2、瓷砖或木质踢脚线；
3、门槛石；
4、窗台石；

图 5-12　标配内容

表 5－1 按照交易目的全系套餐总览

按交易目的全系套餐总览					
套餐类别	建筑面积（元/平方）	配置详情（标配）	个性升级	营销定位	
时尚套餐（A）	799	全屋装修（标准包）+精品定制厨柜	—	满足中低档消费群体的普通需求，内容齐全，性价比高	
时尚套餐（B）	899	全屋装修（标准包）+精品定制厨柜+自选定制衣柜	—	率先推出带衣柜的整装套餐，有效锁定成交，抢占市场先机，提高客单价	引流产品
尊享套餐	869	全屋装修（豪华包）	—	新居整装经典套餐，品类丰富，风格多变，一口价结算，增项少	
豪华套餐（A）	999	品质全屋装修（豪华包）+精品定制厨柜	—	在经典版基础上，增加了精品定制厨柜，满足中高档消费群体的品质需求	
豪华套餐（B）	1099	品质全屋装修（豪华包）+精品定制厨柜+自选定制衣柜	—	全新推出的整装+全屋定制高品质解决方案，满足消费者个性化需求，套餐带衣柜，凸显定制优势	利润产品
		引流产品	利润产品		

①“时尚套餐”适合中低档消费市场，“豪华套餐”适合中高档消费市场。金字塔式价格套餐设置，应满足不同消费群体的需求。

②套餐内的“配置产品”属于比较标准的东西，性价比高，应作为引流产品；套餐外的“个性升级”属于非标准的产品，是利润产品。

整装不可能完全没有增项，只是真整装把增项部分也明码消费。主要个性化增项费用包含以下内容：

①升级产品。整装套餐，按室内空间提供有限的主辅材产品供客户选择，当客户不满意产品的款式时，提供升级产品供客户进行个性化选择。这些升级产品，即可视为赚钱的增项。

②升级电位。整装套餐，按室内空间提供合理的电位数以满足客户的基本需求，当个别客户不满足于基本的电位需求时，可以通过要求增

加电位的方式满足其个性化需求。这部分客户的升级需求，即可视为赚钱的增项。

③一站式加购软装产品。在设计方案的阶段，就已经将供应链中配套的真实软装类产品融入设计，当客户对设计方案认可或满意时，可直接在展厅内一站式采购配套的软装产品，提供沙发、窗帘、床品、电器等软装配套产品供客户选择，这些产品亦可视为赚钱的增项。

2. 按照风格颜值设计套餐

现在的年轻消费群体对家装的第一感知就是家装风格，这也成为能否打动消费者的一个重要方式。针对不同喜好的消费者推出不同风格的套餐，每种套餐又根据消费档次提供不同的价格，这也是整装套餐的一个重要方式。

下面列举一些家装常见的风格供大家参考：

（1）现代风格（现代北欧、现代日式、现代美式都在此列但又有所区别）

各类现代风格的室内设计可能是现在最主流的风格了，譬如宜家（北欧）、无印良品（日式），这里就将它们归为一类，就是现代风格。特点是现代、简洁、舒适、明亮、功能化、温暖，各处细节均体现出现代特点，譬如沙发、大屏幕电视、各种电子灯具的使用。

（2）中式风格

中式风格其实有很多种，各种传统的中式及各种新中式，重要的就是中式元素在室内设计中的运用，譬如古典家具、中式字画等，我更偏爱满足现代舒适前提下的中式风格，用一些经典的中式元素来点缀。

（3）工业风格

工业风格并不是家装的主流，多是工作室、咖啡馆等商业机构的设计，但随着像漫咖啡及其他类似工业风格设计的商业机构的流行，国内也有很多年轻人喜欢这种粗犷却不失细节、具有独特辨识度的风格。

（4）混搭/折中风格

混搭/折中风格依旧是在满足现代室内功能的前提下，搭配一些个人爱好或者收藏的各种风格家具、灯饰及装饰，我没有尝试过，但我认为这种风格需要有一定经验才能做好，属于进阶阶段的风格。

（5）乡村/古朴风格

国内流行的乡村风格可能多是指美式传统乡村风格，并且我认为设计很好的也很少；这里的乡村并非特指传统美式乡村，而是现代乡村。它可以是美式乡村也可以是欧式乡村，但要体现出乡村的特点，譬如老旧梁柱的搭配、破旧的地板、裸露的石墙、一些古朴老旧的乡村风格家具。

3. 按照生活方式设计套餐

从消费者的生活方式入手，充分设计到某种生活方式的细节之处，根据消费者的实际需求提供套餐，可以从实用与情感两方面同时打动消费者。

（1）【单身贵族】小公寓·多功能定制——个性·时尚·自由

人群定位：单身时尚、年轻活力，乐于接受新事物的年轻男女。

个性——青春活力、注重健康、个性鲜明。

【个性组合餐柜】——个性组合，体现生活态度，组合简洁小巧，功能强大实用。

【隔墙组合柜】——用柜子做隔断，实用美观且省空间。

【收藏展示区】——给经历、喜爱、收藏留一席之地。

时尚——新朝时尚，享受生活的人群。

【板材搭配】——年轻时尚的设计朝流。结合个性爱好，选择喜欢的板材，营造自己喜欢的家居氛围。

【软装氛围】——房子不大，也能营造精致。

【智能设备】——巧妙智能，志趣不凡。柜子内嵌音响，蓝牙锁，感应灯光。

自由——我的独立空间，我的自由时间。

【定制百变】——多功能定制，小户型解决方案。

【功能分区】——起居、工作娱乐、独享或会友。

【百变定制 + 功能分区】小公寓多功能精致定制，空间独立，时间自由。

【单身贵族】小公寓 · 多功能定制见图 5 – 13。

图 5 – 13　【单身贵族】小公寓 · 多功能定制

（2）【二人世界】新代全屋定制——在一起 · 小情调 · 新生活

人群定位：备婚中的家庭、已结婚未有小孩的家庭。

在一起——相依起，没有距离。

【开放式厨房】——为用餐注入快乐。拉近与客厅距离的同时，也拉近了男女主人之间的距离，为他们创造更多在一起的时光。

【步入式榻榻米】——品茶 + 聊天 + 瑜伽。温和的暖色调给男女主人休闲的时光，增添了别样的情趣，在一起喝茶聊天，在一起看书，做瑜伽。

【可折叠书台】——共同学习 + 游戏。可以让男女主人在安静的空间里共同学习、游戏。

【多功能梳妆台】——让女主人同时拥有了美丽与智慧。

小情调——心思搭配，浪漫满屋。

【吧台 + 餐台】——打破传统，浪漫用餐。

【休闲小阳台】——打破了传统家庭阳台晾衣物的做法，把这里打造成一个浪漫舒适的空间，灯串式的装饰吊灯繁星点点的感觉，增加生活情趣。

【照片墙】——记录美好一刻。旅游的照片，那些难忘的回忆，让家留一个地方，记录这美好的一刻。

【舒适定制床】——甜蜜生活，舒适睡眠。

新生活——处处创意设计，体现与众不同的后现代生活。

【内嵌音响】——客厅电视柜＋音响一体化设计。

【蓝牙锁】——私物品，巧隐藏。

【穿衣小助手】——智慧生活，从穿衣服开始。

【多功能沙发】——是沙发也是床，简洁实用。

【多层分格抽屉】——收纳女主人的各式化妆品。

【二人世界】新代全屋定制见图 5－14。

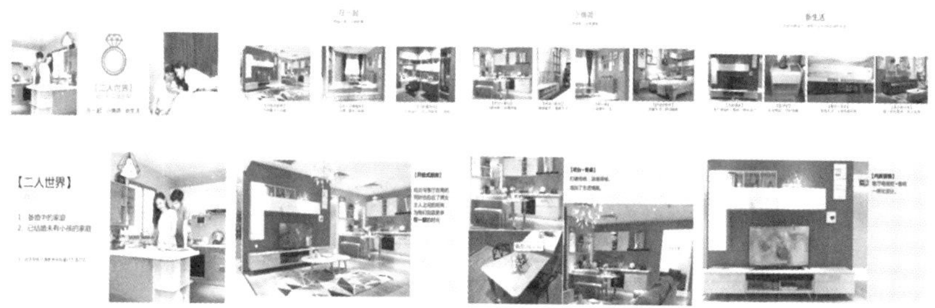

图 5－14 【二人世界】新代全屋定制

整装套餐的产品构成

整装套餐主要由引流产品、利润产品、口碑产品构成。如图 5－15 所示。

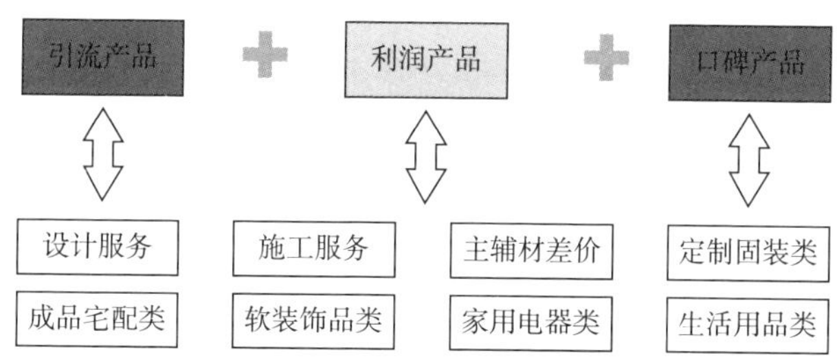

图 5－15 整装套餐的结构

引流产品：设计、施工、标准化的产品，赠品、礼品等。目前还有较多的中小家装公司靠施工赚钱，现在的状态是，施工基本不盈利，主要费用给了工人。

利润产品：非标准化的产品。加盟商：一是管理费，一般收取施工管理费为10%；二是主辅材差价，优质供应链提供主辅材毛利可达到35%（20%~35%）；三是特定的供货渠道，毛利可达到55%；四是电器类，特定的供货渠道，毛利可达到10%。

口碑产品：超出消费者预期的产品，可以是服务，也可以是产品，做到极致，让消费者尖叫的东西。同时，口碑产品也能起到引流的作用。

整装套餐的标配内容是基础水电、泥水、漆工及标准产品，而个性施工、升产品级和加购产品则需要另计费。如图5-16所示。

个性施工	升级产品	加购产品
□个性化的水电及防水等要求。	□主材升级（瓷砖、地板、墙纸、插座、卫具、洁具等）	□增设空间（卫生间等）
□斜贴、小砖、拼花等铺贴方式。	□辅材升级（涂料、泥子等）	□定制家具（隔断柜、阳台柜等）
□改造、拆、建墙体等。	□定制家具升级（板材、五金、延长、个性设计等）	□移动家具（床架、床垫等）
□门洞改造及修正。	□……	□软装饰品（窗帘、灯具等）
□造型及一些吊顶。		□家用电器（空调、洗衣机等）
□……		□生活用品（刀架、碗碟架等）

图5-16 整装套餐的标配内容

可选款式：整装套餐的标配内容是基础水电、泥水、漆工及标准产品，但在套餐内会提供几个品牌和几种不同的款式，供消费者做选择。

升级可选款式：“升级”体现在两方面：品牌价值升级、材料价值升级。与此同时，“升级”起到增大单值的作用。

重要提示：一是标准套餐含一个卫生间，超出的按增项另外增加造价；二是套餐内不包含建筑封窗、新建楼板、墙体拆改等涉及原建筑改动的项目，有以上项目要求按增项另外增加造价；三是75~100平方米户型厨柜延米3米内（含3米）、100~150平方米户型厨柜延米3.5米内（含3.5米）、150平方米以上户型厨柜延米4米内（含4米）、超出的部分按增项另外增加造价。如表 5 - 2、表 5 - 3 所示。

表 5 - 2 标准套餐

	799元/m²套餐（超级链接）						
序号	空间	项目	标准		品牌	可选款式	升级可选款式
1	客户餐厅	地面（二选一）	大地砖	地砖800×800			42（东鹏、梦娜丽莎）
				餐厅踢脚线800×100	新中源、冠珠	10	42（大自然、贝尔、大卫、生活家）
			木地板	木地板	贝尔	7	4（大自然）
				踢脚线		6	0
				扣条		4	8（都芳2×22色、立邦3×22色、多乐士2×22色）
		强身	乳胶漆		都芳、立邦、多乐士	3×22色	0
		天花	石膏线		建骏	5	
2	主卧	……					
3	次卧	……					
4	客厅阳台	……					
5	厨房	……					
6	卫生间	……					
7	生活阳台	……					
8	其他	……					
重要提示： 1.标准套餐含一个卫生间，超出的按增项另外增加造价 2.套餐内不包含建筑封窗、新建楼板，墙体拆改等涉及原建筑改动的项目，有以上项目要求按增项另外增加造价； 3.75~100m²户型厨柜延米3米内（含3米）；100~150m²户型厨柜延米3.5米内（含3.5米）；150m²户型厨柜延米4米内（含4米)；超出的部分按增项另外增加造价。							

表 5 - 3 套餐分类

799 元/m² 套餐升级（超级链接）					
序号	品牌	品类	备注	电商型号	升级标准（含安装、人工+材料）
盗砖类					
1	东鹏	木纹砖	东鹏其他砖（木纹砖）	FMAA - 014 - 900×146 - B FMAA - 015 - 900×146 - B	铺阳台加 40 元/m² 材料，铺房间加 5.5 元/m² 人工
—					

续表

799 元/m² 套餐升级（超级链接）					
序号	品牌	品类	备注	电商型号	升级标准（含安装、人工 + 材料）
地板类					
1	生活家	实木复合木地板	生活家实木地板	FMBB－B030 FMBB－B030	加 40 元/m²（按铺贴面积计算）
—					
扣板类					
1	巴迪斯	扣板	巴迪斯铝扣板	FMGA－013 FMGA－014	加 30 元/m²（按铺贴面积计算）
—					
门类					
1	江山欧派	厨房门	实木复合推拉门，可变范围：增体高度 1940≤H≤2280mm；增体兜 1150≤W≤1750mm；增体厚度 150≤H≤300	系列推拉门（标配透明玻璃）	裸门洞标准为高 2100mm×宽 1600mm×厚（150 ~ 300）mm 超兜，超高则加收 300 元/樘
—					

个性施工按照工种可划分为打拆工种、泥水工种、木工工种、安装工种、其他工种。

整装时代并不意味着价格也变成了“整包”，而是更需要清楚价格明细。单位×价格×数量 = 小计。

详细说明工艺要求：要说明项目中子项目的收费情况。比如二手房打拆包 200 元/平方米的价格是整体项目价格，但二手房打拆包还包含家具拆除、瓷砖拆除、天花板拆除等子项目，这些收费情况各不相同，也需要向消费者说明情况，要说明项目的施工工艺和规格。

施工周期长是行业的痛点，个性化施工必定延误工期。但延期多久既能让消费者接受，又能保证装修公司赚钱？如表 5－4 所示。

表 5-4 个性化施工价格表

个性化施工价格表（超级链接）									
序号	编码	名称	单位	单价	个性化常规项（工艺要求）	个性化工期	数量	小计	选择打钩
常用个性化收费内容									
1	DC033	二手房打拆包（合同面积）	m^2	200	—	7 天/项	—	—	—
—									
打拆工种									
37	DC003	拆除地面沉稽	个	667	—	0.5 天/个	—	—	—
—									
泥水工种									
65	NS001	地面铺贴 800×800 地砖	m^2	87	—	0.1 天/m^2	—	—	—
—									
水木工种									
90	NG001	异形吊顶天花（造型面积）	m^2	373	—	0.2 天/m^2	—	—	—
—									
其他工种									
104	QT001	墙身开孔	个	200	—	0.2 天/个	—	—	—
—									
安装工种									
107	AZ004	安装按摩浴缸	项	373		0.5 天/项	—	—	—
—									

施工管理费：

一般装修公司收取的施工管理费用为装修费用的5%～12%。

传统家装公司如何赚钱？半包中隐藏的利润＝半包价×（35%～40%）；增加费用的利润＝（结算价－预算价）×（35%～40%）；装修公司暗赚的利润（或者叫毛利）：暗赚的毛利＝设计费＋管理费＋半包费用中隐藏的利润＋增加费用中产生的利润设计费，按该公司确定的的收费标准执行。

三粒米教育认为，施工管理费的利润点很低，且容易发生问题，影响最终交付和效果，建议整装公司不宜将施工管理费作为利润产品，而是“低价不减人工、低价不减材料”，踏实做好施工与交付，作为口碑产品。家用电器行业作为标准产品，竞争已经十分激烈，导致利润点也很低，宜将家用电器作为引流产品，或是销售更高档次的智能家电。优质供应链提供主辅材毛利可达到20%～35%，而定制宅配特定的供货渠道，毛利可达到55%，它们是利润的重要产品载体。如图5－17所示。

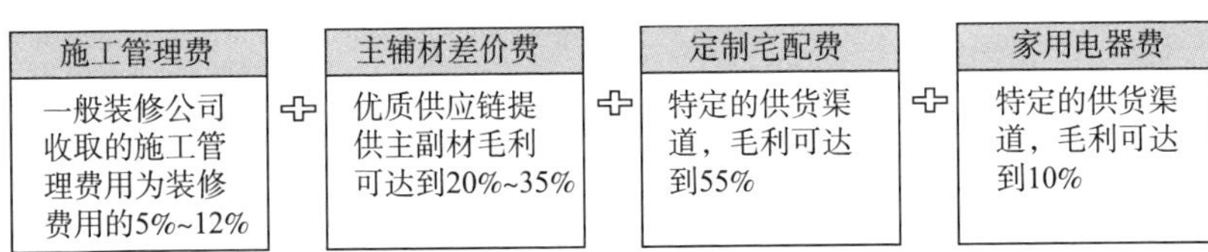

图5－17 整装套餐的施工管理费

整装套餐的爆品战略

打造整装产品，必须是令人尖叫的爆品：

①因为每打造多1套整装产品，SKU数量翻倍增加。如果不是令人尖叫的爆品一定不好卖，必定造成巨大的库存积压，甚至损耗。

②整装产品由软硬等多种产品组合而成，如果某个部分体验感不好，将会影响整体产品的销售情况。

做一百个“还可以”的产品，不如做一款极致好产品！

1. 小米生态链的产品为什么都是爆品

（1）市场选择：小米生态链公司经过研究后将目光放在了蚂蚁市场

特点：门槛低，谁都能够上手；整个市场这块大蛋糕被无数的小厂家分食；大部分企业进行激烈的低价竞争，少数质量较好的企业由于市场占有率太低，不得不维持高毛利，从而使企业保持利润。据亿欧智库发布的《2017—2018 年家居家装产业研究报告》显示，2017 年中国家居建材市场规模为 4. 27 亿元、住宅装饰市场规模为 1. 87 亿元，而百亿规模以上的家居建材品牌却为数不多。从某种程度上说，中国家居建材市场就是蚂蚁市场。

（2）产品目标群体

在市场上，产品大体可以分为两种类型：第一种是通用型大众产品，这种产品可以满足大部分人的大部分需求，也因而拥有最大的市场；第二种是个性化小众产品，这种产品的特点是能够满足个性化需求，展现人们的个体差异性。小米公司义无反顾地选择了通用型大众产品，锁定大众市场，用小米的话说就是：“做一款满足 80% 用户的 80% 需求的产品。”

（3）产品核心

①产品必须能够解决产业级痛点。

②产品功能聚焦刚需，小众功能必须砍掉，不能让 80% 的用户为 20% 用户的需求买单。

③使用最合适的零部件而不是最昂贵的零部件，既可以满足用户的需求，又可以让用户不必承担多余的成本，而成熟的技术决定生态链产品量产的稳定性。

④关乎品质决不妥协，品控贯穿产品始终。不是对成本负责，而是要对品质负责。

（4）产品设计

①产品设计追求极简理念，少即多。

➢ 从用户角度看，小米生态链产品面对的是市场上 80% 的用户，设计必须做到能够被大多数人接受，尽可能融入每一个场景而丝毫无违和感。

➢ 从供应链看，极简的设计能够降低产品的生产难度，在提高效率的同时降低成本。

➢ 从小米生态链整体看，极简设计理念使生态链产品风格协调统一，不同的生态链产品进入一个家庭后，使得家庭风格简洁而舒适。

②设计的合理性。

➢ 产品的设计不能仅仅考虑造型的美感，还要考虑生产、技术、使用等因素。

➢ 设计中，有 70% 的理性，30% 的感性。

➢ 设计易理解性。易理解性的最终目的就是去掉说明书。

小米生态链爆品如图 5－18 所示。

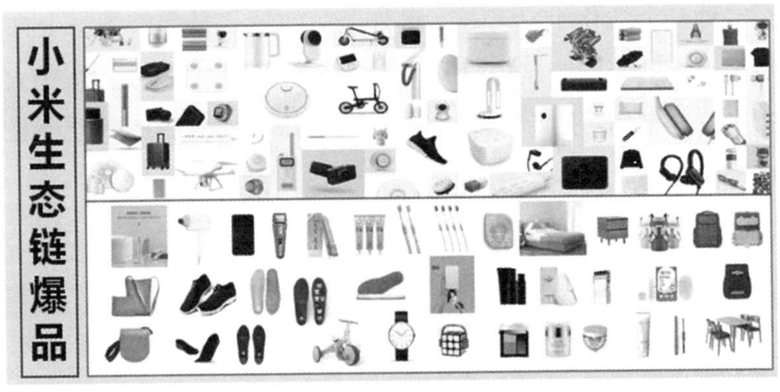

图 5－18　小米生态链爆品

2. 名创优品爆品、精品："三高"与"三低"

"三高"是指高颜值、高品质、高效率；"三低"是指低成本、低毛利、低价格。

对于零售企业来讲，要想实现"三高""三低"，需要以产品为核心，以设计、渠道和工厂三点为支撑。

一把手全身心投入产品：

①新零售以产品为中心，一把手拥有“匠心”精神很重要。

②衡量匠心的标准是一把手有没有全心全意地投入产品中。

③产品是企业的第一战略，如果产品做不好，什么战略都是白搭。

④产品不是越多越好，而是越少越好，一个爆款能卖遍全世界，才是最好的产品。

名创优品爆品、精品如图 5－19 所示。

图 5－19　名创优品爆品、精品

所以，整装公司有必要在终端定期推出适合当地市场的爆品套餐，具体可以结合本书的套餐方案做立体的包装推广，把销售与品牌推广同步结合起来做。

第三节　整装的计价模式

套餐计价的核心思想：以套餐计价为基础，加项为核心。

选定一个基本配置，乘以计价面积，其他改造和超出部分作为非标加价。

（1）如何解决“低价引流”与“增项赚钱”的矛盾

首先，要转变思维。个性化增项≠个性化升级。两者之间有着本质的区别，个性化增项是整装公司从赚钱的角度出发，而个性化升级则是站在用户思维的角度出发。

其次，整装时代并不意味着价格也变成了“整包”，而是更需要清楚价格明细。向客户详细说明，让客户自由地做出选择，最终再以合同的形式表现出来。

最后，设计思维。

➢ 洞察消费者需求，甚至比消费者还了解消费者。

➢ 结合客户的预算和经济实力，适当设置合理的超预算范围。

➢ 至少两套以上的解决方案，对比“有此增项”和“无此增项”的差异。

在谈计价方法之前，我们要思考以下一些问题：

现在的整装企业账上有好几千万元，但年底核算后却亏损了几百万元？

拼价格抢市场份额还有效果吗？

你去年做整装产品赚钱吗？

产品的定价一定要符合行业规律及产品生命周期，如图 5－20 所示。

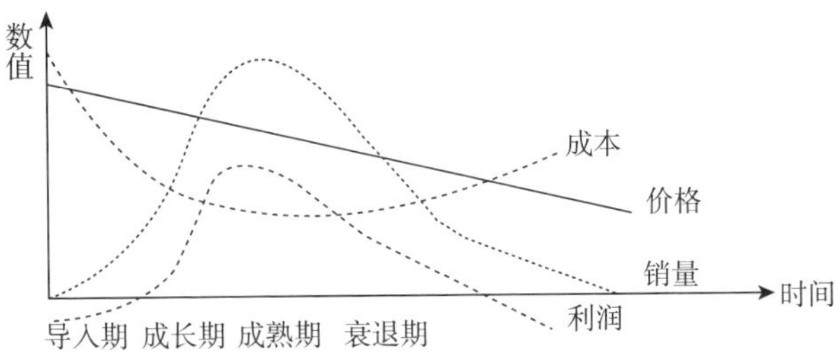

图 5－20　产品的定价一定要符合行业规律及产品生命周期

（2）常见的定价方法

①需求导向定价法：是指根据市场需求状况和消者者对产品的感觉差异来确定价格的定价方法。需求导向定价法主要包括：认知价值定价法、反向定价法和需求差异定价法三种。

②竞争导向定价法：企业通过研究竞争对手的生产条件、服务状况、价格水平等因素，依据自身的竞争实力、参考成本和供求状况来确定商品价格。竞争导向定价法包括：同行价格定价法、主动竞价定价

法、现行价格定价法、各种投标定价法等。

③成本导向定价法：以产品单位成本为基本依据，再加上预期利润来确定价格的方法统称为成本导向定价法。这是最简单、应用相当广泛的一种定价方法。成本导向定价法包括：总成本加成定价法、目标收益定价法、边际成本定价法、盈亏平衡定价法等。

（3）做产品定价的两个前置动作

向内审视：了解产品生产、流通、售后等环节的总成本及效率，确定产品定价的下限。

向外审视：明确消费者心智中的购买预算，建立符合竞争要求的系统能力，确定产品定价的上限。

成本更多的是加减关系，决定着企业发展的快慢；效率更多的是乘除关系，决定了企业未来的生死。

向外审视源于定位理论，收割消费者心智后，锚定品牌的附加值，设计消费者心智中我们的产品能卖多少钱。用于定价领域，寻找适合的消费人群，其价值认知、购买预算与产品定价三者相吻合，寻求最高的销售转化率。

整装套餐的三种计价模式

（1）房屋面积（室内/室外）×价格+个性升级

结合房屋面积计算，计算机系统自动生成报价，而个性增项另计。

房屋实测面积的3种主流算法，如图5－21所示。

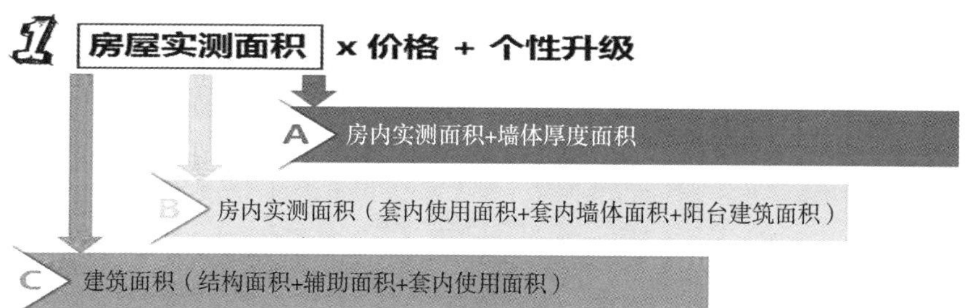

图5－21 房屋实测面积的3种主流算法

①房内实测面积加墙体厚度面积，乘以××元/平方米。此面积一般情况下高于套内面积，低于建筑面积，特殊房型除外。

②房内实测面积（套内使用面积+套内墙体面积+阳台建筑面积）乘以××元/平方米，不是室内净面积，是包括墙体面积。但不包括公摊部分的面积，比如楼梯、公用过道等。

③建筑面积（结构面积+辅助面积+套内使用面积）乘以××元/平方米。

算法越简单、价格越实惠，越容易被消费者接受。

房屋实测面积的具体计算方法如表5-5所示。

表5-5　房屋实测面积的计算方法

品牌	项目	标配内容	个性升级
HOMKOO整装云	经典套餐	799元/m² 硬装全包，包水电（按空间标配位数），包厨柜（不限米数）	
		899元/m² 硬装全包，包水电（按空间标配位数），包厨柜（不限米数）	
	高端套餐	999元/m² 硬装全包，包水电，包厨柜（不限米数）	
		1099元/m² 硬装全包，包水电，包厨柜（不限米数），包衣柜（根据面积配送米数）	
橙家	硬装套餐	788元/m² 包括厨柜，不限米数（不含水电、定制柜类）	
	水电套餐	118元/m² 不限位数，随心安装	

（2）产品数量×价格+个性升级

这种计价方式，是传统装修公司初步转型做整装所沿用的传统计价方式。报价以单价×数量进行计算，整合主材产品代买及采购等。如表5-6所示。

表5-6　产品数量×价格+个性升级的计算方法

序号	项目	单价	数量	价格小计	备注
1	打拆	300元/项			包运垃圾
2	防水	100元/m²			两遍
3	二次防水	80元/m²			两遍

续表

序号	项目	单价	数量	价格小计	备注
4	水管	50 元/米			
5	电位	150 元/位			含开关面板
6	贴砖	150 元/m^2			无缝贴
7	批荡	10 元/m^2			
8	墙漆	12 元/m^2			
9	天花扣板	×××元/m^2			
10	木门	×××元/樘			
11	瓷砖	×××元/片			
12	马桶	×××元/个			
13	浴室柜	×××元/套			
14	花洒	×××元/套			
15	乳胶漆（底漆＋面漆）	×××元/套			
16	厨柜	×××元/米			
……	……				
总价					

（3）一房一价＋个性升级

直接报出装修一口价，列明套餐内所包含的服务项目、产品等标配，个性化搭配方案不在产品内，作为增项，列明品牌、型号、单价供客户选择。如图 5－22 所示。

房屋面积在一定范围内，整体打包“设计、材料、施工……”报出装修一口价。
- □ 需向顾客说明套餐内所包含的服务项目、产品等标配
- □ 而个性化搭配则作为增项，列明品牌、型号、单价供客户选择

图 5－22　一房一价＋个性升级计价

某公司总工程师介绍，为适应整装时代的需求，有的公司推出“一房一价”套餐，目的是让消费者简单清晰地进行选择。

但为了让客户明明白白消费，这样的家装套餐也会在合同附件中明

确列出相应配套的项目清单，客户能够一眼就看明白装修的条款。比如水管、电线等项，会特别注明不限米、不限量，报价多少就是多少，不增项、不漏项。此外，根据客户的家居升级需求，套餐中还会列出相应的个性化搭配方案，配套的产品品牌、型号、单价，也会清楚标明。

整装套餐案例比较

整装套餐案例比较见表 5 -7 所示。

表 5 -7 整装套餐案例比较

品牌 项目	HOMKOO 整装云	橙家	靓家居	欧派	土巴兔	爱空间
全屋整装配齐	是	否	否	是（整装大家居）	否	否
是否免费量尺出效果图	是	交款 1000 元上门量尺，7 天内可退，但不出效果图	由导购接待后，凭意向判断是否量尺	由导购接待后，凭意向判断是否量尺	免费量尺，出简单酷家乐软件效果图	交款 1000 元上门量尺，客户有需求就做简易效果图
是否有自己的施工队	否，合作装修公司	否，合作装修公司	否，合作装修公司	否，合作装修公司	否，合作装修公司	否，合作装修公司
套装	1150 元/m^2	688 元/m^2	基础包 688 元/m^2 升级包 888/m^2 或 1088 元/m^2	$70m^2$ 使用 666 元套餐 $100m^2$ 使用 1388 元套餐	888 元/m^2	889 元/m^2
计价面积	实测面积	实测面积/0. 75	实测面积 × 1. 25	实测面积/0. 83	实测面积/0. 75	实测面积/0. 75
套装内容	人工 + 主材 + 辅材 + 水电	人工 + 主材 + 辅材 + 厨柜（水电另算 188/m^2）	人工 + 主材 + 辅材（水电另算 138/m^2）	人工 + 部分辅材 + 水电	人工 + 主材 + 辅材（水电另算 118/m^2）	人工 + 主材 + 辅材 + 厨柜（水电另算 149/m^2）

续表

品牌 项目	HOMKOO 整装云	橙家	靓家居	欧派	土巴兔	爱空间
付款方式	60% +35% +5%验收后	80% +20%验收后	50% +45% +5%验收后	导购介绍不详	20% +60% +20%中期验收后	签订合同时付全款
工期	60	40	50	按市场时间，同等传统装修公司	50	33
税金	已含	3.62%	3.49%	已含	3.00%	3.41%
工程管理	无	8%	10%	5%	8%	无
保修	2年，水电5年	2年，水电5年	2年	未介绍	2年	2年，水电5年

第四节　整装的产品供应链管理

供应链体系是整装企业的竞争壁垒

整装企业的供应链体系如图5－23所示。

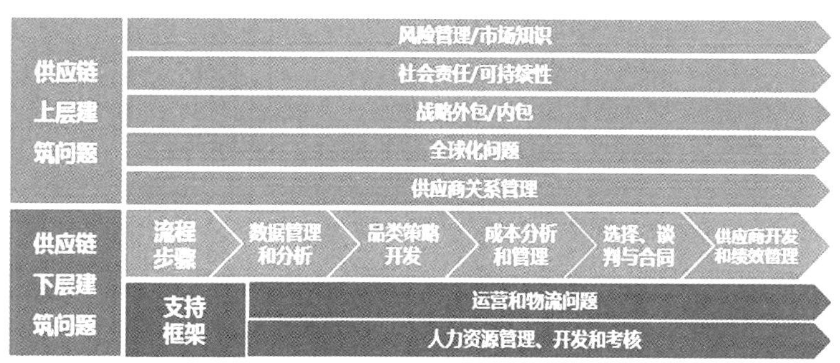

图5－23　整装企业的供应链体系

整装企业的供应链由两个层面构成：一是产品体系的供应；二是仓

储物流体系的建设。如图5－24所示。整装企业要根据自身基因，选择供应链的完善路径：采购—整合—战略合作—资本并购—平台化运作。

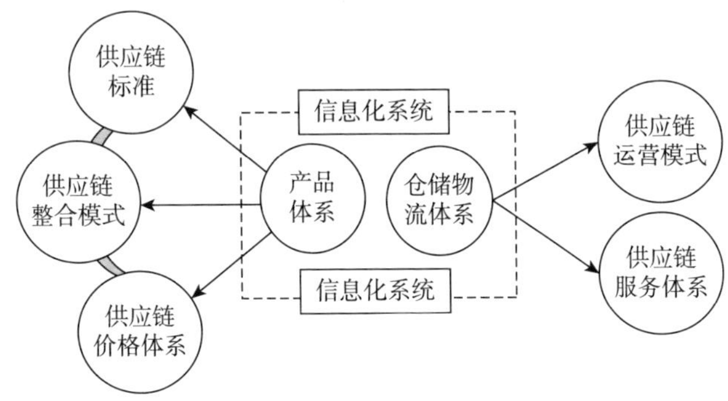

图5－24　整装企业的供应链分层

整装模式的供应链管理与优化的关键问题

整装企业的整体服务效益，后端取决于供应链的强大，前端取决于现场服务体系的强大。这就是整装看起来很美好，但很多企业一旦涉足就会痛苦不堪的核心原因所在。这是考验企业综合竞争力的一个模式。

供应链难题，需要和大品牌建材企业谈供应，还要自建仓储物流，解决最后一千米配送问题，对原有经销商利益格局也有冲击、复杂程度高。按照家居行业的现状来分析，供应链的完善要走的路径是：采购—整合—战略合作—资本并购—平台化运作。这条路径对于一些中小企业来说需要一步一个脚印地走过去，对于本身体量就很大、话语权很重的企业来说可以直接走到后面的高级模式。

整装企业的供应链有两种：一是产品体系的供应；二是仓储物流体系的供应。整装模式尚未形成自身的供应链体系，供应链标准、供应链整合模式、供应链运营模式、供应链价格体系、供应链服务体系都处在起步阶段，需要更多的企业一起为这个模式探路。

强大而稳定的供应链是确保产品价低质优的关键

我国建材行业流通过程加价率高，各级分销商层层盘剥大大增加了供应链环节的沉淀成本，能否建立稳定有力的供应链壁垒是互联网家装企业控制成本的关键之一。此外，装修过程中涉及的主辅材品类繁多，其中包含很多定制品、非标品，施工过程中材料入场时间及顺序对装修工期影响大，没有强大的供应链管控体系调拨将大幅增加装修过程中的不可控因素。家装供应链在采购、物流等层面痛点颇多，F2C 集采、信息化是互联网家装企业提升供应链实力的主要手段。如图 5－25、表 5－8 所示。

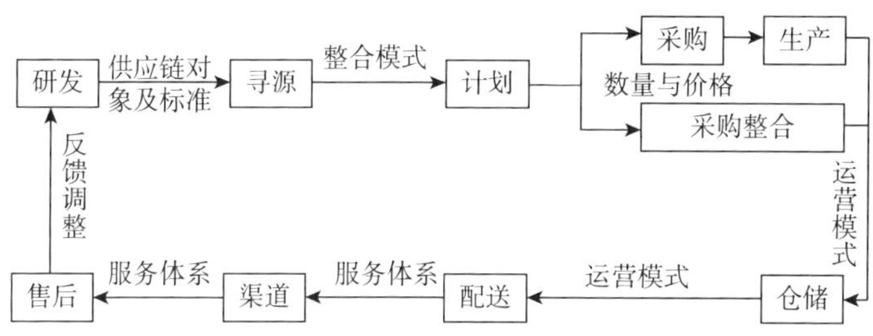

图 5－25　产品供应链的流程

表 5－8　整合采购与物流配送

整合采购	建立良性供应商网络	供应商选择：建立完善的供应商准入和评价考核体系，选择服务能力较强的供应商 供应商维护：保证较为稳定或可预测的订单量，协调各方形成彼此共赢的合作机制
	F2C 标准化集采	集中化：供应链的掌控需要量的支撑，F2C 集采量不够时生产、物流、配送、安装及售后等各个环节的成本都难以降低，无法保证价格优势 标准化：有限个性的标准化能够保证单品数量，降低成本，也为规模化复制奠定基础
物流配送	规模化降低成本	增强区域订单密度：建材家居产品的物流专业性强度复杂度高，且需要拥有产品安装和售后维修的能力，增强区域订单密度是实现高效配送，降低仓储、配送成本的关键
	提高信息化能力	需求数据化：不能贴合市场的产品会导致库存、销售及物流等问题，通过需求端数据化分析建立 C2F 的染性供应链能实现资源有效组织 全链条信息化协调：物流过程中信息不透明将导致库存割裂，通过对厂商、物流配送方、装修企业全链条的集息化协调，能大幅提高物流效率，达成工期标准

找对供应商，打造生态供应链，开发好产品

对于弱品牌属性的品类，以 OEM 的方式生产，找到“性价比”的普通合作供应商。

对于强品牌背书的品类，联合出品的方式（参股优质供应商——共同利益）；自产（核心战略供应商——共同命运）。如图 5－26 所示。

图 5－26　产品量产

供应商的寻源策略如图 5－27 所示。

供应商选择

超一流的供应商是最便宜的

最牛的供应商也许不适合你

杀鸡用牛刀

门当户对

- 原材料优势
- 加工技术优势
- 生产成本优势
- 财务成本优势

- 有发展潜力
- 价值观一致
- 配合度高
- 优势互补

图 5－27　供应商的寻源策略

供应商资料库——供应商简报：知己知彼、百战不殆的逻辑；货比三家的逻辑。见表 5－9 所示。

表 5-9 供应商资料库

<table>
<tr><td colspan="3">供应商简报：ABC 企业</td></tr>
<tr><td>· 总结理：×××
· 销售总监：×××
· 物料品类：××××
· 合作等级：战略伙伴</td><td>我们的需求
· 保持并提高产品品质
· 提高工厂的供给弹性
· 整体成本竞争力分析优化</td><td>优势
· 强合作意愿
· 可开展多区域合作
· 准时制生产支持可能
· 品质在行业中优势明显</td></tr>
<tr><td>行业供应情况
· 供应情况：多源/垄断
· 物料类别：××××
· 主要竞争对手：××××
· 主要竞争客户：××××</td><td>采购点评/建议
· 整体合作意愿强烈
· 全系列产品开发支持
· 加强准时制生产合作支持</td><td>劣势
· 整体成本竞争力不足
· 上游供应商协议缔约数量不足</td></tr>
<tr><td rowspan="2">供应商信息
· 业务分析：总部/分厂
· 销售额：××××元
· 主要客户：××××
· 业务合作规模：××××</td><td>· 供应商需求
· 希望扩充业务品类
· 提高生产订单供应量
· 下半年产能交付提升</td><td>供应商绩效记录
· 2018 年：×××/×××/×××/×××
· 2017 年：×××/×××/×××/×××
· 2016 年：×××/×××/×××/×××</td></tr>
<tr><td>2018 年行业趋势
· 代表企业的业绩分析
· 全行业全面竞争
· 上游物料供给受限，协议价期货合约缔约数量减少</td><td>供应商管理策略
· 战略供应商 30/300
· 加强合作，协同上游厂商
· 包装印刷品厂内外包提高协同</td></tr>
</table>

供应商的合作层次如表 5-10 所示。

表 5-10 供应商的合作层次

问题	关系特征			
供应商的作用	合作性	协商性	合作伙伴	专业性
产品复杂度	简单的零部件	简单的安装	复杂的安装	完成的安装
设计责任	供应	联合	供应商	供应商
提供的规格	完善设计	细节的规格	关键的规格	观念

续表

问题	关系特征			
供应商对规格的影响	无	现在的能力	协商	合作者
供应商参与的时间	定型后	概念后	概念时	概念前
零部件测试责任	微小的	适当的	主要的	完全的
供应商新产品开发能力	无	很少	适中	强

供应商的报价“水分”在哪里？（成本）

首先，要清楚成本的构成。直接材料成本、直接劳务成本、其他直接成本（设备/场地/活动/能耗等）、经营成本（其他分摊成本/税金等）、利润。如图 5 – 28 所示。

图 5 – 28　产品竞争力

整装供应链案例分析：

1. HOMKOO 整装云供应链

HOMKOO 整装云中央厨房式供应链系统有四大能力：一是核心采购综合能力；二是 11000 + SUK 管理供应能力；三是个性化产品规模化生产能力；四是柔性化物流配送能力。整合国内上百种建材品牌；主辅材、定制家具、配套品供应链平台；3300 + SKU 满足一体化采购需求，而这个规模仍然在扩大。如图 5 – 29 所示。

图 5-29 HOMKOO 整装云中央厨房式供应链

搭配好，加工好，柔性化配送：

➢ 不建大仓，零库存，轻资产运营。

➢ 智能立体仓库——自动分配、进出时间、收货地址、空间、效率等。

➢ 按进度节点柔性化配送，避免材料早到没地方存放和材料迟到延误工人施工进度。

➢ 畅享 F2C 价格。传统渠道分级代理模式，层层加价，价格高，毛利率低；F2C 模式砍去中间环节，极致提升效率。

2. PINGO 国际供应链

PINGO 国际生态构建：聚焦核心优势，合作才是趋势。如图 5-30 所示。

PINGO国际生态构建：聚焦核心优势，合作才是趋势

- 上游供给链：深度合作，构建核心渠道
- 中间服务平台：标准化、互联网、整装新零售
- 下游基安系统：基安物流、四纵八横

全国卖、全国付、全国运、全国装

4大	5大	7大	300多家	1400多家网点
家装品牌	渠道	仓储基地	工厂及品牌	900多家做整装

图 5-30 PINGO 国际供应链

①组织架构上：PINGO 大家居生态经济体三驾马车齐头并进！PINGO 集团，负责投资、融资金融；瑞美嘉集团负责线下公司（渠道）管理；艺可集团，负责供应链运营，由独立公司而不是作为公司的项目组

或部门。

②上游供给链——深度合作，构建核心渠道：300 多家工厂及品牌。F2C 供应链集采；中心仓物流配送主材；去中间化，建供应链体系。

③下游基安系统——基安物流、四纵八横：七大仓储基地。华东、华南、西南、华北、华中建立七大物流分仓；“效率”决定公司价格和盈利；实际上，每个仓库都可以是分公司。

➢ 对线下门店实施区域化管理。

➢ 实现靠近指挥，总部职权下放。

➢ 管理更精细化，更有效率。

➢ 给渠道扩张打下坚实基础。

第六章

整装商业模式

——建店篇

新终端、新零售时代的到来，门店已经被新营销时代赋予了更新一层的时代意义！

流量是销售业绩的基础属性，如图 6－1 所示。

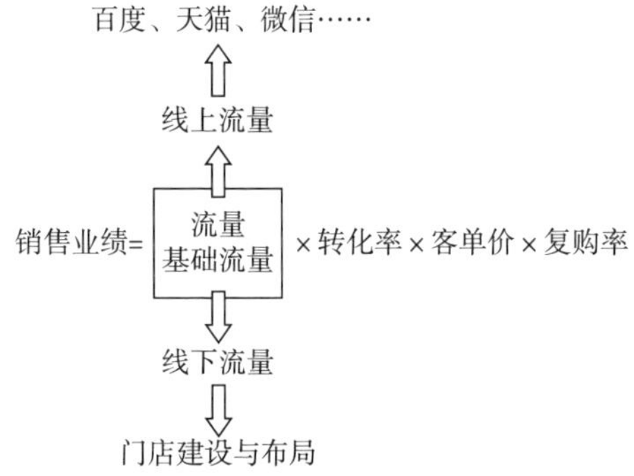

图 6－1 流量是销售业绩的基础属性

流量由线上流量和线下流量两大部分构成。

万达广场和天猫商城的竞争本质是什么？

在本质上，线下的万达广场和线上的天猫商城都在做同一件事——争夺流量。

未来，线下与线上竞争流量的关键是“效率”，比如名创优品的线下效率远高于线上效率，所以在互联网时代仍能保持高速度发展。对于线下门店而言，如果选址和建店都正确，就成功了一半。

第一节 传统建店模式的困局与反思

纵观家居行业20多年的发展历程，传统开店模式造就了一批又一批成功的品牌与经销商。

张瑞敏说："没有成功的企业，只有时代的企业。"我想说："没有成功的营销模式，只有时代的营销模式。"

在市场环境变化越来越快的当下，传统开店模式也开始受到挑战，整装商业模式的开店策略也要随着行业的变化而进行创新。

家居行业传统开店模式大致是这样的：**主流卖场+主流位置+形象大店+家装渠道+促销活动**。

当然，每个品牌或经销商，因不同的市场情况都会有所不同，图6-2仅供参考。这种开店模式成立的前提是，主流消费者都会自行到卖场终端进行产品采购。

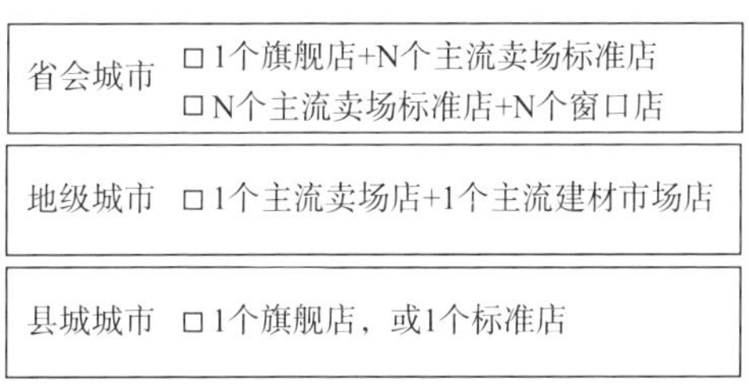

图6-2 开店模式

随着家居行业客流越来越分散，租金成本越来越高昂，自然进店客户的销售额与经营利润也越来越不成比例，让诸多的终端经销商陷入了困局。自2018年以来，由于经营不善导致经销商倒闭的情况与日俱增。

部分传统卖场本质上已经不是做家居卖场了，而是在做商业地产。对于他们来说，商业地产模式是个金矿，这也是他们转型所谓的成功之处。对于家居行业来说，则是一场彻头彻尾的灾难。家居行业终端的经营者用自己的血汗死死苦撑着不顾自己死活的"地主"的美好未来。

这种现状让家居人不得不进行理性反思！

很多原本在当地市场做得很好的卖场也开始遇到撤店潮，不是它们不够优秀，而是它们赢了所有对手，却输给了时代。

由于没有针对市场变化，随时调整自己的卖场经营策略，在渠道截流、地产截流、销售入口越来越前置的当下，还是传统的开店等客的模式正在接受市场变化带来的惩罚。可以说，这是成于开店思维，也败于开店思维。

传统开店布局的反思

（1）卖场不赚钱的原因

卖场不赚钱的原因如图 6－3 所示。

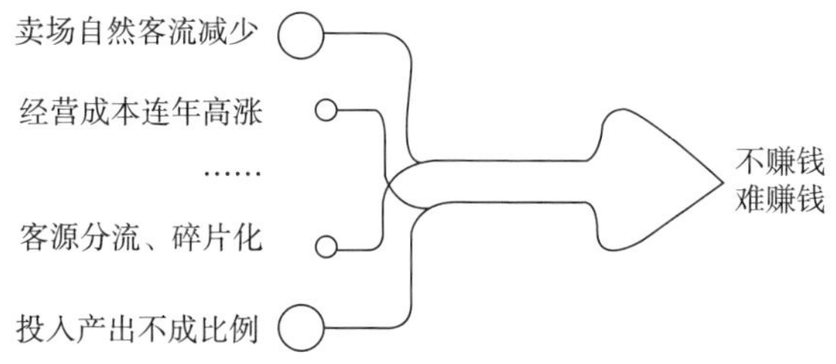

图 6－3　卖场不赚钱的原因

卖场自然客流减少：多元渠道分流；距离消费者太远。大型卖场一般开在郊区；家装建材是低频消费。

经营成本连年高涨：人工成本、租金成本、其他成本如水电费等。

客源分流、碎片化：多元渠道分流。

投入产出不成比例：坪效、人效、回报周期长。

（2）传统卖场客流减少的根源是什么

表面是渠道多元化发展，客户被严重分流；实际是违背了“用户思维”。

一些家居品牌打着“为用户着想”“一站式选购”的旗号，建设了硕大无比的家居卖场、独立大店。而基于经营成本的考虑，这些店往往选址在城市郊区。但用户除非看家具、买家具和重装，否则不会大老远跑过去。这背后隐含的态度，便是“爱来不来”；距离消费者远，方便自己，麻烦客户。

用户最喜欢做的是什么？用互联网的思维思考便是，怎么样超越自己的产品本身，与更多用户建立连接？答案是，用户最愿意做的是在城市的最核心商圈与最方便的位置，实现包括自身享受、社交在内的需求。因此，终端门店除了要具备各类功能外，还要选在足够好的位置，从而真正为用户提供价值。但消费者变了，谁是用户？从 70 后、80 后成为消费主力变为 85 后、90 后成为消费主力。

不是传统的建店模式错了，而是行业的发展需要更有效的建店模式！

（3）传统卖场的出路在哪里？如何涅槃重生

场地不变，精准引流：自媒体矩阵、社交媒体、信息流媒体等。

转变战场，低成本获客：社区店、O 店（办公楼）、店中店等。

高效运营，优化坪效、人效。现在，小米之家的坪效是 27 万元，仅次于苹果店的 36 万元，位列世界第二（数据来源于小米公司）。对于坪效，雷军也向媒体阐述过小米的“算法”，线下零售形态的坪效公式为：坪效 = 流量 × 转化率 × 客单价 × 复购率/面积，坪效的提升是基于流量、客单价、转化和复购率进行创新。

与建店有关的五个本质问题

（1）所有开店方式的转型或升级的出发点是什么

- □ 距离消费者更近，更多接触机会，增大客流；
- □ 改善体验，丰富留客内容，占用顾客更多时间；
- □ 左后的落脚点还是为了增加成交的可能性，同时提升客单价。

图 6－4 所有开店方式的转型或升级的出发点

尚品宅配将专卖店从家居卖场向购物中心和写字楼进行转移，从而开创了代表购物中心渠道的“SM 店”模式及代表写字楼渠道的“O 店”模式；欧派家居把门店按品类切割，单品类店、多品类店、整装大家居等；曲美开了“你+生活馆”，又开了“B8定制馆”，现在还跟京东一起试点“曲美京东之家”；欧神诺陶瓷在做新零售O2O旗舰店，索菲亚也在尝试智慧门店的模式。如图6-4所示。

我们在选址前，就要想清楚自己为顾客提供的价值是什么、品类属性是什么，这样才能在选址的时候多为顾客考虑。

（2）要解决这些问题，方法是“消费场景再造”，即拿出某种产品，并分析顾客会在什么时间、什么场景下消费它

消费场景再造见图6-5所示。

图6-5　消费场景再造

①在距离消费者近的地方开店，终端店呈现多元化的形式，如商超店、社区店、标准店、主题店、旗舰店、O2O店、快闪店等，都可以在评估可行性的基础上进行大胆尝试，最终形成自己的多元门店体系。

②高频业务导流低频业务。整装是低频高单价的业务，通过“快修—局装—整装”导流。

③跨业态丰富与跨品类融合。比如儿童游乐、咖啡休闲、文化娱乐、更全的家居品类、商户间的业态跨界合作等，都可以纳入考虑范围，而不是说卖家具，店里就只能摆家具，应既要卖硬装产品，也要卖软装产品。

④高坪效、高人效。所谓“坪效”，是指单位面积所创造的效益，代表了门店内经营区域的单位贡献度，是衡量门店经营状况的重要指标。顾名思义，人效即人的效率。反映门店员工销售能力与排班用人的

合理性。

⑤智慧营销。用新的技术与工具来增强自身的获客能力，拓宽获客渠道，还要提升留客的转化率。

➢ 高技术工具，如刷脸购物、扫码购物、智能机器人导购、VR 设备、3D 效果图 DIY、消费动线分析、平板电脑等工具，现在看起来是新东西，过几年可能就是标配。

➢ 线上线下的闭环继续造深化，如朋友圈获客、本地在线团购等。

(3) 什么是“距离更近的地方开店”

距离更近的地方开店如图 6－6 所示。

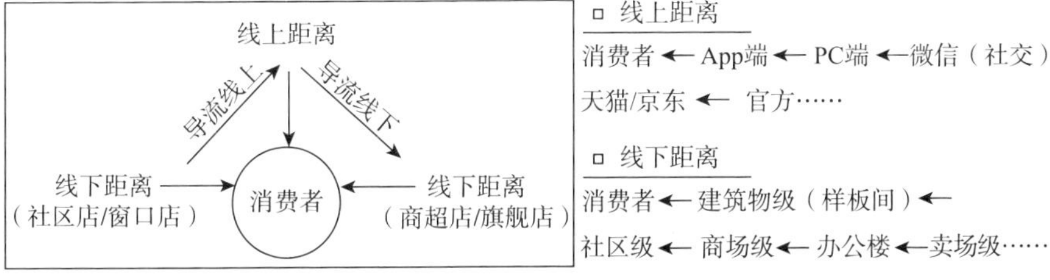

图 6－6 距离更近的地方开店

(4) 什么是全场景渗透＋高频打低频

O2O 服务涉及团购、外卖、酒店旅游、出行等诸多领域，但我们发现整体的全场景化和相互联系越来越紧密。2017 年年底，美团点评进行最新组织升级，聚集到店、到家、旅行和出行四大 LBS 场景：一是以原有到店餐饮、餐饮生态、到店综合及智能支付为主的到店事业群；二是以外卖、配送、餐饮 B2B 及生鲜零售为主的大零售事业群；三是以酒店、票务为主的酒店旅游事业群；四是以专车、租车、共享车为主的出行事业群，并有广告平台、金融服务平台、技术工程及基础数据平台、战略与投资平台、公司事务平台、服务体验平台等六大中后台支持平台。如图 6－7 所示。

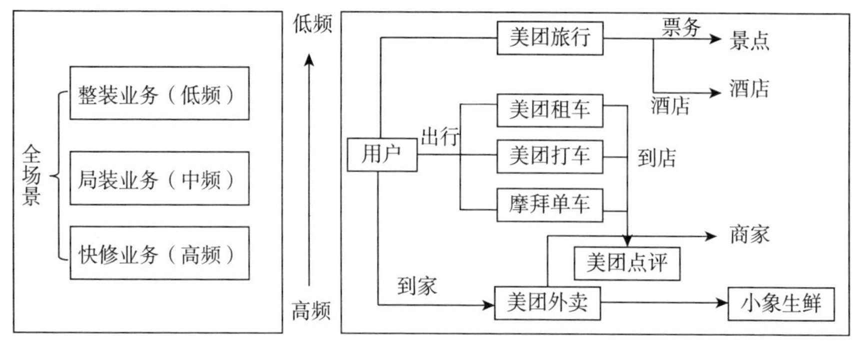

图6－7 全场景渗透＋高频打低频

(5) 什么是跨品类、跨业态融合

跨品类、跨业态融合如图6－8所示。

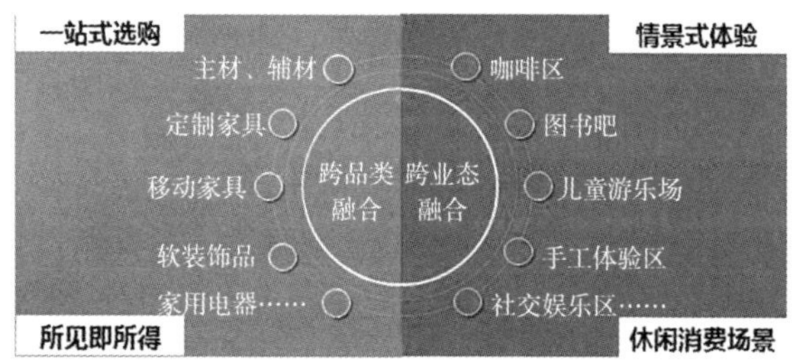

图6－8 跨品类、跨业态融合

①一站式选购圈定新生代消费者（所见即所得的效果打动人心）。

旗舰店作为家居品牌新的店面模式，涵盖建材、定制家具、软装、电器等品类产品。近年来，此种“大店”模式已经成为行业大品牌的“标配”。索菲亚、曲美、美克美家、楷模等品牌，也开始走向“大店”之路。

➢ 在较大的展示空间内，产品种类可以更丰富，以满足消费者一站式选购的需求。

➢ 营造氛围也不会受到空间的限制而产生较大的局限性，空间设计展示性更强，开放的时间也更加自由。

➢ 不少大店是厂家直营，中间环节少，价格更加透明。

➢ 做成一套又一套的卧室场景、客厅场景，用“所见即所得”的效果去打动人。

②营造情景式消费场景（跨业态融合）。

目前，家居大店的模式不仅是面积更大、产品更全，而且很多家居大店里面还设置咖啡区、书吧、儿童游乐场、手工体验区等休闲功能区，让家居大店更像一个小型的休闲购物商场，让人们既可以购物也可以休闲，是众多大店改善购物体验、提高留客转化率的大招。

这种大店体验，家居营销中谓之情景式终端营销。它可以是一本杂志和一杯咖啡的阅读氛围，也可以是儿童娱乐区供亲子活动的体验，甚至可以是营造夫妻之间情感交流的浪漫场景。由此，逛家具店不再是装饰需求的驱动，而是一种像去电影院和咖啡厅一样的日常活动，使得企业的品牌印象深入人心。其实，它就是注重品牌与人之间的关系，这种关系不再是简单的消费关系，而是通过娱乐、休闲、益智等方面拉近品牌与人之间的距离，为不同类型的人群提供细致的服务，展示全新生活方式和理念。

③建议：

➢ 可以分几步走，先适当增加跟主营业务互补的品类。不一定是自己做，可以考虑跟一些相关品牌联盟，走联盟的路线，不构成竞争，而且一定是业主需要买的主辅材产品，形成一站式服务。

➢ 营业面积太小怎么办？摆自己的主营商品，已经很拥挤了，根本没法再摆其他的产品。这时候先别考虑增加业态了，从其他几个角度入手，将主营产品做到更精致、更周到。此外，还需进一步深化线上线下的协同作用。

第二节　整装建店运营模型

整装店的选址

1. 选址硬指标

选址标准，主要有以下三个：

➢ 可见度：顾客是否一眼就能看到你的招牌和门店。

➢ 便利性：该位置是否方便顾客找到你的门店并交通便利。

➢ 聚客力：就是看它的周边业态组合，能不能吸引到足够多类型的客人过来。新生代消费者已经很少去逛家居卖场。

2. 数据化选址的维度

➢ 城市客群分布图（有意向的商圈的客流量是多大）。

➢ 客群构成图（由什么样的人群构成，有房的业主、准备买房的业主、待买房的业主各占比多少）。

➢ 待交付楼盘（哪些区域即将交付的楼盘比较多）。

➢ N 次重装分布图（哪些区域可能迎来二次或几次装修热潮?）。

当然，要想拿到上述数据，对经销商来讲并不是一件容易的事，还得厂家出面，从一些电商平台与家居卖场、房产中介、开发商那里要数据，以便帮助经销商做出更准确的开店选址决策。

3. 选址要特别关注的两个事项

选址注意事项（一）、（二）如图 6 – 9、6 – 10 所示。

选址保证点、线、面、体的覆盖
旗舰店
体验店
形象店
标准店
社区店
窗口店
天猫店
京东店

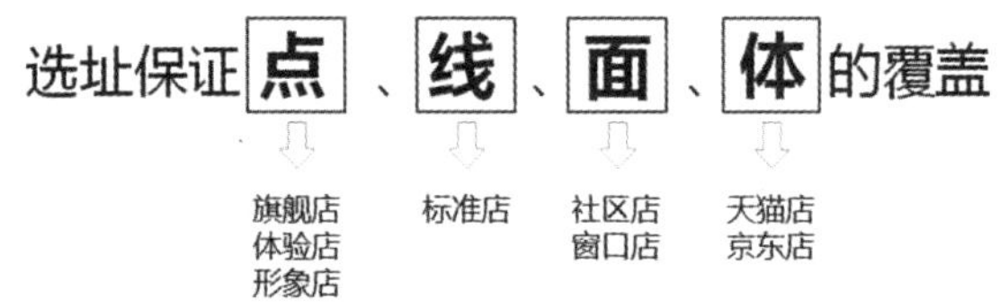

图 6 – 9　选址注意事项（一）

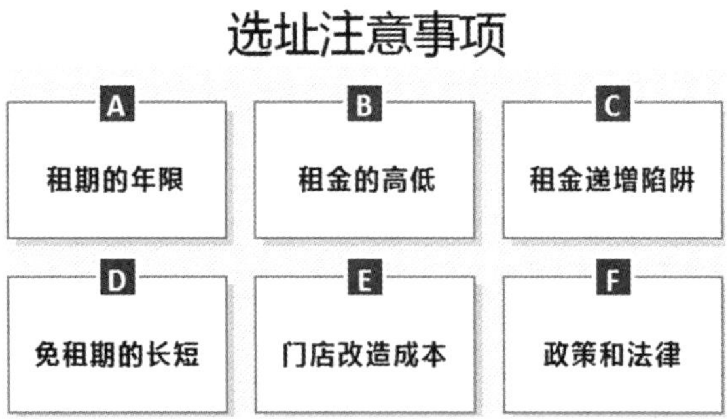

选址注意事项
A
租期的年限
B
租金的高低
C
租金递增陷阱
D
免租期的长短
E
门店改造成本
F
政策和法律

图 6 – 10　选址注意事项（二）

4. 不同整装店的参考标准

整装旗舰店，首要考虑的是周边的商业配套设施，如停车、饮食、交通是否完善；其次考虑地段。

整装标准店，这种店与传统的定制店差别不大，就是找传统的有客流量的卖场去开店。

整装引流店，主要根据目标小区进行开店选址。

整装的多元建店策略

在新零售的风口下，家居行业即将掀起从单一卖场（门店）向智慧生活全场景变革的火热戏码，一场以数据、场景和体验为核心的家居门店变革正在到来。

1. 引进新业态

继2018年3月开辟儿童乐园之后，居然之家体验MALL再次引入了餐饮与影院两大业态，实现了集生鲜超市、餐饮影院、体育健身、儿童娱乐、居家养老、数码智能等多重业态于一体的全布局；尚品宅配超集店、曲美“你+生活馆”等终端门店则在店内引进咖啡、花艺、手作、书吧等特色品牌，为消费者打造全新的体验式消费空间。

无论是终端门店抑或是大型家居卖场，都不约而同地在其中掺杂了居住、社交、购物、娱乐、休闲等多种业态，这些新业态的引进让消费者感受到多元化的消费体验，同时利用跨界业态吸引更多的客流量，并增强终端用户的黏性。

2. 运用新技术

索菲亚和百安居这类智慧门店则将人脸识别、360度全景复刻、VR体验、AR投射、3D漫游等新潮酷炫的科技元素运用到门店中，让消费者在导购平台上刷脸登录，在云货架上搜索需要的产品自主下单，3D、VR、AR等虚拟技术让消费者在智能化设备中自由切换各种风格的家居场景，这些新奇别致体验还是很受消费者追捧的。

在这个过程中，家居新零售结合大数据、人工智能等创新技术，利用各种先进设备，将线上线下渠道全面融合，实现传统零售人、货、场三大核心要素的重构，开创了消费者全新的购物体验。

3. 追求新品质

在遍地开花的家居体验店中，企业遵循严选模式，通过大数据描绘出用户画像，精心挑选出符合门店特性和消费者喜好的优质产品，并适时进行更新。消费者走在这些集合店模式的家居生活馆中，就像走进一家高档的咖啡厅或艺术馆，店内空间包括背景音乐和灯光，每一处细节都用心设计，随手一拍都是一张精美的手机壁纸，加上用心严选出的高性价比、全品类、高颜值的商品，很轻易地就会俘获消费者的心，这也抓住了新中产阶层追求时尚和品质生活的消费趋势。

从“新零售元年”2017 年开始，家居行业的巨头们都在加快新零售的部署。一方面，改造现有门店，增加门店面积、丰富业态；另一方面，部署用于改善顾客体验的工具，比如 3D 效果图的设计等。更普遍的是，线上线下协同作战几乎成为一二线品牌的标配，只不过策略水平与效果大小有差别。如图 6－11 所示。

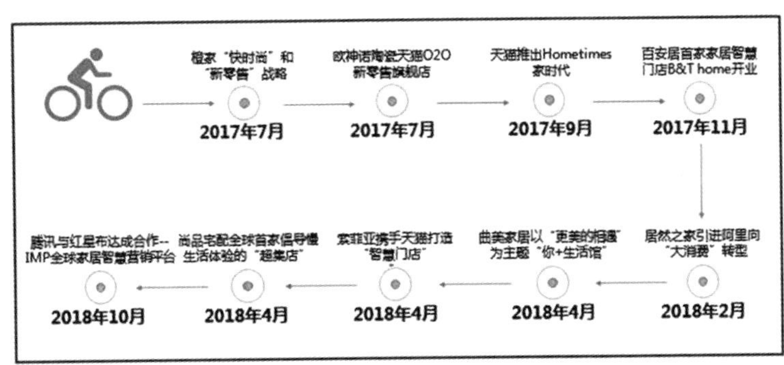

图 6－11　新零售的部署

2017 年 7 月，橙家调整营销战略，强调“快时尚”和“新零售”两大概念，推出“3S 严选模式”积极布局线下体验店；2018 年 5 月，橙家在举办的 2018 年品牌新品发布会上，首次发布了其“橙家 ×”产品平台战略。据悉，早在 2018 年 5 月初，橙家相继落地了与网易严选

HOME 体验区与联名软装产品套餐，试水多种新业态，被业内视为“橙家×”产品平台战略落地的开始。

2017 年 7 月，欧神诺陶瓷天猫 O2O 新零售旗舰店暨新品发布会在成都举办，率先发起了陶瓷零售+互联网大数据的业态变革新模式。

2017 年 9 月，天猫推出位于杭州的概念店——HomeTimes 家时代，利用线上+线下全渠道的基因优势，根据消费者不同的消费偏好，通过大数据精选符合门店特性的优质产品，将现实版的天猫从线上搬到了线下。

2017 年 11 月，百安居首家家居智慧门店 B&T Home 在上海正式落地；2018 年 3 月，5 家百安居 B&T Home 新零售家居智慧门店在京沪两地同时开业，成为全国首批全端同步覆盖的新零售家居智慧门店。

➢ 一改仓储式购物模式，发力体验式购物。

➢ 在百安居的智慧门店里，顾客可以欣赏到 6 大不同风格的样板间；在 70 多个体验点试用商品，比如水龙头可以出水，厨柜区有料理台和烹饪设备，门窗隔离噪声的效果也能现场感觉；丰富了品牌与产品的数量，233 个家装品牌、18 个大家居品类、8000 种商品，从硬装、软装到家具、家电都配齐了，相当于把一个家的东西都买全了。

➢ 智慧门店还有一些流行的黑科技，比如刷脸购物、360 度全景复刻、VR 效果、AR 技术等。

2018 年 2 月，居然之家引进了以阿里巴巴为首的十几家投资团队，借助阿里巴巴的力量提速，打通双方会员系统，共同打造云装修平台，从装修设计、材料购买和施工管理全链路重构家装模式；4 月 29 日，居然之家体验 MALL 在北京丽泽商务区正式开门迎客，以家为核心，进行产业延伸，丰富业态，从“大家居”向“大消费”转型，居然之家体验 MALL 已完成家具建材、生鲜超市、餐饮影院、儿童娱乐、数码智能、体育健身及居家养老等大消费业态的全覆盖。

2018 年 4 月 10 日，曲美家居以“更美的相遇”为主题，在北京亚运村进行了最新一代的“你+生活馆”发布，成功对接消费者居住、社交、购物等多重生活行为需求，搭建起更具质感与美感的消费场景。

2018 年 4 月 14 日，尚品宅配全球首家倡导慢生活体验的“超集店”（以下简称 C 店）在上海开业，其用“Collection”的模式集“家居、时尚、艺术、社交”为一体，是一家 3000 + 平方米的生活方式体验中心。

2018 年 4 月 15 日，索菲亚携手天猫打造的全国首家全屋定制“智慧门店”落地北京。

2018 年 10 月 31 日，腾讯与红星·美凯龙宣布达成战略合作。这是继腾讯智慧零售在商超、服饰等领域发力后，首次与家居行业开展合作。发布会上，双方推出了首个合作项目——IMP 全球家居智慧营销平台。该平台以大数据连接家居生态内的各种角色场景和内容，从而为用户提供家装全周期、个性化服务，并以此来制造流量，然后将流量分享给品牌，提升营销效率，降低运营成本。

消费者圈层被再度细分，终端店呈现形式多元化，如标准店、主题店、旗舰店、O2O 店、快闪店等，都可以在评估可行性的基础上进行大胆尝试，最终形成自己的多元门店体系。

线上线下一体化、场景体验、数据营销、智慧设计等营销服务企业顺风而起，为的是抢占更多流量入口。开店不拘泥于位置，即使是卖瓷砖、家具、地板、涂料，甚至是卖马桶的，开店的地方将不再局限于家居卖场、家具建材市场等，在接触消费者的任何场所均有可能开店。比如购物中心、小区周边、超市、写字楼等，也有可能是商圈里的底商或一层独立小楼。早一步探索成功者，就有可能引领一时的风光。

橙家 & 网易严选共享店（杭州橙家店）：互联网家装 + 原创生活类电商；橙家在未来要做的不仅仅是深耕家装领域，同时也开放自身平台，引入更多家居相关品类产品、拓展用户，构建离用户最近的零售生态圈。

索菲亚 & 天猫智慧门店（北京）：北京索菲亚智慧门店将利用智能设备、数字化设备等先进设备，用数据驱动、场景情感驱动，用场景价值塑造去传达驱动，用智能人机交互去体验驱动，将实现传统零售和“人（客户）、货（产品）、场（门店）”三大核心要素的重构。再加上目前的四大“黑科技”，索菲亚 & 天猫智慧门店将大大提高用户体验度。同时，电商引导客流量、强大的工厂产品生产力、数万名员工的销售力、保障力等四重力量驱动，索菲亚电商、门店线上线下合纵连横，重构价值链。

尚品超集店：2018 年 4 月，尚品宅配全球首家“超集店”在上海开业，引入了家居、花艺、咖啡、书吧、亲子玩乐等不同业态，让消费者体验有温度的服务而非冷冰冰的家具展示。样板间“单身贵族之爱猫空间”，就是对单身爱猫人士的洞察：

➢ 这是猫口爆炸的时代。

➢ 繁忙而孤独的城市生活，单身贵族需要一个温暖的陪伴。

➢ 在天花板设计吊杆则是猫咪的活动空间，而将梳妆台和电视柜等产品设计成可爱的猫形，符合爱猫人士的心理偏好。尚品宅配上海 C 店的猫屋是对消费者需求的深度分析，比消费者还要了解消费者。

第三节　整装四大门店模型

整装门店是个多元化的门店体系，不同的整装经销商有着不同的门店模型，在此列举 4 种门店模型给大家参考。

社区建店模型

为什么要做社区店？

后家装市场容量：根据亿欧智库的数据显示，2017 年我国家居建材行业市场规模达到 41597 亿元。以 20% 的比例计算，以建材产品安装维修、空间刷新、局部改造、二手房翻新升级为主要的家装后市场的行业规模超过 8000 亿元，中国多个城市进入存量房时代，使得这块市场潜力价值日益凸显。对比美国的家装后市场，房屋维修、修缮、改造、翻新占整个家居建材市场的97%以上。这说明，在中国家装后市场的发展潜力非常巨大。

市场现状：据不完全统计，全国城区五金建材店数量约为30万家，其中50%集中在社区周边，多以夫妻店为主。老婆负责看店，老公负责上门服务，主要为用户提供家居维修材料、装修辅材销售、上门维修服务、承接一些局部改造订单，他们就是现在家装后市场的初级模型。

开店的目的：

➢ 距离消费者近。

➢ 快速响应需求：离消费者近，24小时内上门服务。

➢ 建立信任关系：实体门店就在社区里；通过“小修小补”等服务维护关系。

说起社区店，大部分人都会认为与街边店相同，其实不然，换种说法，社区店应该称为新型社区店。

精准定位是社区建店的关键。

如果选定了社区，企业/经销商还需依照社区内人群的年龄分布、消费能力等属性来制作产品及服务、打造店面，并满足消费者的个性化需求。

社区建店有以下两种主流形式：

一种是授权服务店。统一店招形象，统一服务价格体系和服务标准，提供在线抢单、在线材料采购App、主要承接线上的维修和安装订单服务。

另一种是标准服务店。不低于40平方米的店面面积，统一的店面形象设计、统一的服务体系、统一的接单及采购系统，承接用户的厨卫焕新、墙面刷新、单品升级、维修安装等服务。

社区选址标准：楼龄、户数、位置。如图6－12所示。

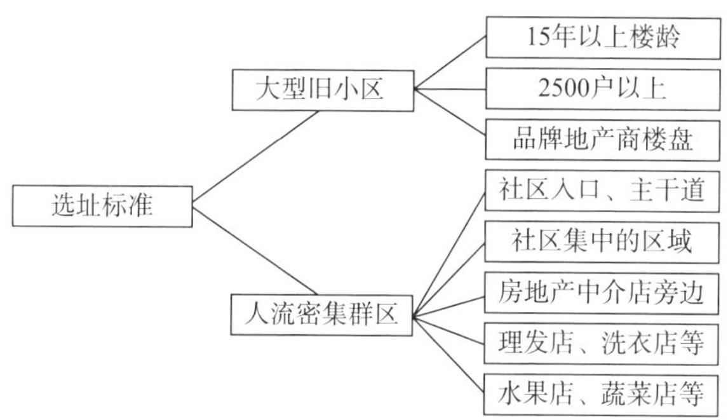

图 6－12　社区选址标准

老小区分级管理：A 级、B 级、C 级。

制作楼盘分布地图：对区域的老小区、老楼盘进行全方位普查，了解各个楼盘的定位、价位、户型、户数、配套、开发公司、物业公司、建筑年龄，建立楼盘档案，再将楼盘名称标注在地图上。

运营中心建店模型

开店目的：样板间体验、意向客户洽谈、运营名创设计师。

运用互联网技术打破门店在空间和时间上的限制，既可以结合城市核心商圈、集合各类业态、开设购物广场，也可在社区开设社区店、在办公楼开设“O 店”。

互联网＋：线上引流到门店。门户网站（新浪家居、腾讯家居、网易家居、搜狐家居）、视频媒体（长视频 & 短视频）、社交媒体（知乎）、搜索平台（百度）、垂直媒体（中华建材网）、信息流媒体（今日头条）、自媒体矩阵（微信、微博等）。

＋互联网：门店引流到线上。线下实体店最重要的是利用好电商平台。既做好和电商平台的错位，又做好对电商平台的替代。有些品类，是电商平台不可能替代的，比如体验性的服务、定制化产品。线上流量争夺也成为红海厮杀，从门店引流到线上可能成本更低。线上全品类供应链的支撑，打破门店在空间和时间的限制。

线上线下协同作战：绝大部分公司主要的销售来源还是线下的门店

与工程项目，线上占比基本在30%以下。促动在线成交是一个目的，电商平台还扮演了一个关键角色，就是引流，把淘宝、天猫、京东、唯品会、百度、微信等众多网络平台上的流量留住。线上线下协同作战的方式：推线上线下明码实价、线上线下同款同价；线上引导、预约，线下门店提供后续服务；线上领优惠券或者交特权定金，到店里购买使用；线上线下联动促销活动等。

开店误区：高成本临街、高端写字楼。

选址标准：创意园、工业园、文艺气质；租金相对便宜；施工改造相对可变性大。

体验店建店模型

开店目的：情景式体验、顾问式服务、品牌形象、签单销售。

开店误区：店大欺客、短期盈利、自然进店。

①原想开大店能够“店大欺客”，但大店坪效往往较低，导致关门的案例比比皆是，所以体验店的面积并不是越大越好。欧派家居试水整装发现：城市级别越高的，发展难度越大，应以县城为主要拓展方向。

②体验店租金达百万元，加上人员及运营成本、费用较高，实现短期盈利很难，长远的综合效益更具潜力。对经销商而言，如果没有总部支持，运营风险十分大。

③一般到传统卖场的客户购买建材家具的目的性较强，而体验店选址在购物中心，或是临街的独立大店。虽然人流量大，但客户群不够精准，即自然流量≠自然进店≠意向客户。

1. 体验店和销售门店要优势互补，实现效益最大化

让体验店与传统销售门店实现优势互补是实现效益最大化的关键。体验店主要解决、提升用户体验和品牌形象宣传等问题；销售门店主要解决网点覆盖等基础性问题。短期来看，受运营成本、资金投入等现实条件的约束，体验店还无法完全取代销售门店，二者将长期并存。

普通门店在运营上更注重销售业绩，一切以销售为中心进行管理。

所以，店内人员侧重开发新客户及维系老客户、熟悉旅游目的地及产品特点、可快速完成产品预订；管理上要有严格有效的销售奖励机制。而体验店在运营上是品牌形象、用户体验及预订销售并重，销售业绩只是其考核指标之一。在运营管理上，相对于传统的销售门店，体验店应该具备品牌塑造、企业文化展示、互动沟通、顾问式服务等功能。体验店的核心功能首先在于品牌形象塑造和提供顾问式售前服务，其次才是传统的销售和签单功能，即运营上要品牌形象、用户体验及预订销售并重。

布局、营销活动丰富度、客户满意度等方面会有更多要求。体验店实际上是以互动体验为吸引，以咨询预订服务为基础的、互联网和客户端时代的新型门店。以往单纯销售产品的门店是过时的，只有展示与体验功能而完全没有销售的展示店是不全面的，只有集体验、互动、咨询、销售、服务于一身，才能既满足客户需求，又为商家带来可持续收益。

对于体验店的成本控制，首先体验店的投资建设短期内仍然会坚持规模和数量适度扩张的原则，不要盲目追求数量、贪大求全，而应根据区域市场的具体情况而定，一般会选择在重点城市的中心城区。

未来体验店的发展方向，应该是基于网络化和智能化，集趣味性、互动性和实用性为一体的综合体验店。

2. 体验店或将成为线下主流

体验店强调的是体验功能。如何能将吸引消费者的家装要素转化为选购前在体验店内即可感知的互动体验内容和环境，从而刺激客人购买，是体验店的核心要素。

体验店年租金达百万元，加上人员及运营成本、费用较高。体验店单纯从销售收入方面计算很难收回成本，但体验店在运营过程中，除了销售收入，还可以产生广告收益、活动收益及品牌效益，其长远的综合效益更具潜力。

通过加入时尚元素，利用声光电科技和网络环境，提升游客在店内的用户体验，提升品牌好感度及商品销咨率。功能完整、环境优雅的体验店有可能取代只有单一销售功能的门店，成为线下主流。

3. 延伸思考

据相关资料显示，在2015年，宜家在中国销售出了1200万只甜筒。更让人难以置信的是，以家居产品为主打的宜家，竟凭借着冰淇淋餐饮业在中国的年销售额达到了10亿元。此外，“1元冰淇淋”还发挥着肯德基、麦当劳窗口“卖雪糕”的引流作用。（肯德基、麦当劳第二杯雪糕半价）如图6－13所示。

在中国，宜家靠“1元冰淇淋”营收10个亿

如果你想问，在宜家哪些物品是消费者的心头爱？出人意料地发先，排名第一的可能不是沙发、置物架、储物柜……而是放置在门口的1元冰淇淋甜筒。

图6－13　宜家的“1元冰淇淋”

宜家有专门的“食品部”，人们可以在当地的宜家商场享用瑞典风味的美食。人们选购家居用品时，在宜家餐厅小憩，品尝瑞典风味的美食或当地最受欢迎的食品；付款后，在小餐馆喝上一小杯提神饮料；离开之前，逛逛瑞典装修风格的美食屋，看有没有可以带回家的美食和小点心。

其他建店模型

早在2016年，宜家家居就玩起了快闪店，当时专门在天津先农大院开了一个“快闪店”开店的媒体发布会，现场设置了“pop-upstore”快闪店，在一个改装后的集装箱里，装修了梦想厨房。随后的9月2日至4日，在天津河西区银河购物中心，宜家再出快闪店，展示5种获得国际大奖的家居产品；之后在天津南开区大悦城快闪店，除了梦想厨房，还有免费的有机咖啡，供参观者品尝。

2017年，宜家定位“全品类设计家居”的造作，在北京王府井的黄金地段开了一家快闪店，就在王府井苹果旗舰店的旁边，里面展示有丝绸椅、沙发、凳子、灯具等家居产品。

2017年，天猫用了酷家乐的3D样板间，在北京的三里屯做了一个集装箱快闪店，装修出5大实景家居空间，还原厨房、浴室、卧室、客厅、书房等场景，邀请明星直播。在这些样板间里，大概有50个商家的150款商品出现。

2018年4月19日，为期六天的“Tmall Home”天猫新零售快闪店在墨尔本和悉尼正式开幕。此次，天猫以“淘出一个家”为主题，通过60多平方米的快闪店模拟了一个真实的“家”的场景，利用别致的厨房空间、卧室空间、客厅空间和宽敞的户外空间集中展示了各种潮流时尚的家居产品，店里所有的物品都可以同步线上购买下单，真正做到“看到即买到”。

快闪店用最低成本试水的方式，风险成本可控，也能最快得到消费者的反馈。

➢ 日益火爆的快闪店，当商家提供了一种“轻资产”的思路。65%的快闪店租赁周期在10天以内，86%处于一个月以内，而购物中心普通品牌店的租期为3年左右，主力店租期可达到8～10年。

➢ 与传统的快闪店不同，当消费者打开手机扫码，天猫快闪店可以留下消费者的数据。这样，品牌可以更有效地拉新，以及更精准地持续提供服务。

➢ “其实，智慧门店是场，快闪店也是场，这些终端都是满足特定消费者的场景。两者的本质都是为了打通线上线下融合、做数字化运营。”智慧门店侧重于常规性销售，天猫快闪店则是以营销为主、销售为辅。

➢ 快闪店根据不同季节、不同地域、不同品牌实现主题性定制，且不失为探索线上线下融合的捷径。

居然之家亚朵S酒店位于乌鲁木齐西外环边上、距高铁站仅500米的居然之家高铁站店 B 栋，客房设置 150 间，总经营面积 15000 平方米，酒店内设居然设计家体验店、竹居、摄影展览馆，为消费者提供全新的住宿体验。居然之家乌鲁木齐高铁站店是居然之家集团自持直营旗舰店，是集家居旗舰店、家具、建材、顶层设计中心、创客空间、影院、餐饮、酒店、电玩等多业态为一体的 17 万平方米家庭消费购物中心。

这家酒店何以一年售出 30000 张床垫?

①戏剧 + 亚朵：中国第一家戏剧主题酒店，致力打造上海文艺复兴集散地。作为一款划时代的酒店产品，THE DRAMA 集合戏剧、黑胶、电影等艺术周边，通过艺术展览、市集、演出等方式，重新定义酒店住宿空间。

②吴晓波 + 亚朵：搭上了中产阶级消费升级的快车，作为超级 IP，吴晓波本身就足以引发社群效应，而单一的输出互动已无法满足品质社群主体的需求。亚朵 · 吴酒店，补足了线上 IP 社群单一互动的缺失，利用酒店本身场景优势提供了社群消费者线下交流平台，加固了该品质社群的稳定性，助力吴晓波频道实现线上 IP 产品化的落地，也将线下产品亚朵酒店自身 IP 化。(吴晓波频道共同打造的匠心化“酒店”，一年售出 30000 张床垫)

③网易严选 + 亚朵：全国第一家所用即所购消费场景酒店，可免费享用严选零食、定制睡袍及电动牙刷、美容仪等商品，成了“所用即所购”场景新零售代表作。

④知乎 + 亚朵：知乎酒店融合了知识与酒店的全新空间，将为年轻群体和新中产阶级人群，构建更具人文感和沉浸感的旅行住宿环境。

亚朵酒店卖床垫、居然之家涉足酒店卖家具，共同的逻辑是跨业态融合，共享门店，触达消费者，并通过“试用体验”影响消费者的购买决策。

目前，整装市场的终端门店大多是“大店模式”。“坪效”是经营门店的衡量指标，如何在单位面积内科学地、低成本地增加品类数量，是值得每个企业/经销商去认真思考的，而共享门店可能是有效的途径之一。

和店中店相比，独立店的优势在于以下几点：

①租期长，无论是自有物业，还是长期租用，均有效降低租金成本和风险。

②面积大，可完整展示品牌理念。

③营销自由，可随时按照自己的需求开展各种营销活动，不必跟在卖场的各种促销活动之后疲于奔命。

④品牌印象突出，独立店可通过橱窗展示、门店设计、内部装修甚至免费 Wi-Fi 等多种手段进行品牌推广和建设，自由度非常大。

独立店对品牌方提出了更高的要求，你的产品品质、设计、售后及品牌内涵，是否能够独立并完整地提供给消费者，满足消费者需求，决定了你的独立店能否开设成功。

更大、更自由的空间需要配套更大的能力，否则反受其害。如城市空心化和商业区域的日益分散化和郊区化，毋庸置疑地对独立店选址提出了更高的要求。

当然，并不是所有品牌都适合独立大店，但这种完全靠自己吸引客流且与传统卖场构成部分竞争关系的模式日益壮大，甚至成为打造完整家居消费体验的重要一环。独立店，未来或将成为企业或经销商手中最有力的渠道品牌之一。

窗口店的主要任务是触达消费者（产品和服务），引流到线下旗舰店、体验店，或是线上官网（天猫旗舰店）等。

社区窗口店，代表企业——劳卡。社区店的概念相信大家已经不陌生了，随着传统家居建材卖场的日益冷清，非常多的品牌高都意识到传统经销模式即将过去，而经销商也会转变成城市服务商，精准定位消费距离的社区店应运而生，实现一千米内大型楼盘的精准而高效的客户服务。近年来，已有品牌提出“1 + N”模式，即在一个城市里一个大店

（传统家居建材或临街卖场 200～300 平方米店面）＋多个大型楼盘社区店，实现以点带面、精准营销。

商超窗口店，代表企业——索菲亚。与社区窗口店的作用相似，在商超开设窗口店。

家装窗口店。产品工厂/经销商与家装公司达成深度合作，产品工厂/经销商为家装公司定制专属的产品套餐、价格、款式等，并在家装公司开设样板间（窗口店）。

第四节　整装门店的销售动线规划

什么是销售动线

销售动线是顾客在展厅中走动的路线，它是体验过程的服务心路历程＋品牌价值感知。如图 6－14 所示。

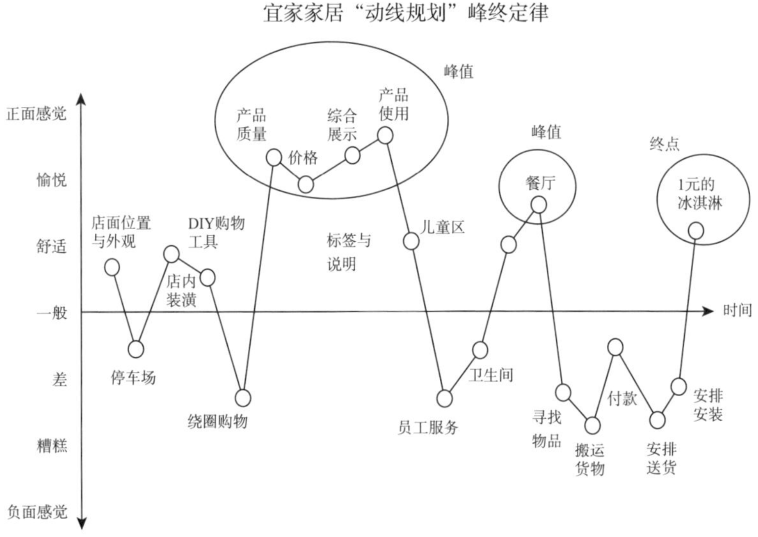

图 6－14　销售动线

峰终定律：人们对一件事的印象，往往只能记住两个部分：一是过程中的最强体验——这里指的是峰值；二是最后的体验——这是所谓的终点。过程中好与不好的其他体验，对记忆差不多没有什么影响。比如星巴克的“峰”，是友善的店员和咖啡的味道，“终”是店员的注视和微笑。尽管整个服务过程中有排长队、价格贵、长时间等待制作、不易找到座位等差的用户体验，但是客户下次还会再去。再举个例子，一些儿科医院会在诊疗结束后，送给小孩子礼物，给他最爱吃的零食。这样即便诊疗过程很痛苦，但最后有一个甜甜的结果，对孩子而言，对这个疾病的痛苦印象就不会那么深刻。

宜家的购物路线也是按照“峰终定律”设计的。虽然它有一些不好的用户体验，比如“地形”复杂，哪怕只买一件家具也需要走完整个商场；店员很少，找不到帮助；再比如要自己从货架上搬货物，要排长队结账等。但是，它的“峰”和“终”的体验是好的，它的“峰”就是过程中的小惊喜，便宜又好用的挂钟，好看的羊毛毯及著名的瑞典肉丸；它的“终”是什么呢？就是出口处售价 1 元的冰淇淋。

下面我们引用一个案例来说明销售动线是如何设计的。本案例部分观点引用家装界知名专家许瑞先生的独特视角，特此共享给大家。

2018 年 3 月 24 日，广州东宝大厦四楼，HOMKOO 整装云 5000 平方米共享展厅开业盛典正在进行。据说，2017 年 HOMKOO 整装云产值 4 亿元，每平方米一年产值如此高的坪效，罕见！

尚品宅配东宝店，地段还可以，但绝对谈不上是黄金旺地，离广州繁华的天河核心商业区，还有两千米远。这个店是在一个写字楼里的三楼。注意：不是沿街门面房！不在一个纯百货商场里面，而中国那些年产值过亿元的整装大店，基本上是独栋楼，建筑物外面会有很多户外广告牌，过路人群会醒目地看到这些店铺。

整装展厅的总体设计、规划

①对消费者而言，看得见、摸得着的“整装 + 全屋定制”体验尤为重要，家装全流程的体验必须依赖于展厅，凡是加入 HOMKOO 整装云的成员装企，首要任务就是建立一个整装展厅。如图 6－15 所示。

图 6－15　HOMKOO 整装云

②通过情景化营销与生活方式营销，让消费者在逛展厅的过程中更有代入感，认可装企的实力，达到展厅的整装营销效果。如图 6－16 所示。

尚品宅配·广州东宝大厦店不一样的整装展厅

◆ 展厅动线规划
◆ 展厅功能模块
◆ 展区体验形态

◆ 生活方式不一样
◆ 情景消费不一样
◆ 会说话的展厅不一样
◆ 所见即所得不一样

图 6－16　尚品宅配东宝店展厅动线规划

东宝店是标准的回形动线设计，假设客户进门，一入 5000 平方米的 HOMKOO 整装云共享展厅，就是“生活方式”交互体验中心，挥手之间便能切换不同设计理念下的全屋方案，充满尚品宅配集团特有的科技感。如图 6－17 所示。

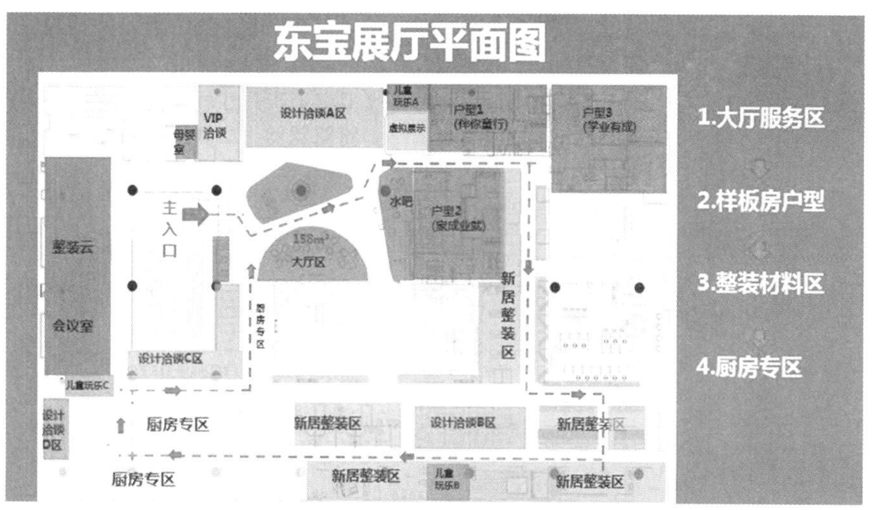

图 6－17　东宝展厅平面图

接着看产品陈列，包括衣柜、厨柜，接着是瓷砖、木地板、洁具等主材，最后看三个样板间。洽谈区散落在整个动线中，整个动线最后，是一个集中洽谈区，有 LED 大屏和舞台，便于搞活动。如图 6－18 所示。

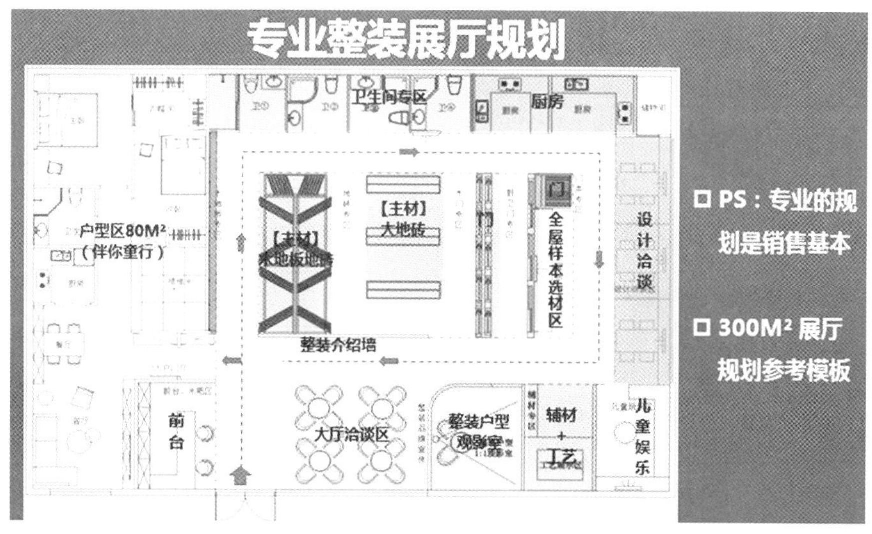

图 6－18　专业整装展厅规划

粗看这些动线和展示区没有特别之处，如果细细品味，就发现有很多创新之处。这里强调一点，装修公司动线设计最好是回形，最大化利用空间，让客户看到更多的陈列，差一点的是 U 形，再差一点的是 L 形，其他左右分的陈列完全不能考虑。

展厅功能模块

为什么东宝店坪效高？

举个例子，东宝店客户洽谈区散落在整个动线沿途中，可以设想一下谈判场景，客户对面坐着设计师，周边是尚品宅配各种定制类厨柜、衣柜等实物产品，这个空间营造的氛围感觉很好，提高了客户的签单转化率。

传统整装公司，客户洽谈区要么就是洽谈桌，要么是在一个小包间里，为了洽谈而洽谈，缺乏家的温馨感，同时没有实物体验。建议传统家装公司，可以效仿这种做法。

许多传统整装大店的功能区划分是一个套路，比如进门是一个大的洽谈区域，然后是一排一排陈列的主材，接着是工艺展示间，然后是样板房，在其他区域专门划分出办公空间。套路没错，但是千篇一律，没有自己的特色。

尚品宅配模糊功能区划分，自然过渡，特别是将洽谈融入店内场景，值得学习！

下面，我们展示一些东宝店的现场照片给大家做参考，如图 6 – 19 至 6 – 25 所示。

图6－19 整装接待洽谈区

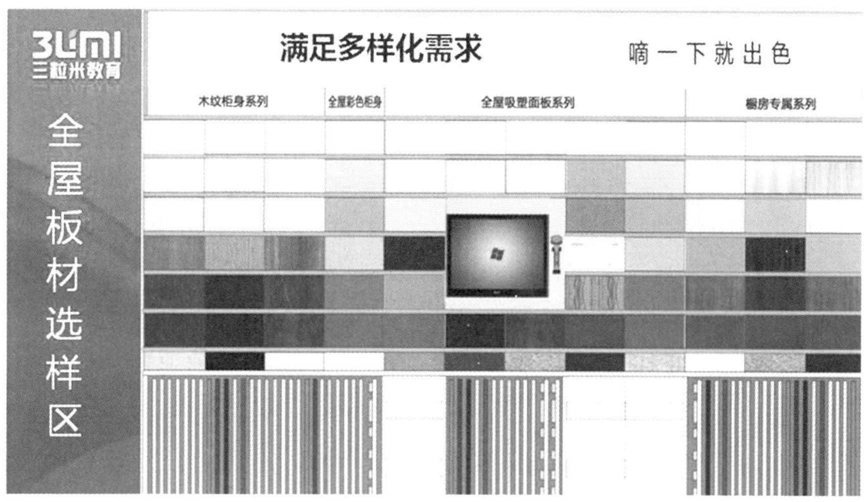

图6－20 全屋板材选样区

图 6 – 21　木地板展示区

图 6 – 22　地砖展示区

图 6－23 整装卫生间样板区

图 6－24 辅材展示区

图 6－25　施工工艺展示区

尚品宅配对施工的工序、工艺等也没落下。

尚品宅配品牌形象设计不错，这一点可以和宜家媲美，主题鲜明，文案出彩，设计简洁大方。值得一提的是，各种产品上都有很多温馨提示，这种细节的魅力，同样在宜家能够看到。

展厅体验形态

展厅体验形态如图 6－26 至 6－31 所示。

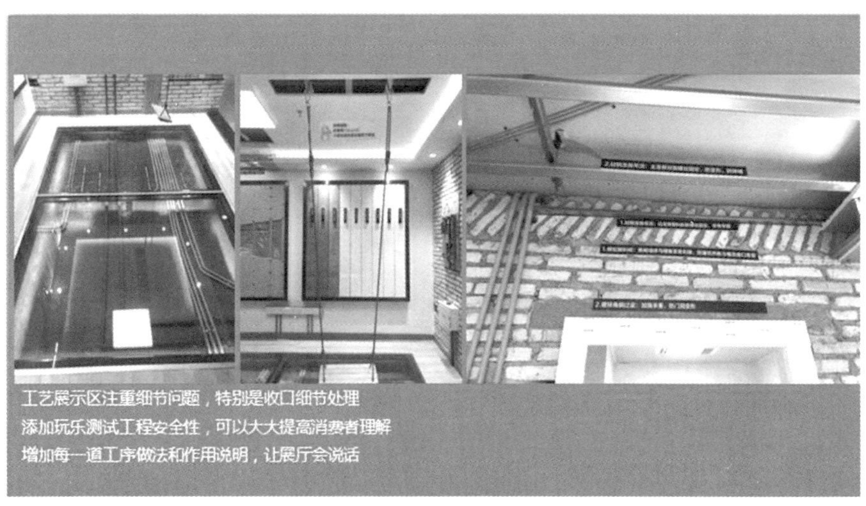

图 6－26　施工方式、施工细节

图 6－27 尚品宅配品牌形象设计

图 6－28 伴你童行样板间

图 6－29　学业有成样板间

图 6－30　家成业就样板间

图 6－31 生活方式交互中心

全套呈现，拆分讲解：HOMKOO 整装云展厅通过 1∶1 的样板房，对门厅、餐厅、客厅、厨房、阳台、卧室、客卧、儿童房等多个空间进行展示，完整呈现家的样子，给客户最强烈的感官体验。

随之而来的拆分讲解，是将家的各个部分的细节分别展示。包括门窗、地板、卫浴、插座等。酷炫吸金的陈列方式，体现的是各大合作商品牌的高端品质。

顾客在网上看了尚品宅配样板房，连连点赞。除了墙上平面设计品位不错，关键是有故事、有主题。举例说明，尚品宅配 115 平方米样板房，主题是“家成业就”，主宣传语是“一种品质，一种永不过时的生活方式”，附加三个关键词说明，分别是“稳重”“品位”和“尊享”。旁边是一家人的大海报，平面图和户型配置清单（产品价格）。

尚品宅配样板房充分挖掘自身特有的厨柜、衣柜收纳空间强项，讲解员会反复强词这一点。

VI 系统应用

三级 VI 系统应用如图 6－32 至图 6－37 所示。

一级 VI：品牌实力，商业模式。

二级 VI：专区形象包装。

三级 VI：材料介绍，功能亮点说明。

学有所成
1级-品牌形象画面
2级-户型（生活方式）
2级-材料专区品牌形象
3级-材料标签

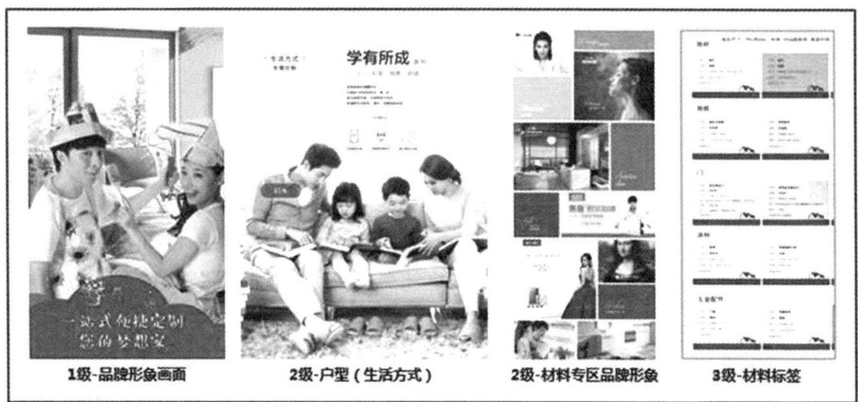

图 6－32 三级 VI 系统应用

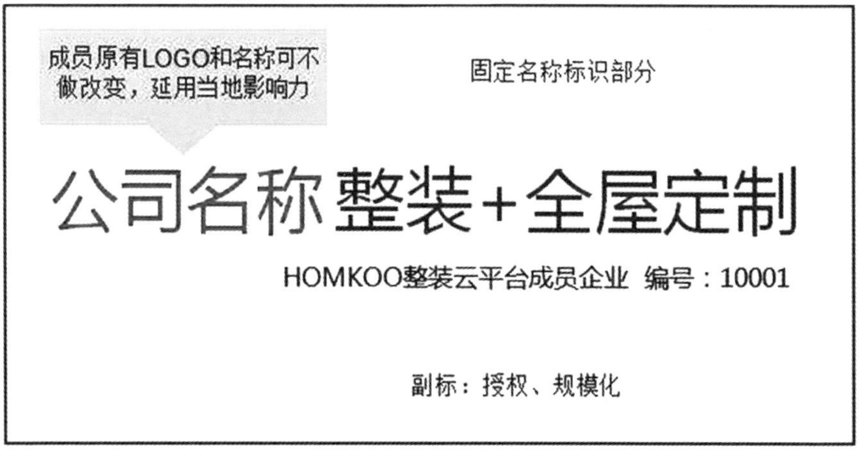
成员原有LOGO和名称可不做改变，延用当地影响力
固定名称标识部分
公司名称 整装+全屋定制
HOMKOO整装云平台成员企业 编号：10001
副标：授权、规模化

图 6－33 门头形象设计

图 6－34 展厅门头实体图展示

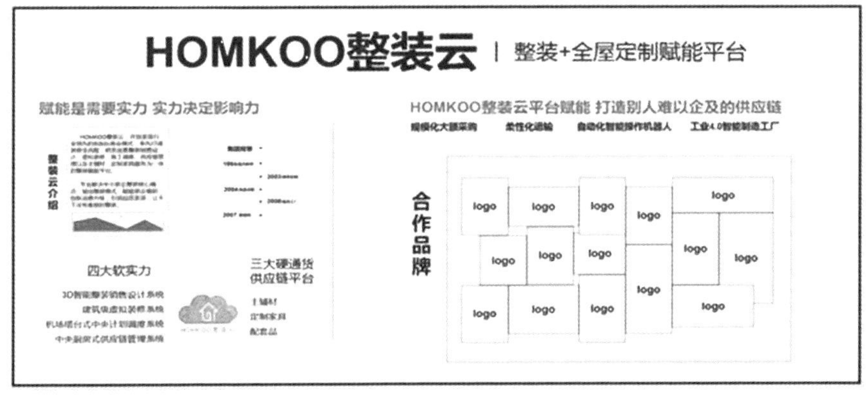

图 6－35 整装形象墙

图 6－36　艾佳整装＋全屋定制

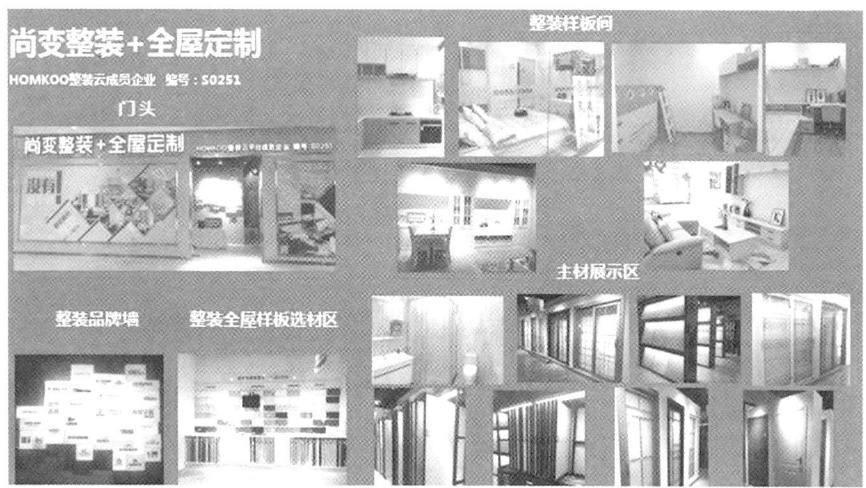

图 6－37　尚变整装＋全屋定制

第七章

整装商业模式

——团队篇

第一节 打造以服务为核心的整装团队

新时代管理理念

1. 从管控到激活，再到赋能

整装获客的本质是服务质量。那么，整装公司要打造的团队就是一个内心具有深层次服务理念的团队。

说到服务，海底捞这个以服务体验取胜的团队不得不让我们再一次关注。

2017 年，海底捞收入 106 亿元，服务客人 103 万，员工 5 万人，总门店数量达到 320 家。

在火锅品类排名第一，中餐排名第一，而且其销售额仍在保持高增长。

海底捞凭什么吸引顾客？答案是：服务好！

服务好无疑是用户对海底捞的核心印象，但是服务好真的是海底捞的核心竞争力吗？如图 7－1 所示。

□几乎可以满足客户一切矫情的需要，堪称：服务业的奇葩。
□哥，姐，阿姨……
□打折，免单，送西瓜，送调料，扫楼、送豆浆……
□美甲，等位小吃，卫生间递毛巾……
□擦桌子，拉面表演……

图7－1 服务好真的是海底捞的核心竞争力吗

核心竞争力首先应该有助于公司进入不同的市场，它应成为公司扩大经营的能力基础，以不变应万变。

核心竞争力对创造公司最终产品和服务的顾客价值贡献巨大，它的贡献在于实现顾客最关注的、核心的、根本的利益，而不仅仅是一些普通的、短期的好处。

看上去服务好就是海底捞的核心竞争力。但是，别忘了一个隐含的前提条件——核心竞争力需要随着时间不断地变强。在这一点上，服务好并不符合条件。具体来说，追求一个门店里极致的服务和大规模的标准化服务，天然是矛盾的。不管你做再多品控、再多的努力，都改变不了这个大趋势。那么，什么是海底捞的核心竞争力呢？它应该是服务下面的东西——组织能力。

公司的变革，首先必须是企业组织的变革。没有组织变革做基础，很难实现其他方面的有效变革。

公司规模变大，员工人数增加，必然导致组织目标多元化，反应能力减弱，组织效率降低。

组织中最重要的是如何让人有意义，因此我们就要关注管理中最重要的两个价值：目标与绩效、人在组织中的意义。

以前做管理时只需要做一件事，就是取得绩效、实现目标。大部分情况下，我们都在讨论怎么完成业绩、怎么实现目标，现在我们还要完成另一件事，就是如何让人在组织中有意义。我们只能通过让人在组织中有意义这件事，才能解决效率与真实的顾客和企业在一起的问题。否则，组织可能就会在不断变化的环境中被淘汰。

2. 回归以人为本

组织就难在这里。我们拥有的资源恰恰是对人产生巨大影响的部分，我们要回到以人为本。今天所有人都必须谈以人为本这个概念，因为现在人的价值已经完全被释放出来。但大部分组织，尤其是传统组织并没有真正懂得人本管理。

人本管理有以下三个要点：

①员工以顾客为本。员工做任何事情，前提条件都应该是顾客。

②管理者以员工为本。做任何事情都要想着一定是以有利于员工为出发点。

③领导者以管理者为本。做任何安排都要以管理者为出发点。

我为什么强调回到以人为本？原因在于大部分的企业，特别是传统企业并非以人为本。员工讲得最多的是领导，而不是顾客。因为他发现以顾客为出发点可能得不到好处，但以领导为出发点一定有好处。然后，公司离顾客最远的人谈顾客最多，老板天天谈顾客至上，但他可能从来没有或者很少接触顾客，甚至公司任何一个服务、产品都不是他直接提供的。这就是角色错位。当出现角色错位时，就无法真正解决人浮于事和虚假忙碌。我们不能真正回到以人为本时，就没办法真正获得结果。面向未来，组织的核心是激活人。

海底捞如何让“无学历，无背景，无亲无靠”的 90 后、00 后自我驱动的？

①人才：海底捞的员工是无学历、无背景、无亲无靠的年轻人。与整装行业的导购、业务员、施工人员等基层几乎吻合。

②个人效率提升：自我驱动是核心。

既然谈个人效率提升，就要看今天的个人——客户、团队成员、员工都是什么样的人。今天的消费中坚力量，也包括每家公司的团队中坚力量，基本上是 85 后、90 后并逐渐走向 95 后。我们要了解，中国的

85后、90后和95后分别有什么重要的特点。你了解了这群人的特点，才会知道他们需要什么，再来谈谈这群人的个人效率如何提升。

事实上，85后才是中国真正互联网的第一代人。中国主要的互联网公司都诞生在1999年，在2000年之前几乎没有互联网。一个1980年出生的人，2000年时满20岁，所以他们基本上是工作以后接触互联网的。95后，他们肯定是互联网的一代，但他们又是纯得不能再纯的移动互联网的一代。他们的手机、平板电脑就是心目中对电脑的第一认知，这是使用互联网习惯的标志性区别。85后接触的是PC互联网，90后特别是95后接触的是纯移动互联网。

85后是中国温饱的一代，90后、95后是中国小康的一代。阿里巴巴的“铁军”招聘，希望自己的这支队伍能吃苦，就会问应聘者：你这辈子吃的最大的苦是什么？有个人这么回答，他说从上海坐火车去无锡，没有买到座位票，站了整整两个小时，他认为这是他吃过最大的苦。一个90后、95后认为这样很苦，这表明他不是真的能吃苦。

95后是中国独生子女2.0，他们的父母也是独生子女。那么2.0跟1.0有什么不一样呢？就是1.0所有的好处和坏处都成倍地放大。放大一个表现形式，就是财富的安全感特别强。富士康过去的15年，员工主力是80后，离开工厂就进宿舍。富士康现在给双倍、三倍的加班费，员工也不愿意加班。

所以，对于90后、00后的员工而言，自我驱动是个人效率提升最好的来源。成长是每个人的事，你不想成长，谁能逼你？所以要问企业，有没有做成一个自我驱动的公司。

海底捞创始人张勇说：“是把员工当亲人看，把顾客当上帝看，相信员工，相信顾客。”同时，不能只有口号，还要有激励和培养的体系，让人才和价值观形成往复循环，维系信用飞轮。那么，海底捞是如何让5万名员工做好服务的？它的组织和价值观是如何显性化到制度里的？

海底捞的制度设计框架里，右边是连住利益，左边是锁住管理。相应地，每一边都有明确的制度维系。如图7－2至7－5所示。

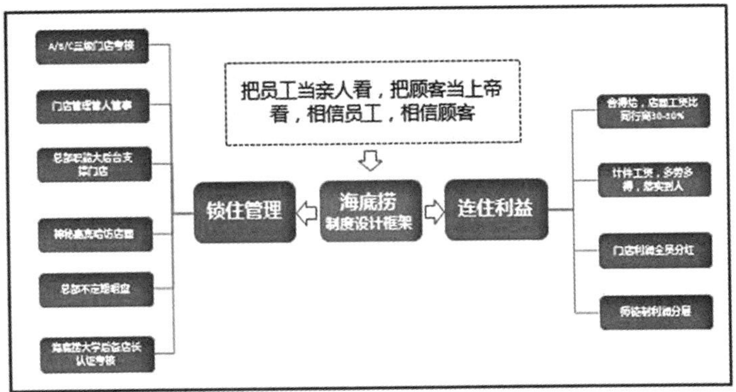

图 7 – 2　价值观指导制度设计（一）

A/B/C三级门店考核

□ A级门店才能拓店，C级门店6个月不达标店长下课

□ 很严格，动真格：只有11%的门店能得到A，C级门店16%

□ 打分的是总部、大区、外部特邀的三级“神秘嘉宾”

以顾客满意度为核心的门店考核机制												
评分项	红卡	黄卡	蓝卡	绿卡	亲情力	执行力	安全	学习	外部关系	创新	经营
评分目的	服务	出品标准	环境卫生	食品安全	店长的亲情化效果以及员工的工作、生活氛围	制度流程和临时任务的执行力	安全管理考核、人身安全、财产安全			创新方法、推广、制度流程创新	
分值	40	30	20	20	10	30	20	5	5		20

海底捞的店铺分为A、B、C三类等级		
评级	含义	结果
A	优秀	优先选择A级餐厅的员工当新店长
B	良好	店长可能需要向教练征求建议作出改进
C	不及格	店长不能再下季度开新店；接受教练为期6个月的管理培训

图 7 – 3　价值观指导制度设计（二）

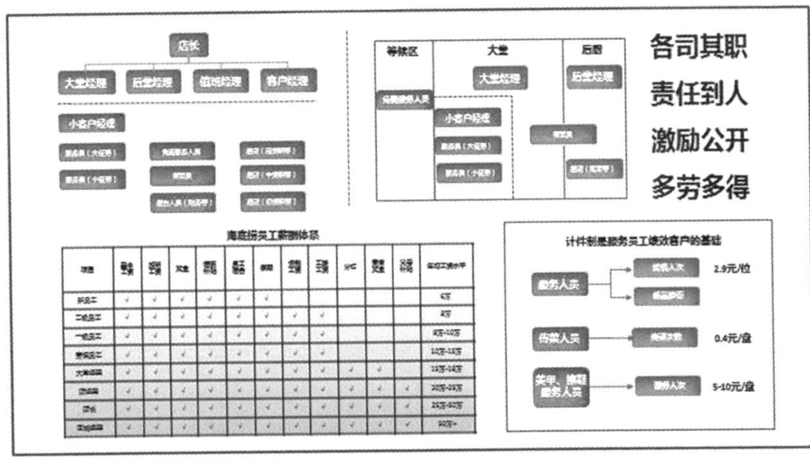

图 7 – 4　价值观指导制度设计（三）

海底捞怎么激励员工？

多劳多得
- 人均工资成本（海底捞6.2万，西贝3.9万）
- 功勋员工的总收入在经理之上
- 只要你肯干，在海底捞肯定能挣到钱

奖金/分红
- 店长能获得餐厅一定比例的运营利润
- 员工能获得跟利润挂钩的分红

晋升
- 基层员工必升
- 后备店长轮岗
- 店长轮店
- 无空降领导
- 有继任才能晋升

身体力行
- 除了财务，没人坐着
- 经理在最忙的地方帮忙
- 张勇“吃包子”
- 店长“吃油条”

师徒制度
- 徒弟出师，师傅收入分成，最多三级

图 7－5　价值观指导制度设计（四）

晋升：海底捞从来没有空降的店长，店长必须从基层服务员开始干起，十个岗位里面至少做过七八个，之后才能成为后备店长。

从海底捞的“师徒制”来解决人的传承问题：

①在培养新店长方面，最有发言权的人就是老店长，但“教会徒弟，饿死师父”困境的本质也就是解决这个问题——如何激励老店长对新店长倾囊相授，而且这种师徒关系绝不应该是一锤子买卖，说不定还要提供包括上任后的后续支持。

②在餐饮行业，有可能几年都遇不到一次的问题（比如失火、食品安全、客人在店内滑倒等）会让没有经验的店长不知所措，甚至酿成舆情危机，让整个品牌价值受损。必须激励老店长的思维模式从利己变为利他，从而让店长的层级水平整体得到提升。为此，张勇设置了一种“利他主义”的利润分享机制。A 级店的店长有资格当师父，师父自己选择徒弟，公司不干涉人选，但对“家族”人数限制为 5～12 人，并且教练组会设置资格考试对徒弟进行认证，合格者成为储备店长。师父的工资分为基本工资和浮动工资，浮动工资属于利润分享的范畴。店长可以选择以下两种方案中的较高者：自身餐厅利润的 2.8%，或者按照公式计算（自身餐厅利润的 0.4% + 徒弟餐厅利润的 3.1% + 徒孙餐厅利润的 1.5%）。公司拿出利润的 5% 作为激励店长层级的总体奖金池。师父得到自己门店利润的 0.4%（按一个月盈利 100 万元的成熟店

计算，店长在这方面的浮动月收入只有4000元)。虽然这部分浮动工资的激励额度不大，但设置这部分激励对公司而言意义非常重大——虽然公司不考核店长财务指标，但店长至少有义务保证自己门店财务运营健康。在激励师父的“教练行为”（带徒弟）方面，徒弟店利润的3.1%自动计入师父的浮动工资。徒弟如果再带徒弟，徒孙店利润的3.1%自动计入自己师父的浮动工资，1.5%自动计入自己师爷的浮动工资。这样，师父从自己的徒子、徒孙所在的门店所得的浮动工资有可能远远大于自己的基本工资。在海底捞，几百万元年薪的店长已有几十名，堪比中国上市公司高管。

③通过这样一个机制，做了三级制，老店长—徒弟—徒孙的三个级别利益关联。同时又有评级制，才能有利益的分配，这就是一套从顶层设计到基层都到位的战略设计。

④定制行业也存在难以复制的问题，本来定制相对其他建材家居如瓷砖、卫浴、地板、成品家具等都要复杂，板块多、计价麻烦，稍不留意就会亏损，同时又面临不可预计的售后突发问题。如果有经验的店长能够倾囊相授，那么新人就会很快学会，而问题就是这之间的利益关系、人性关系，导致不能传递下去。我们在定制店面，师徒制是一套利益绑锁、感情捆绑的最有力的武器，会让店面一代传递一代，快速培养人才。

整装公司其实就是一家服务公司，能否把服务做到极致是判断一个整装公司能走多远的关键因素。那么，保证服务质量能否执行到位，除了利用先进的信息化管理系统之外，更重要的还有团队自发、自觉的服务意识。这两者是相辅相成、缺一不可的关系。

传统的家装公司的团队模式有很多弊端，从另一种意义上来说是很难做成服务性团队的。

传统家装公司的现状

传统家装公司高度依靠人而非制度或体系，供应链采购成本高，销售型设计师无设计感可言，施工分包问题多，增项漏项不断，主材辅料偷工减料，既不环保也不安全，35%的毛利耗在销售和管理成本上，维持低利润，在盈亏平衡线挣扎，只会把钱花在“签单”之前的所有环节，无法推动行业向前发展。如图7－6、图7－7所示。

传统装修公司现状：

做不大，大就失控

员工在环境中的角色　被动参与、竞争关系、政策对抗

跨部门或单位的协作　各自为政、过度内耗、不稳定合作

图7－6　传统装修公司的现状

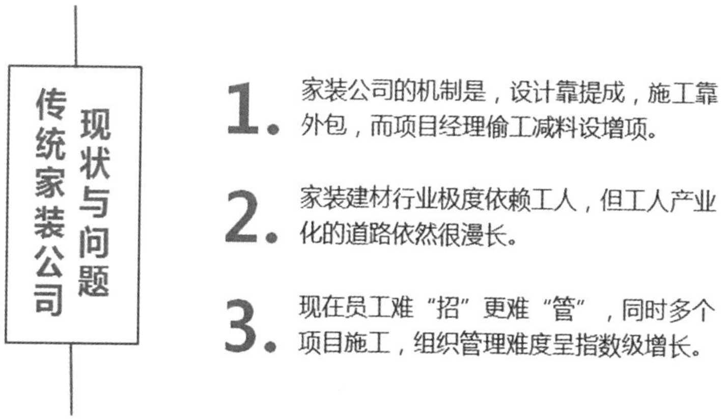

传统家装公司现状与问题

1. 家装公司的机制是，设计靠提成，施工靠外包，而项目经理偷工减料设增项。

2. 家装建材行业极度依赖工人，但工人产业化的道路依然很漫长。

3. 现在员工难“招”更难“管”，同时多个项目施工，组织管理难度呈指数级增长。

图7－7　传统家装公司的现状于问题

在传统家装公司里，设计师=业务员，职能不是设计是销售，打着免费设计的旗号推荐材料，靠销售提成和主材回扣挣钱，不是为用户服务的，非真正的设计师。也使得用户不认为你的设计水平高，不会为设计付费，家装公司也就没有好的设计师。长此以往，将恶性循环。

价值链底层的工长如何赚钱？工长承担了家装公司的劳务中介职能，组织工人施工，以及项目管理，又为工人提供了工作。他的价值和作用对目前的家装行业来说不可替代，但仍处在装修价值链的底层。不管用户与家装公司签订的是整装还是半包合同，工长只拿走实际工费。如整装，家装公司拿走合同款的25%～35%，再扣除主材辅料费，实际工费只剩25%。以10万元的整包装修预算为例，材料费6万元、施工费4万元，家装公司要拿走施工费的35%～40%才能保持正常经营，剩下的刚够施工。

传统的制造型企业中，组织能力往往关注的是效率、成本和质量。

移动互联网时代的成功企业则需要具备用户导向、创新和敏捷的组织能力。

在未来整装行业，产品不是最重要的，技术是每个企业都可以随科技推动解决的，竞争的关键点都会落在服务模式与服务水平上。而服务就是人的服务，就是组织的问题。

整装服务型团队的理念模型

企业持续成功的两个关键：正确的战略、合适的组织能力。成功=战略×组织能力。组织能力是基业长青的基础。

组织能力指的不是个人能力，而是一个团队（不管是10人、100人或是100万人）所发挥的整体战斗力，是一个团队（或组织）竞争力的DNA，是一个团队在某些方面能够明显超越竞争对手、为客户创造价值的能力。

组织能力的三角框架：员工能力、员工思维模式、员工治理方式。如图7-8所示。

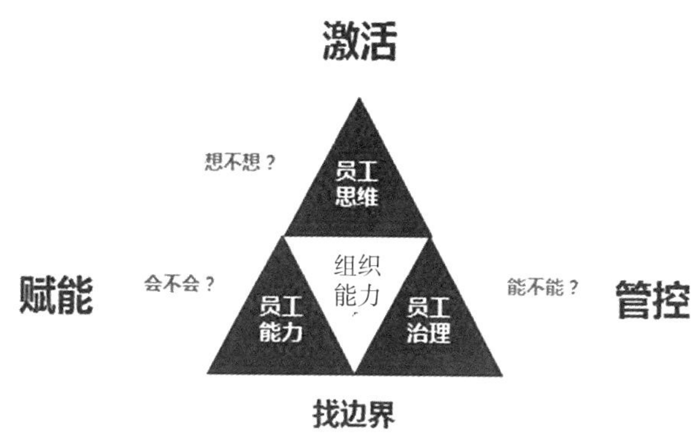

图7-8 组织能力的三角框架

（1）员工能力

如何培养员工能力，企业需要回答以下几个问题：

①要打造所需的组织能力，公司具体需要什么样的人才？他们必须具备什么能力和特质？

②公司目前是否有这样的人才储备？主要差距在哪里？

③如何引进、培养、保留、借用合适的人才和淘汰不合适的人才？

（2）员工思维模式

员工会做不等于愿意做，因此打造组织能力的第二个支柱是打造员工的思维模式，让大家每天在工作中所关心、追求和重视的事情与公司所需的组织能力匹配。公司要考虑的具体问题包括以下几个：

①什么是主管/员工需具备的思维模式和价值观？

②如何建立和落实这些思维模式和价值观？

③如何用机制激发员工自我驱动？

（3）员工治理方式

①如何设计、支持公司战略的组织架构？

②如何平衡集权与分权以充分整合资源，把握商机？

③公民的关键业务流程是否标准化和简介化？

④如何建立支持公司战略的信息系统和沟通交流渠道？

延伸到整装行业可以理解为“激活”“赋能”“管控”。如图7-9

所示。

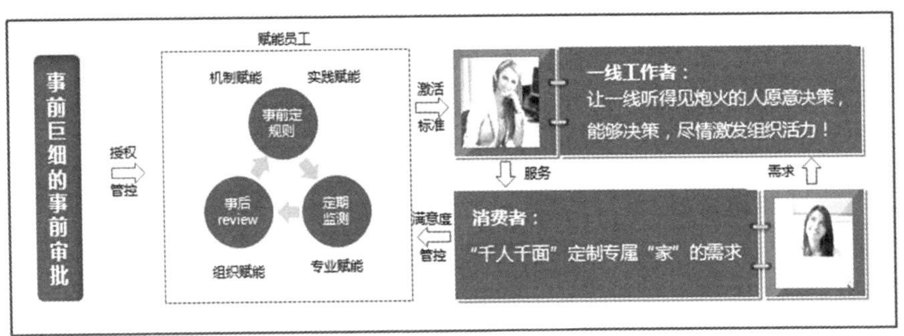

图7－9　新时代管理逻辑

第二节　整装团队的架构模型与考核工具

为了照顾不同受众的不同角度，本节的整装运营组织模型，我们从整装总部与整装经销商的角度做了综合分析，大家可以根据自己的公司特点进行思考。

根据前面对整装业务流程的分析，我们着重分析整装运营总部的组织架构。如图7－10所示。

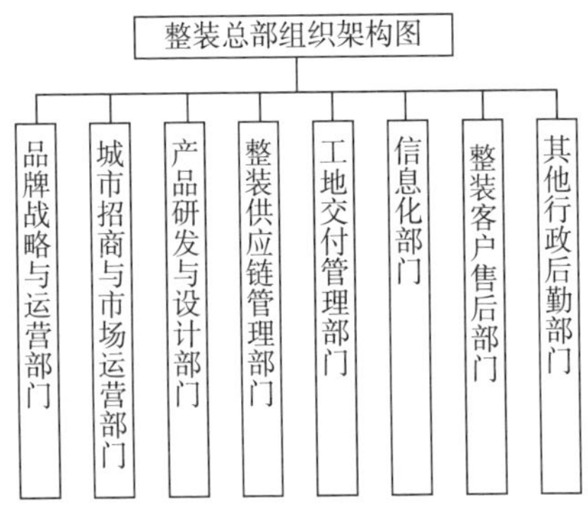

图7－10　整装总部的组织架构

整装总部组织架构

1. 品牌战略与运营部门

该部门的首要任务是确定整装企业的市场战略定位。如果条件允许，该部门可分为战略研究与品牌运营两个不同的部门。其中，战略研究部门主要侧重于整装企业的市场竞争与战略定位研究，而品牌运营部门则侧重于整装企业品牌的日常运营。

品牌战略研究必须是一把手工程。所以，战略研究部门可以独立于品牌运营部门而成为整装企业决策者的战略参谋部门。除了研究整装企业的市场战略定位外，还负责收集市场发展信息，定期为企业的战略决策提供信息和决策建议。

品牌运营部门则具体负责整装企业的品牌日常运营，需要把整装品牌的核心价值主张分解为一个个小故事，通过各种宣传渠道，持续有效地与目标用户进行沟通。在互联网时代，特别是当我们碎片化地进行宣传，与目标用户进行沟通时，整装品牌运营一定要牢记宣传品牌的核心价值，而且要充分利用互联网的各种表现手段和方法，生动地宣传。一方面，要避免宣传传统僵化；另一方面，也要避免忽视品牌的核心价值，宣传只顾博眼球。

2. 产品研发与设计部门

事实上，整装的产品设计是品牌核心价值的具体落地，所以整装产品设计一定要根据品牌的核心价值主张来进行，千万不能说一套做一套。

整装产品设计部门的概念有别于传统的设计部门，其设计不是一对一的家装设计，而是基于产品设计的理念对家装进行的标准化设计。所以，它更应该被称为产品研发部门。

产品设计部门对产品“度”的把控是十分艺术的，它可能影响到整装运营的绩效甚至成败。这些“度”包括以下几点：

①整装产品究竟有几个风格？

②是不是需要几个系列？

③整装的延伸到什么地步？是否包括家饰、家纺、家电等？

④每套整装产品中的每个材料品类需要几种选择？……

这些问题的答案一方面是由我们对市场需求的理解所决定的，另一方面又决定了我们在整装的发展道路上能够走多远。

3. 整装供应链管理部门

整装产品设计的一大考量，就是整装的供应链体系。每当我们设计一套整装产品时，最重要的问题就是：供应链能够跟得上吗？成本可控吗？整装供应链管理是一项艰巨的任务，因为这是一项探索中的工作，还没有人能给出正确有效的解决方案。整装供应链建设，在很大程度上还需要整个泛家装行业结构的变革，是行业进化的一个结果。对整装运营来说，供应链管理的重要性还表现在对于大多数整装公司来说，其主要利润来源在于整装材料的毛利。所以，整装供应链管理是直接关系到整装企业是否盈利的头等大事。

4. 整装客户售后部门

客户管理部门负责从客户在线上线下留下第一个痕迹起，就开始实行用户价值的全程管理。客户管理是一个系统，它是将一位家装消费者逐渐转化成整装用户的过程，也是在为该用户的家装施工过程中不断解决问题的过程，最后还是在整装结束后通过用户口碑增加新用户的过程。客户管理在整装运营总部对各分站进行管控时，也起到积极的作用。一方面，检查各分站的用户转化率问题，帮助分站不断提高用户的各级转化率，从而提高运营效率；另一方面，积极监控用户发展的进度，防止用户的流失。

5. 工地交付管理部门

①制定工艺标准等。

②对整装运营来说，没有比工地交付更重要的工作了。所以，工地交付部门的负责人应该由企业的一把手担任，企业老板直接对工地交付负责，每个分站也同样处理。对工地交付的管理，实际上还是企业领导的

思维意识问题，如果企业领导亲自严抓工地交付，应该没有做不好的工地。

③工地交付要做好文件体系，要做好相关的培训工作，但最重要的工作，可能还是对整装运营的每个工地都实施实时监控，严把工地交付质量。

6. 城市招商与市场运营部门

城市招商部门：可能大多数整装企业最关注的还是这个部门，因为大多数企业所关注的还是今年怎样完成招商目标、多少门店开张、实现多少销售任务等短期目标。这些企业往往是：品牌定位不明确、整装产品不完善、供应链体系严重拖后腿、工地交付文件尚不完善、客服机制也没有建立起来、对工地交付的监管也不成熟。往往这样的企业，跑得快、垮得也快，但不是说这个部门不重要。全国招商要考虑整装运营机制的其他部分是否完善，是否能够支持新开店面的运营。要先做好试点城市的运营，通过试点来完善整装运营机制，待条件成熟后再全面铺开招商工作。

市场运营部门：该部门的另一个主要责任就是完成对新开店面的运营培训，以及门店整装运营的持续培训工作。

7. 信息化部门

互联网整装运营有四大 IT 系统，在运营中要实现完整的统一，形成整体的业务流程。所以，整装运营的 IT 部门也很重要。

这四大运营子系统是：客户管理系统、供应链管理系统、设计与 BIM 系统、施工管理系统。

由于目前市场上现存的系统与整装运营业务流程的匹配程度不高，加上各子系统各成体系相互不能兼容，所以很多整装企业一上来就花费大量资金建立庞大的 IT 部门，开发自己的整装运营系统，这实在是要不得的。

整装运营的 IT 部门要适当建立，要能够担任起整装运营系统的调试和维护工作。除非实力非常雄厚，不建议自己开发整装运营的 IT 系统。

8. 其他行政后勤部门

其他行政后勤部门包括行政人事、财务、后勤等部门。

其中，财务部门扮演着重要的角色，除了负责日常财务工作外，还要负责核算整装产品的价格、毛利、利润等，保证企业和经销商能够盈利。

总之，整装企业的组织构架，要根据业务流程的需要来设置和配备人员，不能求全、求大、求快，要踏踏实实地发展。

整装施工团队

整装施工团队可分为三种：外包施工团队、自营施工团队、自营+外包施工团队。施工阶段又可分为清包、半包、全包。如图7-11所示。

图7-11　整装施工组织

1. 是否自养工人问题

外包施工团队：成本最低，施工不可控。

自营施工团队：成本较高，施工与交付可控制。

自营+外包施工团队：成本较低，施工与交付相对可控。

2. 案例

（1）爱空间：自有产业工人的概念模式（自营）

爱空间从概念上来讲是将工队分包制改成产业工人制，施工队都是企业培养的员工，但成本很高，必须提高效率、缩短周期、降低成本。从趋势来看，行业效率的提升是必然的，不过爱空间对行业的推动力更多体现在对“互联网装修”的概念传播和引导上。20 天工期的诟病就不说了，难以在保证质量的前提下实现规模化。另外，自有产业工人在装修没有大规模工业化前，也是处于摸索阶段，工人还是干着传统的活儿。

（2）蘑菇装修：产品标准化的工人雇用模式（外包）

主打套餐的互联网家装公司，尽可能将产品标准化，在施工标准化方面，蘑菇装修是代表。

首先，施工标准化，有 80 道工序，严格执行 300 项施工标准，水电 59 个节点包含在 599 元报价之内，辅料统一配给，监理 30 项重点控制节点验收。

其次，提高了施工效率，不仅施工周期比传统装修周期缩短一半，而且接单数量比传统装修多一倍，从而增加了工人收入，但不是传统意义上的恶意增项。

最后，施工质量和客户评级会影响分单及对施工人员的补贴奖励。

“另外蘑菇装修工程管理系统，可实现施工验收和微信可视化，前期可检查，后期能调阅。我们也在和培训学校合作培训产业工人，未来工人是稀缺资源，必然成为争夺的焦点。”蘑菇装修 CEO 尚海洋说，“只要施工能力稳定，每月就可获得固定分配订单，收益稳定，正常来说施工队年收入 200 万元左右，也会吸引本地优秀施工队加入。”

（3）悦装网：Uber 方式的工人众包模式（外包）

相比传统家装公司的工费定价方式，悦装网是由工人定价，再根据辅材的价格进行测算，最终还原成公司系统报价。在制定预算过程中按照项目的实际情况，由公司质检，工长、客户及设计师共同参与制定预算，确定预算的准确性。在保证了工人的利益后，确保装修透明化，签订合同后在施工过程中不再进行增项。另外，悦装网出台了一系列整体家装工程管理标准，日常管理制度、安全文明施工标准规范及悦装网项目处罚条例等，建立高标准管控；其工人众包就像 Uber 方式一样连接，严苛标准管控下，口碑测评、优秀工人将获得平台补贴和奖励，最高会奖励一台 BMW3 系列轿车。

(4) 住范儿：工长管控模式（自营+外包）

家装行业用户满意度普遍较低，主要源于家装服务非标准化、增项多，加上线下施工环节工人素质参差不齐，企业管控难度相对较高。针对管控难度最大的施工环节，部分家装企业已经开始尝试采取系统辅助的工人直管模式，但住范儿 CEO 刘羡然认为系统直管虽然可以降低成本，但实际施工中的很多问题系统很难解决，目前工长管控效率更高，但今后也会尝试工人直管模式。因此，工长依旧是住范儿家装施工环节的核心，住范儿制定了一系列工长的筛选、培训等制度，同时结合保证金进行管理；具体项目施工质量的管控则主要通过制定验收节点和标准、分阶段打款、巡检、客户 NPS 评价等方式。保证服务质量，塑造自身品牌也是住范儿近几年的第一要务，住范儿短期内重点放在产品打磨及提高服务品质上，做好京沪市场，形成可复制的扩张模式。

整装设计团队

整装设计组织可分为三种：外包设计团队、自营设计工团队、自营+外包设计团队。设计阶段又可分为硬装设计、固装设计（定制家具）、软装设计、全屋设计。如图 7-12 所示。

图 7-12 整装设计组织

1. 是否自养工人问题

外包设计团队：设计水平最高，紧跟市场潮流，但成本较高，且与内部供应链体系可能不匹配。

自营设计团队：设计水平偏弱（中小型企业），但成本较低，且与内部供应链体系极度匹配。

自营＋外包设计团队：设计水平较高，能紧跟市场潮流，且与内部供应链体系相对匹配。

2. 案例

HOMKOO 整装云的团队设计如图 7－13、图 7－14 所示。

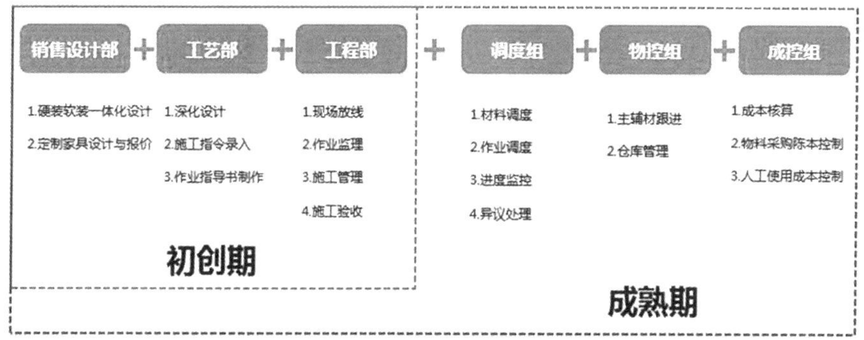

图 7－13　HOMKOO 整装云加盟企业组织架构图

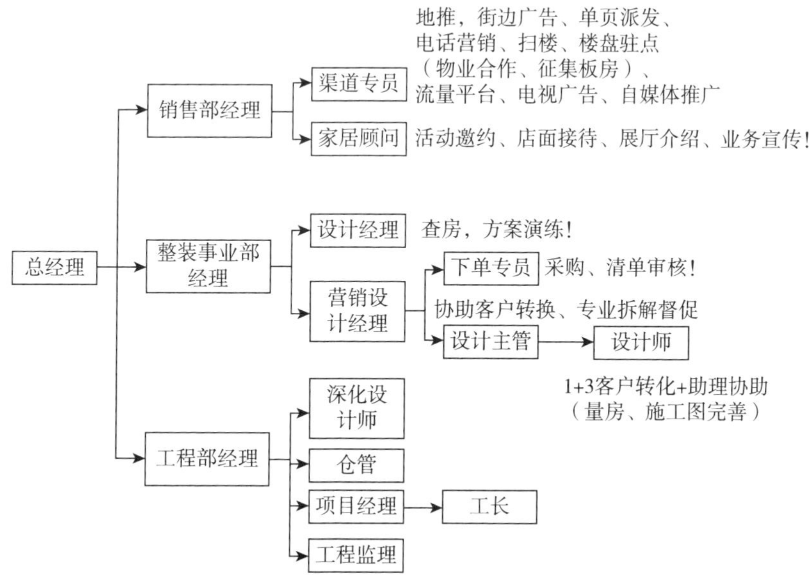

图 7－14　HOMKOO 整装云加盟企业人员架构图

整装团队的考核工具

人效统计表：整装是一种人效优化。如表 7－1 至表 7－4 所示。

导购型设计师：兼顾了导购与设计的工作，能够满足对导购员的需求，如尚品宅配。

整装设计师，兼顾软硬一体化设计，实际上也是一种人效优化。

表 7－1　人效统计表

工作量投入分配						
部门人员	项目1		项目2		项目3	
	人数	金额	人数	金额	人数	金额
人员1						
人员2						
人员3						

个人贡献百分比						
部门人员	项目1		项目2		项目3	
	占比	金额	占比	金额	占比	金额
人员1						
人员2						
人员3						

人效统计		
部门人员	净利润产出	投入百分比
人员1		
人员2		
人员3		

人效统计表

按时间投入分推人员成本

该项目贡献计算人员产出

$$人效 = \frac{总净利润}{员工人数}$$

- □ 除人员成本之外，再扣除项目支出公摊费用后，计算出每个项目的争利润
- □ 每个人员在每个项目中的贡献比 × 项目净利润=该人员在该项目中的产出
- □ 每个人在所有项目中的产出相加=该人员在该月所有传出

表 7－2　管理层评分表——高层对中层

填表时间		××××月度/季度/年度			
项目		项目解释	百分比/%	评分（5 分制）	评分理由
业绩指标	部门业绩	部门总体任务的达成（需填写总体数字指标和完成情况）	60		
	项目业绩	单个或多个项目业绩指标（需填写具体项目）	40		
小计			100		
价值指标	价值观	对价值观的理解，以及是否运用到实际工作中 以价值观为标准判定工作的优势及对错缓急	50		

续表

填表时间		××××月度/季度/年度			
项目		项目解释	百分比/%	评分（5分制）	评分理由
价值指标	方向及执行力	能寻找和整合内部、外部资源，并做出方向性判断 团队目标分解，保证目标清晰，有挑战性，可评估，带领团队完成目标的能力 站在公司的角度考虑可题，发现问题并解决问题	20		
	带队伍	内外部发现人才引入团队，并合理配置 提供团队作战能力，具有强执行力 公平公正，合理分工，有效激励 是否主动培养部署成长并有成效（人员备份）	20		
	树榜样	保持创业团队的奋斗精神和全力以赴的工作态度 成就团队，成就自我与他人 主动沟通，保持团队间协作	10		
小计		100			

表7-3 管理层评分表——下属对上级

填表时间	××××月度/季度/年度			
项目	项目解释	百分比/%	评分（5分制）	评分理由
工作效率	对于下属提及的问题建议快速清晰反馈 包括：及时回复微信、钉钉和电子邮件，对于必须做出的决策或需要预先想到的问题都在第一时间做到，并让下属知晓	30		

续表

填表时间	××××月度/季度/年度			
项目	项目解释	百分比/%	评分（5分制）	评分理由
给权限	给相应权限，让你在自己工作领域决定达成目标路径，听取你的建议和意见，允许你在自己负责的工作中做主	10		
给指导	能跟你并肩一起解决问题，遇到你无法解决的难题时，能及时给予指导，任务艰巨紧急时，给出的指令清晰	10		
懂鼓励	在你达成困难任务时，给予表扬，对你做出的业绩给予肯定，并鼓励你继续探索进步	10		
团队感	你能感觉到在所属团队中自己的成长，从心里喜欢所属团队，工作中有成就感	20		
价值观	对公司价值观的理解，是否运用到实际工作中，以价值观为标准判定工作的优劣及对错缓急	20		
小计		100		

表7-4 部门业绩表

事业部及项目利润核算-12月						
项目/万元	销售部	整装事业部	工程部	电商部	……	合计
收入（不含税）						
毛利率						
毛利额						
毛利再分配						
事业部员工数/个						
事业部薪酬及全体员工均摊						
事业部薪酬及全体员工均摊外费用						

续表

事业部及项目利润核算 - 12 月						
项目/万元	销售部	整装事业部	工程部	电商部	……	合计
公司支出定同分摊						
公司支出平均分摊						
净利润						

第三节 整装团队的激励机制

过去，传统家装公司将主要的激励资源都放在“营销获客”方面，但家装周期长达 1 ~6 个月，甚至更长的时间。项目实施直接交付效果和客户满意程度（客户全程监管）。

在未来，整装也要对“项目层”实施激励，甚至包括相关后勤部门，如对项目实施过程中发生增项、按期或提前竣工、一次性交付等方面进行考核激励。如图 7 - 15 所示。

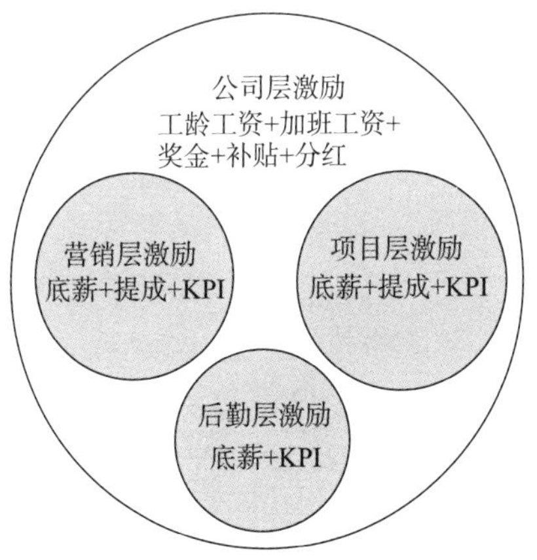

图 7 - 15 公司层激励

下面，我们列举一些激励机制供大家参考。如图7－16至图7－18、表7－5所示。

店长激励的三种模式

A模式:与销售利润挂钩的年薪制（大型经销商）

- □浮动提成=［实际利润×$K1$+(实际利润-目标利润)×$K2$］×a
- □系数$K1$ =设计年薪×70% /利润目标
- □系数$K2$= 2×$K1$ (目标未达成时不计算$K2$值)
- □系数a :配套达成对应系数

B模式:复合年薪制（适用于中型经销商）

- □以管理职能为主,同时参与销售,部分考核个人销售业绩
- □浮动工资=浮动提成1 (店面业绩) +浮动提成2 (个人业绩)
- □浮动提成1=【店面实际销售业绩×$K1$ + (店面实际销售业绩目标) ×2×$K1$】×提成调整系数a ;浮动提成2=【个人实际销售业绩×$K2$= (个人实际销售业绩×2×$K2$-个人销售业绩目标】×2×$K2$] ×提成调整系数a实
- □$K1$=设计年薪×40%/店面销售业绩目标；$K2$ =设计年薪×30% /个人销售业绩目标；提成调整系数a，：配套率达成对应系数；
  注:未达成目标不计算$K2$部分

C模式：提成（适用于小型经销商）

- □店长管理职能用岗位工资或补助体现
- □浮动提成=实际销售收入×K×提成调整系数a
- □K:约难提成系数;a根据销售业绩达成比例确定的提成调整系数(提成调整系数a也可加入配套率因素确定)

图7－16　店长激励的三种模式

A模式：合提制（适用于大、中型经销商）

- □全体导购分享店面总提成，依据个人业绩贡献度分配，避免平均主义
- □例：浮动提成=个人提成分配比例（排名）×店面总提成×个人绩效考核系数n…

B模式：分提制（适用于中小型经销商）

- □每个导购分别独立核算提成
- □例：浮动提成=当月个人业绩×个人提成系数×配套率调整系数
- □个人提成系数由店面业绩达成率确定

图7－17　导购激励的两种模式

表 7－5　以流程节点设计激励

项目	第一考核点	考核形式	第二考核点	考核形式	第三考核点	考核形式
业绩	进店报备数		预约单数		合同额	
导购	预约单数	与底薪等级直接挂钩	进店报备数	PK奖励	合同额	销售提成
店长	预约单数		报备成交率		合同额	
设计师	下单数		测未定数		合同额	

辅助机制	关键待遇机制	对应全程关键点
□ 报备成交数PK（导购、业务员）	□ 业务员进店报备级别工资	□ 进店报备数
□ 报备成交率PK（店长）	□ ----	□ 二次进店数
□ ----	□ 预约单级别工资	□ 预约单（订单）
□ ----	□ 基础提成	□ 合同单金额（成交率）
□ ----	□ 配套产品提成	□ 配套率
□ ----	□ 平均折扣提成奖	□ 平均单值
□ ----	□ 大单奖	□ 平均单值
□ 回款PK	□ 月、半年、年目标突破	□ 总业绩指标（目标完成率）

图 7－18　全程关键点激励机制

（1）导购员进店报备数 PK 机制

报备数量达标达 PK：以报备资源成交数量排名 PK，导向报备数量达标、超标；报备数 PK 周期为一周。

报备成交数 PK：报备成交数指标主要设置为导购员激励点；同步

规范导向，拉动进店报备数、二次进店数上升；报备成交数 PK 周期为 1 个月。

（2）小组长、店长报备成交率 PK 制，针对多店并使锁单管理更有效

$$成交率=\frac{报备资源成交数}{报备总数}$$

分店长组和小组长组分别 PK，每月成交率第一名奖励 500 元，奖金由倒数第一名人员承担。

当月第一名成交率达 45% 及以上，公司加持一份奖金。

非报备资源成交合同单不计入成交率核算，导向 100% 目标。

（3）预约单决定底薪的工资（导购和店长）

“预约单 = 成交单”，强化预约单的重要性。

预约单按阶梯给予不同的底薪，承认过程贡献。

最高与最低的底薪拉开差距可为 2 倍。

（4）预约单阶梯奖励

导购：以预约订单为单位计算基础工资（当月订单数—级别—基础工资）。

设计师：以下单总额为单位计算基础工资（当月订单数—级别—基础工资）。

店长：以店面总订单数为单位计算基础工资（当月订单数—基础工资）。

（5）预约单阶梯奖励（业务员）

进店报备数决定业务员底薪的工资：

①进店报备 = 成交单，强化进店报备的重要性。

②主动营销人员的职责、目标更加清晰、直接有效，利于与店面导购的对接。

③进店报备数阶梯给予不同的底价，承认过程贡献。

④最高与最低的底薪拉开差距可为 2 倍。

⑤业务员与导购的考核不同：业务员进行预约单数PK。

激励的方法要游戏化。游戏的本质在于可量化的结果和即时的激励。哪怕激励小，也会让员工获得成就感，觉得工作变得有趣了。如图7－19所示。

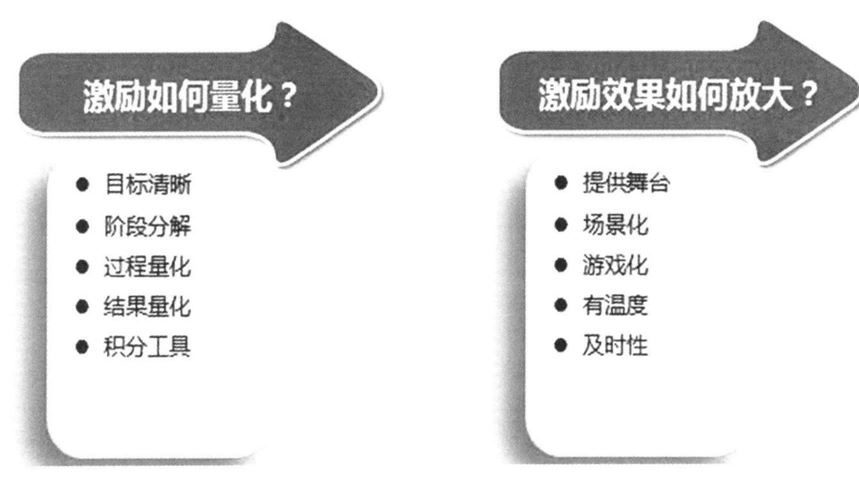

图7－19　如何激励

关于晋升：按照管理类（M类）和技术类（P类）设置不同级别的晋升渠道。针对管理类（M类）晋升设置M1～M6六个等级；针对技术类（P类）晋升设置P1～P5五个等级；针对不同等级设置不同的职位和职称，对应相应的福利和薪资水平。如图7－20所示。

管理类（M类）职位：如总经理、副总经理、部门总监、部门经理、部门主管等。

专业类（P类）职位：如首席设计师、高级销售、高级策划、资深文案等。

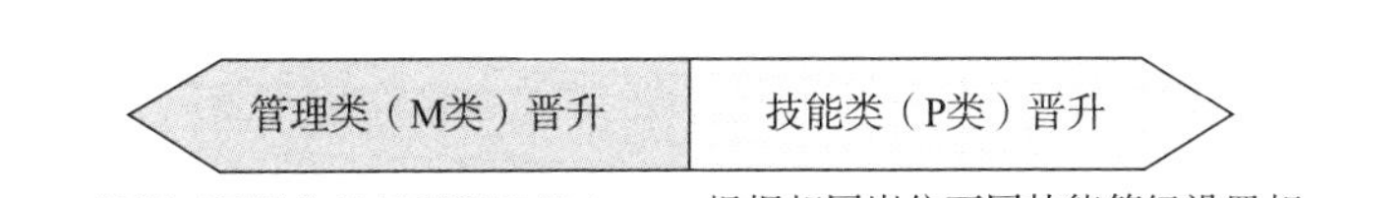

图7－20　晋升等级设置

第八章

整装商业模式

——运营篇

第一节　整装运营全流程图解分析

什么是运营？运营就是保证公司的业务能够落地的流程、规范、制度的具体方法，以及对执行过程与结果能有效考核的系统。

运营，其实就是把公司的战略目标用具体行动实现的具体动作。

战略要转化成具体的目标。具体的目标，包括数字的目标和行动的目标。如图 8－1、图 8－2 所示。

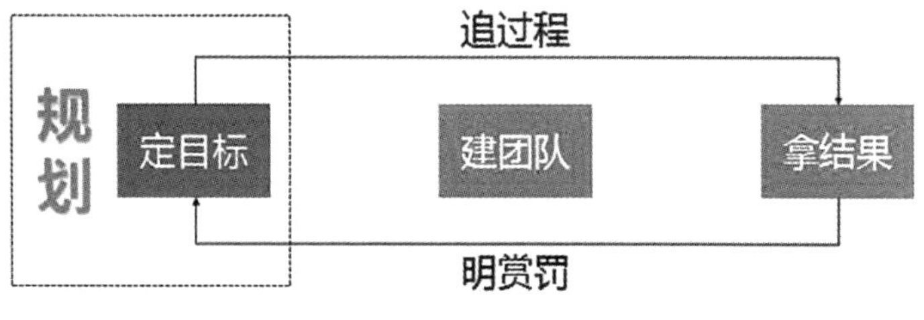

图 8－1　定目标

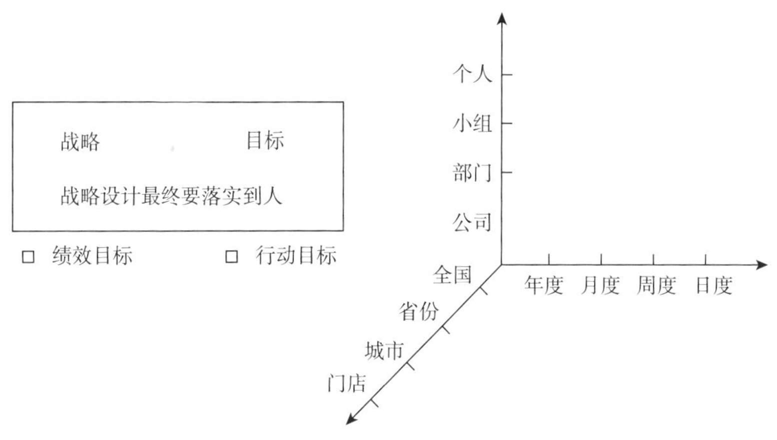

图 8-2 战略要转化成具体的目标

绩效目标：数字的目标是多少？实现目标的激励是多少？分开详细地列出来，列出实现目标需要多少成本、能产生多少利润、具体要做什么事情等。每一个阶段都要有相配套的目标。

行动的目标包括：企业的整体目标、分解到各个部门的分目标，还有组织的小目标等，团队目标必须是每个员工目标的总和。从空间和时间两个维度来分解年度目标和月度目标。月度目标出来了，那么每天的目标也都要知道，每天的工作结果用数字和金额表示出来，一定要有时间节点。

当目标确定以后，我们要做的是每天、每周要对目标的执行情况进行观察，看我们在执行过程中是否需要微调，同时要跟踪项目的落地情况，看目标的最后达成情况，因为没有结果的目标是没用的。

整装公司能否落地的一个重要核心就是运营体系能否支持。由于整装的运营环节较多，关联的部门、人员与合作伙伴也较多，用传统单店单产品的运营模式其实是很难支撑的，这也是较多经销商转型做整装会遇到的比较棘手的问题。

图 8-3 是整装销售运营的全流程图解。

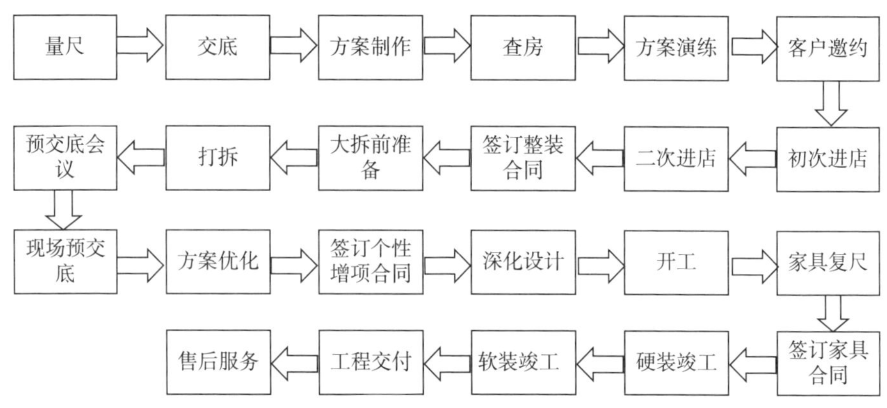

图 8-3　整装销售运营的全流程图解

接下来，我们以此图为核心线索来分析整装运营的部分环节。

第二节　整装主要运营流程分析

店面标准销售服务流程

店面标准销售服务流程：需求中心、服务为主、设计为王。如图 8-4 所示。

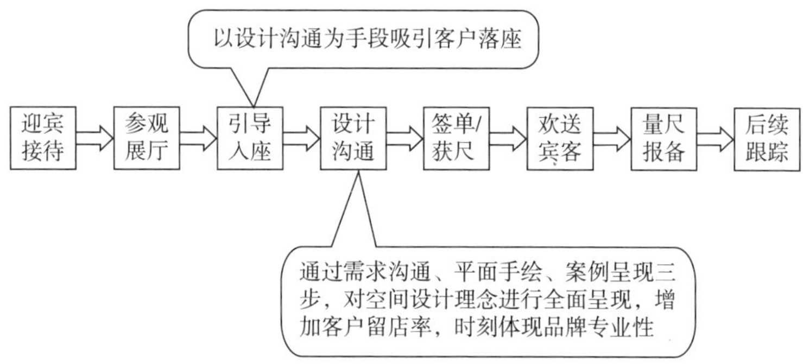

图 8-4　店面标准销售服务流程

1. 迎宾接待

➢ 迎宾动作。

➢ 迎宾话术（寒暄）。

➢ 破冰动作。

➢ 需求确认。

2. 参观履行（三步讲解法）

➢ 品牌/产品介绍。

➢ 材料介绍。

➢ 服务介绍。

➢ 演示（道具、iPad）。

➢ 讲解重点。风格色彩：这款产品看起来怎么样，摆在你家里会有什么感觉。生活痛点：客户在该空间生活时，遇到的痛点是什么。亮点体验：根据客户痛点，在产品设计方面有何解决方案。

3. 引导入座

环节目标：在顾客对展厅有基础印象后，以设计方案呈现为手段，吸引客户落座，对顾客需求深入沟通，增加客户的留店时间。

➢ 关键动作：客户落座。

➢ 需求探索：问产品、问活动、问价格。

➢ 客户引导。

4. 设计沟通

环节目标：通过全屋设计案例呈现，为顾客展示空间设计理念，初步树立全屋概念，而后通过户型图引入方案沟通环节，为客户提供设计咨询服务，展现设计实力的同时提升客户体验感。

➢ 关键动作：全屋定制案例库讲解、户型图设计沟通与平面布局。

➢ 全屋设计案例呈现。

➢ 客户设计方案沟通。步骤：识图赞美（夸地段、夸小区、夸户型）；客户生活方式引导；空间设计沟通（入户空间、餐厅空间、客厅空间、卧室空间、功能房空间、阳台空间）。

5. 签单/获尺

环节目标：与客户建立初步信任后，做出签单尝试。若签单不成功，进行全屋优质获尺，建立 VIP 客户群，增强客户黏性，从而进一步提升客户体验感，进而提高成交率。

关键动作：设计服务包装、全屋活动讲解及力度塑造、预约量尺申请表的使用。

成功签单：

➢ 全屋套餐是签单关键点：目标小区方案展示及讲解（方案、投影面积）；原价、正常活动价、全屋套餐价三级报价；全屋套餐优势塑造；结合活动进行签单。

➢ 全屋套餐活动话术：原价、正常活动价、全屋套餐价三级报价。

➢ 全屋套餐活动话术（结合活动进行签单）：设计服务包装；配套家具促单；从众成交；大胆承诺；限时限量；礼品促单法。

若签单未成功转入全屋优质获尺环节：

➢ 设计服务包装：关键点是店面设计包装物料、强调设计师的专业性、设计服务的稀缺性。

➢ 预约量尺申请表的使用：关键点是预约量尺申请表需要空间规划师自行填写，填好后交给顾客签字确认，一式三份，交给顾客一份。

➢ 签单/获尺常见异议处理：产品品质异议；超出预算；打算找木工。

➢ VIP 客户专属服务群：客户预约量尺后；群组成员——客户及其家人、空间规划师、空间设计师、店长；微信群命名为 × ×品牌 VIP 客户 × × ×服务群；建好群后发送第一条信息，介绍群的性质、成员；空间规划师、店长都跟客户打个招呼。

6. 欢送宾客

➢ 订单、礼品等。

➢ 送宾动作。

➢ 如果是离开商场，送出商场为止。

7. 量尺报备

环节目标：为了更精准地掌握客户信息，从而使方案最大化地符合客户要求，提升客户体验感。

关键动作：量尺碰头会。

➢ 量尺信息上传。

➢ 量尺前碰头会。

➢ 量尺信息跟进。

8. 后续跟踪

环节目标：通过持续地跟进强化客情关系，保持客户黏性，为后期成交做铺垫。

关键动作：客户分类跟踪、客户专属 VIP 群跟踪。

客户分类：

①未成交/未获尺客户跟进。

②已成交/已获尺客户跟进。

➢ A 类客户：一个月内进行安装，每天跟踪处理客户信息开刷新纪录。

➢ B 类客户：有明显需求且三个月内成交，每周至少对客户信息处理一次，开刷新纪录。

➢ C 类客户：潜在需求预计半年内成交，每月至少对客户信息处理一次，开刷新纪录。

➢ D 类客户：一年以上且没有需求，每半年至少对客户信息处理一次，开刷新纪录。

③团队内部持续跟进。

④客户外部持续跟进（VIP 客户专属微信群跟进节点）。

门店客户管理流程

门店客户管理流程如图 8－5 所示。

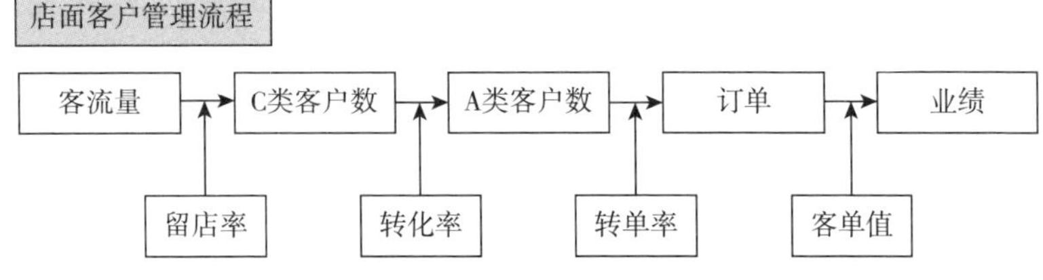

图 8－5　门店客户管理流程

①客流量：自然进店、邀约进店的客户。

②C 类客户数：进店沟通 45 分钟，同意上门测量，填写两张表格（预约量房表、满意度调查表），录入 CRM 系统，3 天内可量尺；未上门量尺，通过冠盟、工厂、大家居活动现场已交预定金。

③A 类客户数：上门量过尺，做过预算，并且签名确认方案的客户（已交款）。

④订单：订单合同，收齐合同全款客户。

⑤业绩。

量尺运营流程分解

1. 上门量尺流程节点

上门量尺流程节点如图 8－6 所示。

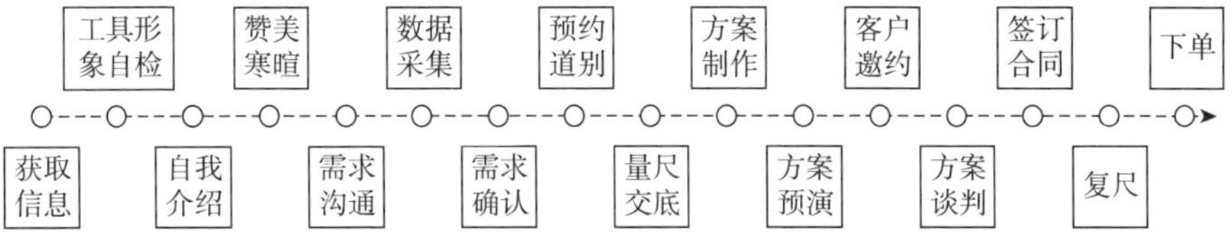

图 8－6　上门量尺流程节点

①免费测量的销售流程：客流—量尺—出图—订单—业绩。

②免费测量变化：销售无捷径，流程不变，变化的是关注点。过去

是价格打动客户、质量打动客户、品牌打动客户；现在是信任留住客户、高效感动客户。

2. 上门量尺关键要素

上门量尺关键要素如图8－7所示。

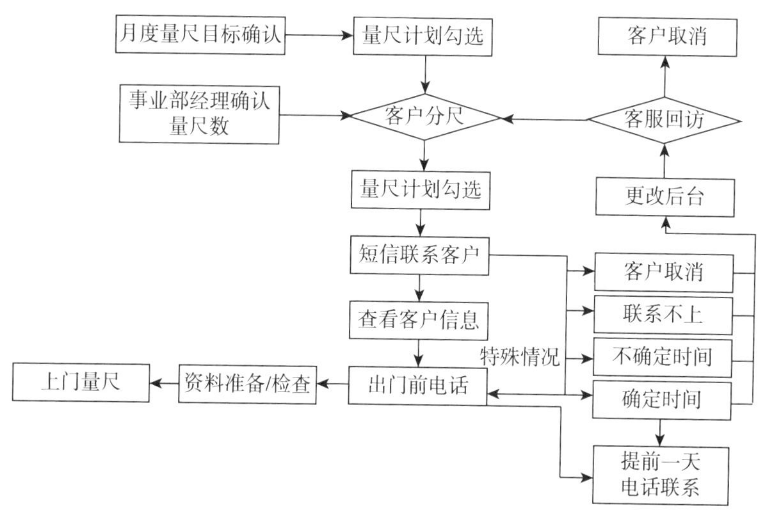

图8－7 上门量尺关键要素

（1）免费量尺目标

➢ 留店环节——信任：引起客户共鸣、极致体验服务、期待方案效果。

➢ 服务环节——高效：收集生活方式、设计理想效果图、满足生活需求。

➢ 终极目标：填资料—测量—邀约进店—下订单。

（2）免费测量关键动作

①留店环节操作要点：

➢ 探索客户需求：解除价格敏感、营造良好氛围、生活话题导入。

➢ 空间方案讲解：生活痛点分析、找出解决方案、案例效果证明。

➢ 手绘方案布局：锁定户型、水火定位、快速快局；客户参与；初步预算（两套价格方案）。

➢ 测量申请：包装测量价值、业主必须到场、推荐设计师。

②服务环节操作要点：

➢ 测量准备：人员储备、客户在场、客户情况交接。

➢ 现场沟通：案例分享、空间布局、配置探询、再做手绘图（色彩搭配建议、确认材料电器配置、讲解水电设计）。

➢ 高效作图：需求核对（客户资料整理、初步方案构思）；快速出图（48 小时高质量方案、看方案当天提前和导购方案讲解演练）；分工报价（设计师只报标准价、导购配合讲解活动）。

➢ 标准报价：客户情况对接（方案内容、预算核对、客户异议）；扛住价格（销售道具的准备、各角色协同配合）；出场包装（身份包装、放价包装）。

3. 量尺交底的工作流程

量尺交底的工作流程如图 8－8 所示。

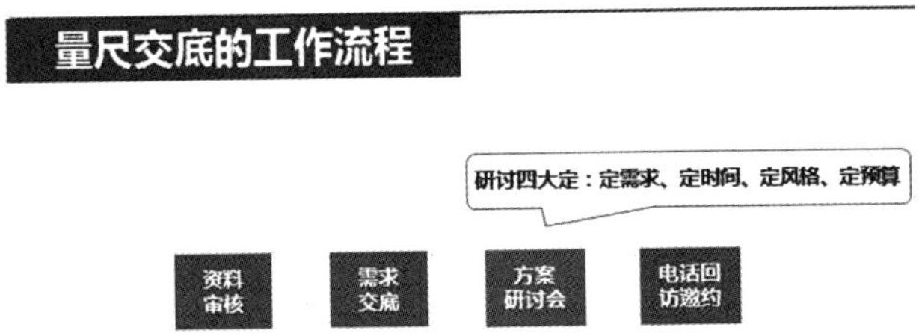

量尺交底的工作流程

研讨四大定：定需求、定时间、定风格、定预算

资料审核　需求交底　方案研讨会　电话回访邀约

图 8－8　量尺交底的工作流程

（1）确定量尺交底的目的

➢ 规范和审核设计师量尺。

➢ 提升对客户的把握度和提高成交率。

➢ 再次挖掘客户需求。

（2）约定量尺交底的时间、地点与人物

➢ 量尺后 12 小时以内。

➢ 地点在展厅、办公室。

➢ 人员包括店长、设计总监与设计师、导购等。

（3）审核量尺交底的内容

➢资料审核：量尺本信息审核、草图绘制规范审核、客户签字审核。

➢交底内容：是否量完全屋、客户有无预算、平面布局与风格是否核定。

（4）设计总监（主管）的审核工具

设计总监（总管）在核对客户信息和审核设计师的量尺后，进行记录填写和评价，完善客户档案资料，对客户进行全程把控。

（5）方案研讨会

➢目的：把控设计师出图时间和质量；让终端店面各层人员知晓客户信息；把控客户预算；预约首次看方案时间。

➢研讨四大定：定需求；定时间（出图时间、审图时间、最终出图时间、客户跟进时间）；定风格（AB 方案）；定预算（从客户年龄、职业、楼盘价位判断）。

➢回访电话：核对客户需求；满意度回访；包装设计师；预约首次看图。

➢回访表填写。

4. 标准门洞测量方法

标准门洞测量方法如图 8－9 所示。

标准门洞测量方法

客户名称		电话		测量日期		
客户地址				测量人		
序号	空间名称	下单门洞尺寸	下单门开向	门洞原始尺寸	备注	1.门洞尺寸必须要求净空裸门洞尺寸，无需任何的减尺，如果现场施工需要加门垛位（门垛位≥50,mm）。 2.请确认好门套门的开门方向。 3.同一客户门洞高度需统一 4.门洞高度：是指门洞找方洞口上墙面到地面完成面净尺寸。 5.门洞宽度：是指门洞找后门洞左面与右面的净尺寸， 6.门洞厚度：是指墙面磨完灰的净厚度。
1		A.2100*880 B.2100*760 C.2100*1600 D.2000*800 E.2000*700 F.2000*1600 非标尺寸： 高度______ 宽度______	A.内左 B.内右 C.外左 D.外右 E.正排列 F.反排列	高度______ 宽度______ 墙厚______		
2	......	....	......	......	......	......
深化设计师、工程监理签名才生效					深化设计师	工程监理

图 8－9 标准门洞测量方法

5. 签订合同与复尺流程

签订合同与复尺流程如图 8－10 所示。

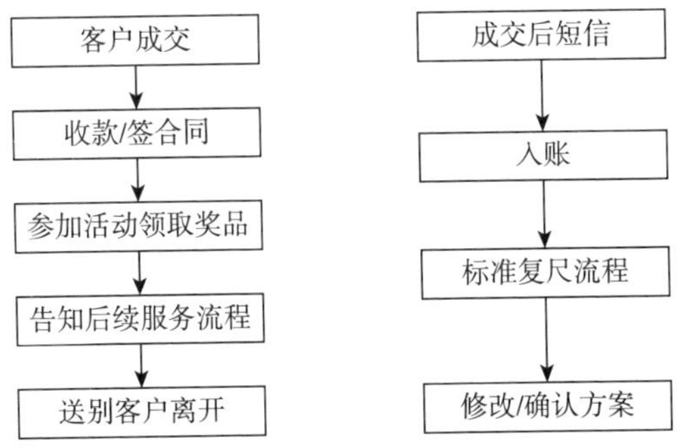

图 8－10　签订合同与复尺流程

(1) 签订合同的注意事项

➢ 将合同注意事项认真告知客户，以免不必要的麻烦，特别是增项的问题。

➢ 将合同、图纸、收据整理在信封里。

➢ 引导客户交全款（活动吸引），若不能交全款，必须交 80% 定金。

➢ 再次推荐家配类产品。

(2) 复尺时注意事项

➢ 提前预约业主，让其必须在场。

➢ 提前打印好所有图纸，复尺时若尺寸有出入，第一时间与业主核对。

➢ 复尺要带初尺量尺本。

➢ 复尺完毕后，要拍摄业主家。

方案制作流程分解

方案制作流程节点如图 8－11 所示，方案制作关键要素如图 8－12 所示。

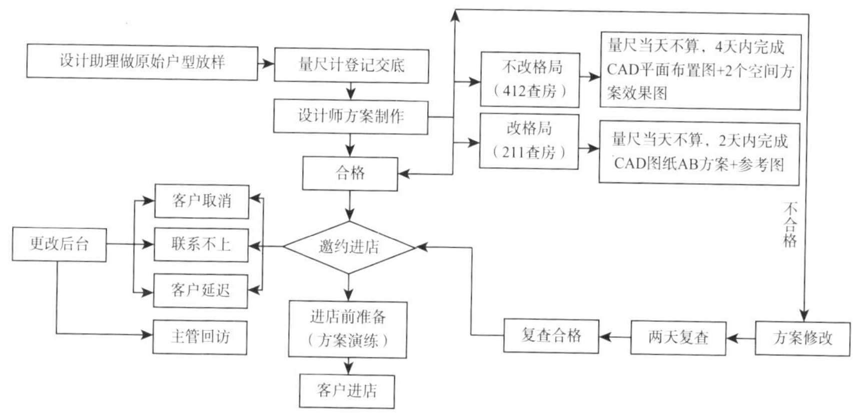

图 8－11　方案制作流程节点

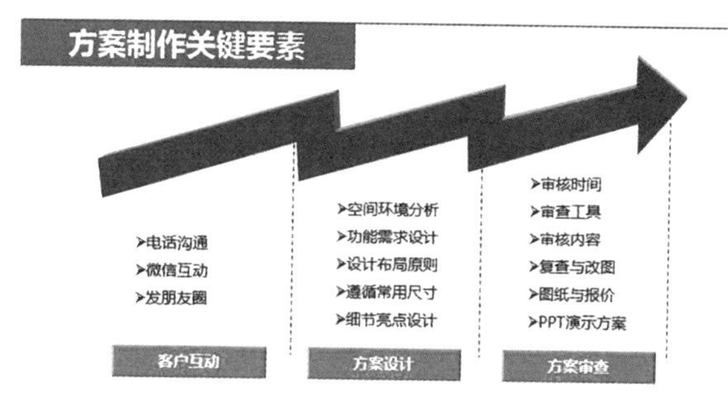

图 8－12　方案制作关键要素

1. 客户互动

➢ 目的：量尺隔天，告知客户已开始设计方案，预约客户首次方案时间，让客户提前安排时间，防止客户安排其他事项；告诉客户会在约好看方案时间的前一天再次确认，继续强化看方案时间。

➢ 电话沟通。

➢ 微信互动。

➢ 发朋友圈：选择晚一些时间发朋友圈，客户休息，你还在作图，让客户感动，提升服务感；图纸不能显示全部，要显示一个角落，防止看到全貌，导致客户不满意、不进店；也可加上“为了让××先生/女士满意，继续奋斗”等，让客户感动。

2. 方案设计

空间生活化认知、布局、设计、话术：

➢ 空间环境分析：如防水插座、落水管、入水龙头、地漏等。

➢ 功能需求设计：衣服的需求、玩耍的需求、阅读的需求等。

➢ 设计布局原则：确定客户需求优先顺序；确定主要功能区；确定其他功能区；检查动线。

➢ 遵循常用尺寸。

➢ 细节亮点设计。

3. 方案审查

（1）审核时间

2～3 天内提交方案，1 天审查，1～2 天复查。如果时间允许，请尽早提交方案。

（2）审核内容

①布局：

➢ 客餐厅：视听区、会客区、就餐区、储物区、活动区。

➢ 卧室：睡眠区、储物区、学习区、视听区、活动区、梳妆区。

➢ 儿童房：储物区、睡眠区、学习区、休闲区、活动区。

➢ 多功能房：办公区、会客区、睡眠区、储物区、活动区。

➢ 阳台：洗衣区、晾晒区、储物区、活动区。

➢ 入户：储物区、活动区。

②预算：

➢ 根据设计师设计图纸报价，核对活动最终对应折扣率，以此来预估客户是否可以在折扣类成交。

➢ 如果设计师图纸报价跟客户预算相差太大，是否可以在保留其刚需需求的前提下简化设计方案，来降低预算，将方案呈现为 A、B 两种。

③效果：

➢ 配色比例。

➢ 灯光设计。

➢ 效果图曝光。

➢ 设计构图原则：在效果图最终呈现的时候，不能出现仰视、俯视、斜视等视角；摄像机高度应在1400～1600mm；图中柜体应平行于画布。

④注意事项：

➢ 通风透气，视野开阔。

➢ 过渡空间不能太多。

➢ 具备足够的储物空间。

➢ 要符合一定的风俗及审美习惯。

（3）复查与改图

复查和改图是一个可逆的过程，为保证客户满意，方案修改直至设计经理认为满意后才可以预约客户。

（4）图纸与报价

图纸包括效果图、线框图、平面图、柜体内部结构图等四种图纸。一般图纸里含有报价。

（5）PPT 演示方案

一套可以见客户的完整方案包括全屋方案价格表＋PPT方案。

整装施工运营分解

全屋施工管理手册见图8－13所示。

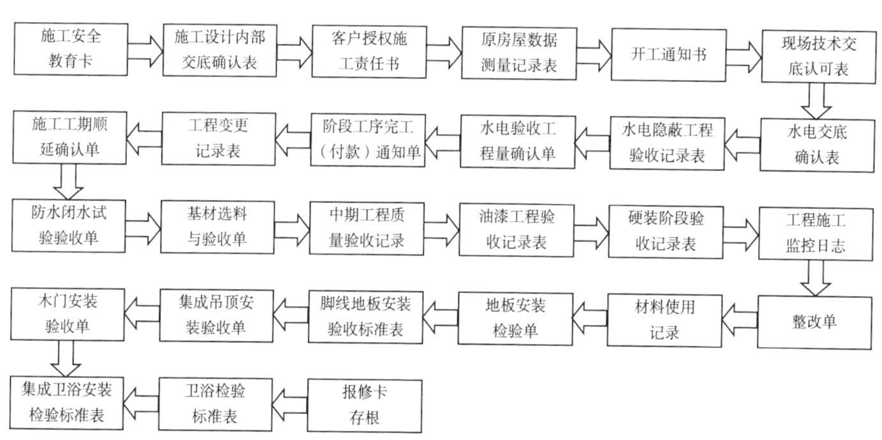

图8－13 全屋施工管理手册

整装施工规范见图8－14所示。

图 8－14　整装施工规范

辅材快速计量表见表 8－1 所示。

表 8－1　辅材快速计量表

辅材快速计量表

厨房+1卫生间+1主卧+1次卧合计用量（两房）							增加的空间											合计用量
品牌	站点	电商型号	项目	单位	颜色	数量	客餐厅	主卧	客卧1	客卧2	书房	主卫	次卫	生活阳台	客厅阳台	入户花园	厨房	
立邦	TI	FSEC-004-18	墙地固	桶	--	2	1	0.5	0.5	0.5	0.5	--	--	--	--	--	--	7
材通		FSBA-005-20R	90度上墙弯	个	红	60	--	--	--	--	--	--	--	--	--	--	--	60
材通		FSBA-005-20B		个	蓝	10	--	--	--	--	--	--	--	--	--	--	--	10
--	--	--	--	--	--	--	--	--	--	--	--	--	--	--	--	--	--	--

施工中发现个性化漏项如图 8－15 所示。

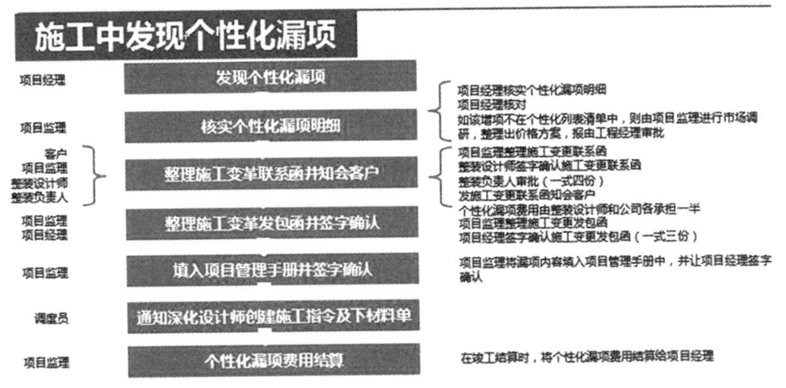

图 8－15　施工中发现个性化漏项

工地负责人制如图 8－16 所示。

工地负责人制

设计师		项目监理		项目监理	
姓名______	照片	姓名______	照片	姓名______	照片
电话______		电话______		电话______	

图 8－16　工地负责人制

施工人员管理调度如图 8－17 所示。

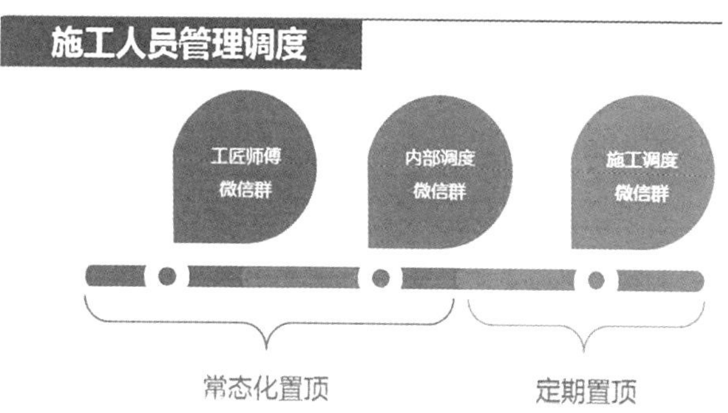

图 8－17　施工人员管理调度

施工人员管理规范如图 8－18 所示。

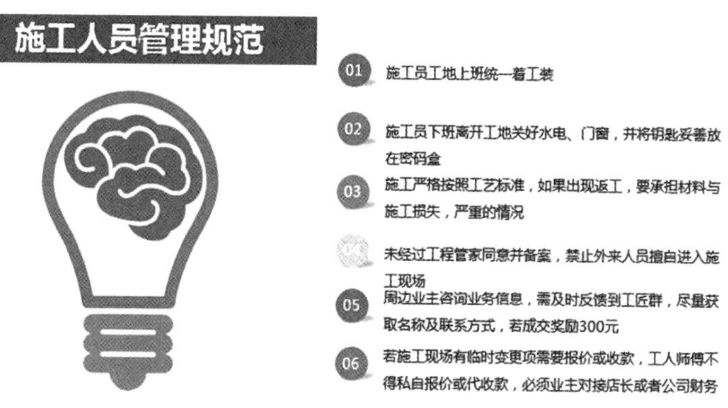

图 8－18　施工人员管理规范

安装服务流程分解

1. 下单、跟单工作流程

下单、跟单工作流程如图 8－19 所示。

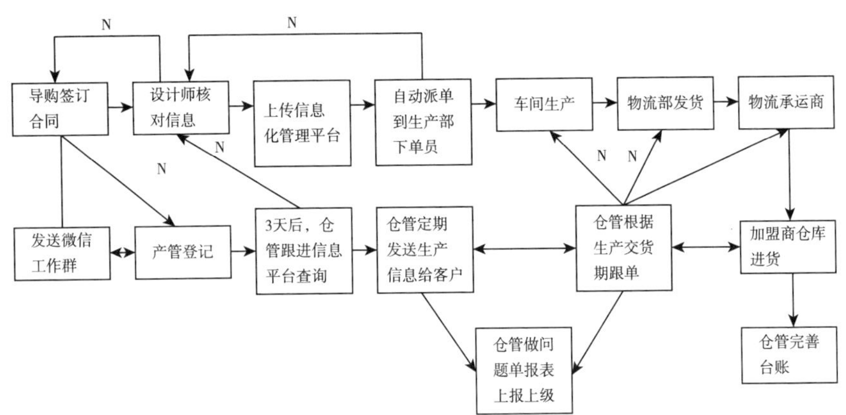

图 8－19 下单、跟单工作流程

①导购签订合同。

合同签好之后，马上通知该单设计师下单，另将合同号上传微信工作群，仓管看到后在仓库台账上做出登记后，再回复微信群@一下该导购“收到”或“已登记”。如果仓管超过半小时未回复，就需要电话通知仓管确认，完成交接，从而将导购从主力跟单转化为辅助跟单。

导购签订合同后通知设计师的同时，再将该单合同号上报微信工作群，以便相关人员（仓管、店长、客服经理等）登记备案。

②设计师核对信息。

设计师核对交货期是否合理，工艺是否符合生产要求，细节尺寸是否标注清楚，有问题及时与传入端进行沟通。

设计师对于“拒绝回”的合同单要及时跟进处理，完成后再次上传信息平台，信息平台会自动再次分到原总部下单员手中。

③上传的订单直接到工厂进行审核与生产。

④信息平台进行随机派单到生产部下单室的下单员的手中进行审单，如果发现问题（如违反生产工艺、需要工艺审批、对色板没到位等），总部下单员会与上传端设计师进行沟通，没法及时解决，将该订单拒绝回到门店修改。

⑤生产车间。

没问题的单会向各个生产车间流转，这时 E 平台上可以查到各种材料的交货日期，由合同单正式转换为生产任务单，下单完成。

⑥仓管。

仓管在微信工作群中发现合同号以后就在电子台账上登记好该合同号，并设定提醒软件的跟进提醒时间，然后回复微信工作群@一下该合同导购“收到”或者“已登记”，完成交接。

正常情况下，合同单上传信息平台之后的 3 天内就会转化为生产任务单，查到交货日期后，核对生产预计交货期与合同上的送货日期，如是否有冲突、是否预留了足够长的缓冲时间。

如果未能够在信息平台上查到该合同号预计生产日期，就需要与该单设计师沟通，问明原因，并将所发现的问题在问题单报表上注明，做到提前预警，然后再重新设定提醒软件的提醒时间。

查到生产任务单生成以后，给客户发送生产信息，设定每半月发送一条最佳，并将截图上报微信工作群。

在跟单过程中，如发现异常情况（没有按照生产交货期如期交货），就需要与生产管理员联系，或者直接和相关部门进行对接查询，并将问题登记在问题单报表上，汇报上级预警。

⑦加盟商仓库进仓。

该合同单完全进仓以后，完善台账，跟单任务完成。

2. 送货与客户对接流程

送货与客户对接流程如图 8 - 20 所示。

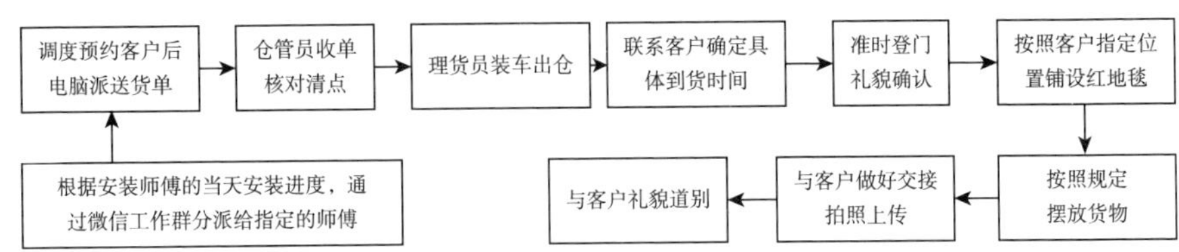

图 8－20 送货与客户对接流程

调度预约客户后电脑派送货单：调度专员根据仓管报表，对“货齐”合同单，或者早已经完全进仓一直在等客户通知安装的合同单，在得到客户通知之后，与该单客户进行送货预约，送货数量一定要与师傅每天的上报工况相对应，千万不可以多出来。

根据安装师傅的当天安装进度，通过微信工作群分派给指定的师傅：根据师傅当天的施工情况、客户信息、师傅们的能力、绩效考核成绩、目前的计分状况、路途远近、费用控制等因素综合考虑由谁来安装哪一个合同单。

仓管员收单核对清点：仓管员根据调度专员预约成功的合同单，打印出该单的明细列表，进行清点核对，监督出仓。

理货员装车出仓：理货员再根据装车标准，做到大不压小、重不压轻，分清先后装车。

联系客户确定具体到货时间：根据路程远近、行程安排、路面拥堵情况确定时间。具体应做到以下几点：

➢ 在其他客户家或地方不耽误，以确保到达时间比约定时间提前 5～10 分钟。

➢ 路上发生堵车或其他意外，或在上一客户家耽误，提前电话联系客户并向其道歉并说明原因，在客户同意的前提下改约上门时间。

准时登门礼貌确认：

➢ 要做到神态自然，不紧张；仪容、仪表清爽整洁，精神饱满；面带微笑。

➢ 避免气喘吁吁、头发蓬乱、眼神不稳，不自信。

➢ 需要调整呼吸、整理自己的发型、稳定情绪。

➢ 进门前先向对方问好，自报家门，出示证件。

➢ 确认客户身份后，在得到客户允许时方可进入客户家。

按照客户指定位置铺设红地毯：根据客户指定的位置，以及在操作方便又不会影响他人施工的地方铺设，红地毯需要铺平整。

按照规定摆放货物：两块台面，见光表面相对平放，所有纸箱标签都朝一个方向，重货在下，轻货在上，电器单独摆放稳当。

与客户做好交接拍照上传：需要数清数量后给客户，让客户检查外包装，再将清单交由客户签字（一式三份），理货员带回交仓管一份、客户一份、财务一份。另安装图纸交由客户保管或者随货放好。

与客户礼貌道别。按照标准礼仪进行的礼貌道别，可以衬托个人素质，从而影响品牌形象，给客户留下良好的终值印象！送货人员始终对工作中的异常情况要积极汇报沟通，并做好书面记录转交上级。

3. 遗留单运作流程

遗留单运作流程如图 8－21 所示。

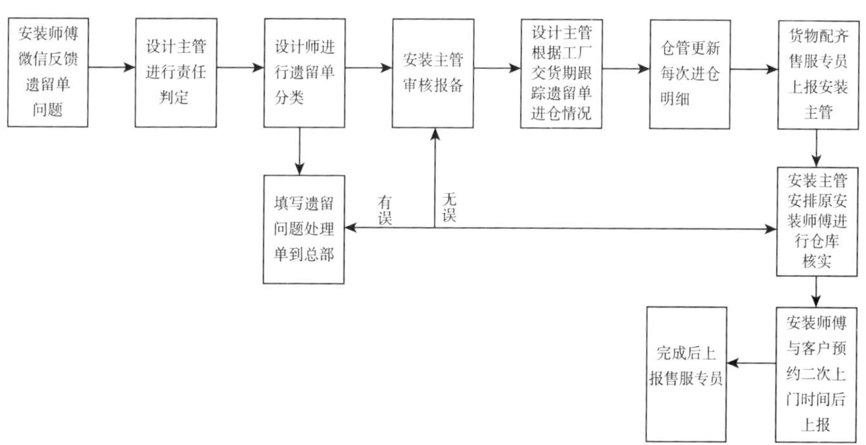

图 8－21 遗留单运作流程

安装主管安排原安装师傅进行仓库核实：

有误：安装师傅反馈给售服专员。

无误：安装师傅反馈给调度专员，然后根据近期工作安排再与客户预约二次上门时间后上报调度专员。

4. 现场安装流程

现场安装流程如图8－22所示。

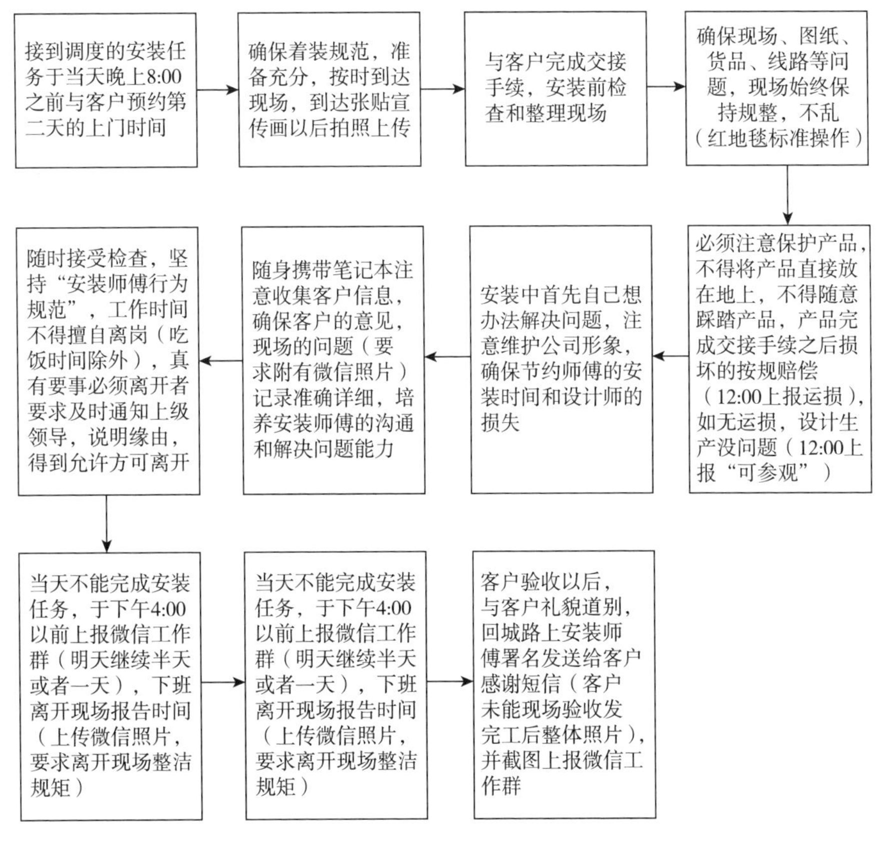

图8－22 现场安装流程

工程交付流程分解

交付标准管理流程如图8－23所示。

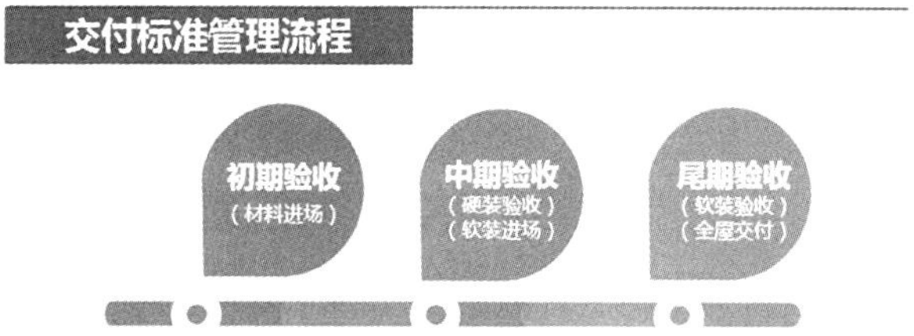

交付标准管理流程

初期验收（材料进场）

中期验收（硬装验收）（软装进场）

尾期验收（软装验收）（全屋交付）

图 8－23　交付标准管理流程

①初期验收（材料进场）：

核对项目：品牌、型号；数量、质量；色差。

材料存放：规划放置区；分类、整齐堆放；干燥阴凉处保存。

②中期验收（硬装验收、软装进场）：

➢ 吊顶结构。

➢ 电管排线。

➢ 防水验收。

➢ 煤气安装。

➢ 墙面检查。

➢ 地面检查。

➢ 木制品检查。

③尾期验收。

售后服务流程分解

回访工作流程及规范如图 8－24 所示。

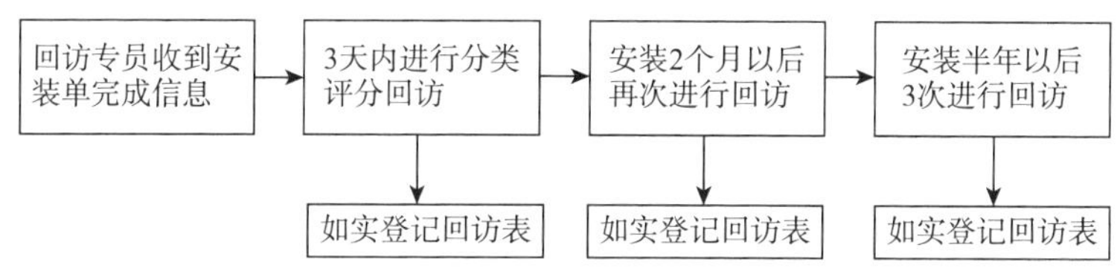

图 8－24　回访工作流程及规范

上门售服流程如图 8－25 所示。

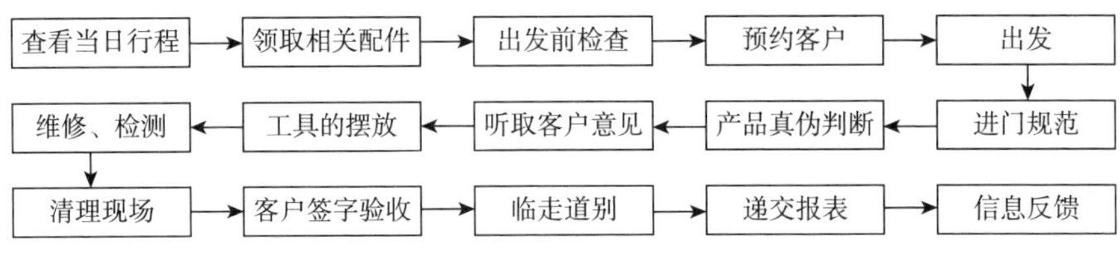

图 8－25　上门售服流程

查看当日行程。

领取相关配件：根据材料明细表领取维修所需配件。

出发前检查：工具检查、易耗品检查，所需维修材料再核对一遍。

预约客户：售服中心根据客户报修问题找到解决方法后，应主动电话联系客户。如果是操作问题引起的可以通过电话指导客户自行解决；不能解决的应跟客户确认上门时间、地址、产品型号、购买日期、故障现象等信息。

出发：如路上出现意外耽误了预约时间，需向客户说明情况，以免客户着急等待；到达客户家时应以专业的、热情的服务态度为客户服务。(仪容、仪表、用语等)

进门规范：出示工作证，自我介绍；穿上鞋套，严禁鞋套脏、旧、破烂；拿好工具进门。

产品真伪判断：根据产品名牌、客户购买合同、说明书、保修卡等途径鉴别产品真伪。

听取客户意见：耐心听取客户意见，随时保持微笑，消除客户烦恼，服务语言规范。

工具的摆放：找一个合适位置，在保证工具箱不弄脏地面的前提下放好工具箱，取出垫布铺在地上，按照物品分类原则摆放整齐。

维修、检测：尽量不借客户的东西，特殊情况需借用，则必须征求客户同意；需移动客户家物品时，必须事先向客户说明，并征求其同意后方可移动；根据正规的检修程序为产品检修；配件损坏造成故障，需更换配件时应与客户说明情况。

清理现场：用自带干净抹布将产品内外擦拭干净，并清擦地板、清理维修工具，请客户验收，讲解所有产品操作、使用注意事项、保养注意事项等。

客户签字验收：客户验收完毕后，详细填写服务维修单，让客户对维修情况和服务态度进行评价，需要收费的要按标准收取并签名；如收取不到费用要向客服主管或经理说明，同意后方可不收取。

临走道别：同客户道别，走到门口时先脱下一只鞋套跨出门外，再脱另一只鞋套，站到门外，最后再次向客户道别离开。

递交报表：递交维修单据给售服专员登记并结束派工，售服专员应对保内、保外单据分类保管；向客户收取的维修费用交到财务处；归还多余的零配件并做好相关进仓记录。

信息反馈：将上门维修时采集到的客户信息、客户意见进行每天上报。

第三节 整装财务运营管控

装修公司倒闭潮，资金链问题或是导火索。

一家名为“苹果装饰”的全国性互联网家装公司倒闭，旗下多个子公司，包括柠檬树、泥巴公社、置青春等十余家公司相继“跑路”，杭州至少有上千人遭受损失。业主、项目经理、工人等多方投诉无门。事实上，互联网家装公司出现“卷款跑路”的事件并非第一次发生。

2018 年 11 月 26 日，亿欧家居从行业人士朋友圈知悉，优居客楼下聚集了大批客户和材料商。原来在当日凌晨，装修平台优居客官网发布公告，宣布因经营不善停止营业。优居客平台称，由于公司目前经营不善，致使财务状况严重恶化，公司股东会于 11 月 25 日通过股东会表决做出决议，公司自 26 日起进入解散清算程序，暂停发展新的业务等。

由于装修是大宗消费，先期需要付费的价格动辄几万元起步，伴随着这两年普惠金融的迅猛发展，很多消费者开始采用装修分期业务。

在传统家装行业，整个装修费用是分时分段付款。比如定金付30%，装修进行到水电验收再付款30%，进行到木工验收付款20%，全面竣工付余款20%。但一些快速盲目扩张的互联网家装公司为了急于回笼资金，找网贷公司合作，只要消费者把贷款协议签了，网贷公司马上就会把全款打到公司账上。既然钱已落袋为安，装修公司和消费者之间的关系瞬间就会发生逆转，变成了消费者央求装修公司。

家装公司在财务管理方面的特色如下：

①产品与服务繁多，财务计算复杂。很多家装公司做好一个项目后，不知道自己能赚多少钱。许多家装老板，做了一年，竟然不知道公司盈利的详细数字，也不知道有多少应付款存在，更无法算清楚每个月度的详细经营状况。这样的体系是无法管理好一个公司的，即便是在短期内不会出现大问题，可是这样下去公司将无法持久开展业务，更无法做大、做强。

②家装是低频消费，如果建仓备货，将会挤压现金流量。

③家装周期长，买卖时刻在不同会计周期。

④家装公司应收款与应付款数量多。当“跑路”“闭店”这样的词语频繁与苹果装饰一起在各大网络上出现时，心慌的除了已经签单的业主，还有大批给苹果装饰供应主材、辅材的供应商。“先供货、后付款”让家装公司获得充足的现金流。近几年，家装公司都在跑马圈地、快速扩张（低价引流），看似繁华实则危机四伏。家装公司预收消费者一半或是过半的工程款，占用供应商和施工人员的款项，以此形成强大的现金流快速扩张，只要公司正常运转、收支平衡，就不会出现很大的危机，现金流一旦出现问题，供应商和施工队都来催款，这时有资金进来可能就能渡过难关，如果没有就面临崩盘。

依据这些特色能够分出：家装公司的现金流相对是富余的，很多的金钱均是以现金形式呈现的。在一个时期内，家装公司所把握的现金流甚至会超越其公司一切财物的总和。那么，怎么确保这些现金的安全管理及运用？

现金安全是指两个层面：一是指现金的管理安全；二是指现金的数据安全。

与此同时，家装行业的营销模式也发生了很大的改变，以“套餐家装”为代表的完整家装形式已不断被广大消费者认可。而这种形式下的财政管理的杂乱程度现已远远超越了传统家装。在传统家装中，不触及主材的内部流通，通常是以代购的方法呈现的。而套餐家装中必定要牵扯主辅材与施工服务的结合配套，这对财务的测算方法、统计方法都提出了极高的要求。此外，套餐家装内部的管理流程也较之传统家装更为精密，做过传统家装财政管理的人员假如不通过体系训练，根本无法面临套餐家装形式下的财政管理作业。

财务管理在任何公司内部都是最中心的，家装公司同样也不例外。通常来说，许多公司的老总都以为财政管理应该是财政人员的事，自己只需知道产值和盈利就满足了。显然，这是一个极大的认识圈套。实际上，家装公司因为其本身职业的特性，其财政管理作业的杂乱程度要超越许多其他职业。

此外，家装公司的老总要充分注重财务作业的重要性，更要把非财政人员的家装培训管理训练作业提到日程上来。这样才能逐渐超越对手，才能让公司越做越好。

整装公司需要一位财务经理，负责资产的管理安全和数据安全。比如设计“家装套餐”价格与利润的核算等，这不是普通的会计员能完成的任务。

财务报表与关键指标如图 8－26 所示。

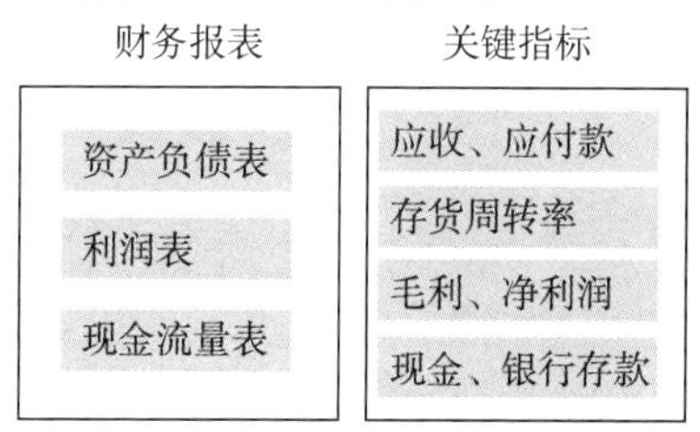

图 8－26　财务报表与关键指标

资产负债表是反映企业在某一特定时日财务状况的财务报表，是一张重要的报表。它包括三方面的内容：企业的资产、企业的负债、所有者权益。

利润表是反映企业在一定会计期间经营成果的形成的财务报表。它反映了一定期间企业的收入和相应的成本、费用及最终形成的利润。

现金流量表以现金（包括库存现金及可以随时用于支付的存款）及现金等价物（一般指在未来 3 个月内能够变现，价值变动风险很小的投资）为编制基础，反映企业一定期间的现金（含上述现金及现金等价物，下同）流入、流出及净流量增减变动情况的财务报表。

整装主流付款方式，按照施工节点收费，主要费用在施工前收取。

长沙当地多家家装企业开始推出一种“淘宝版”装修付款模式：业主装修款不再直接付给装修公司，而是放在第三方支付平台——银行账户里，业主按照工程进度付款，再由银行分批付款给装修公司，这将大大降低消费者的资金风险。

目前，长沙家装市场上“先装修后付款”有以下两种主要模式：

模式一：橙家是由碧桂园孵化出的互联网家装品牌。橙家在长沙发表诚信阳光白皮书，宣布开展先装修后付款业务。经仔细了解，其实质是由合作银行审批发放家装贷款，由家装公司补贴业主 6 个月利息。与之类似的是，金煌装饰推出的“0 首付，先装修后付款”，只是装修公司贴息为 12 个月。“这等于业主不必付款，即可进行装修。”

模式二：相比较而言，刚进入长沙市场的湖南易家装饰在这方面步子迈得比较大，其推出的“先装修后付款”活动规定，客户只要交了诚意金，就可以等到水电装修完工后付 60% 的款项、在木工完工后付 38%、剩下 2% 的尾款最后结清。其负责人认为，这种付款方式让业主有了更多的主动权和监督权，而装修公司也会让装修工程更加顺利、有效地推进。

其他品牌付款方式如表 8－2 所示。

表 8－2 其他品牌付款方式

品牌	付款方式
HOMKOO 整装云	60% +35% +5% 验收后
橙家	80% +20% 验收后
靓家居	50% +45% +5% 验收后
土巴兔	20% +60% +20% 中期验收后
爱空间	同时全付款

第四节 整装 ERP 系统运营管控

整装全流程进行 ERP 精细管控如图 8－27 所示。

图 8－27 整装全流程进行 ERP 精细管控

施工 & 监管全流程跟踪如图 8－28 所示。

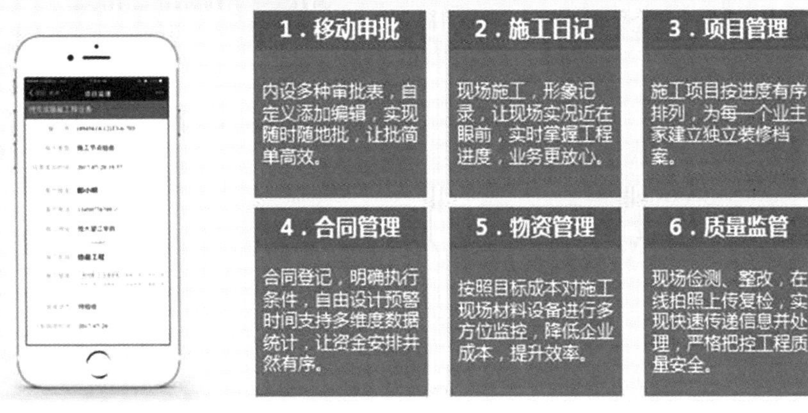

图 8－28　施工 & 监管全流程跟踪

数据思维和数据运营的终极目标是让数据创造价值

互联网时代，每个人都在或多或少地改变数据。当你想要网购一件衣服，搜索系统会根据你的年龄、喜好等标签推荐结果，而不是正常搜索的结果。这也意味着你所看到的世界有一部分是被数据优化过的，但确实是一个利用数据更懂你的过程。TATA 木门的哪种色彩在成都最让人青睐？双十一，索菲亚的定制新品为什么卖得最好？奥普的潜在客户主要在哪些城市？久盛品牌转型应当聚焦哪些品类？了解过这些的家居行业将为市场提供更合理的产品与服务，并且尽量保证这些都是你最想要的。

数据运营开拓精准化营销

数据运营开拓精准化营销如图 8－29 所示。

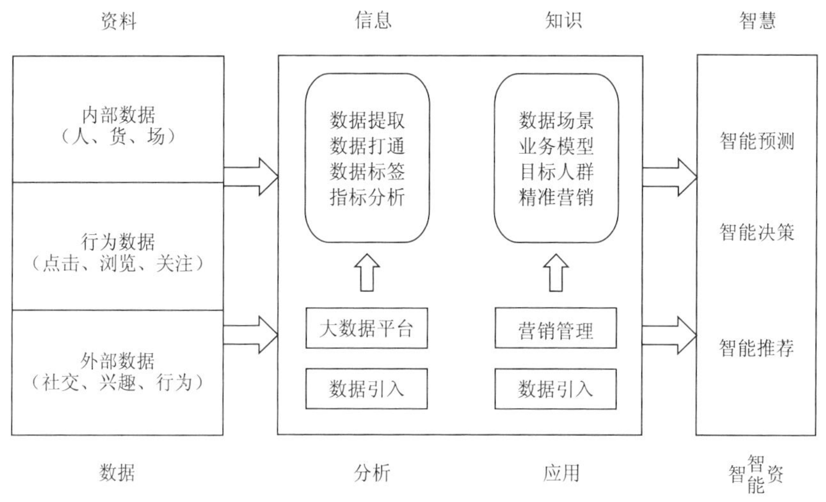

图 8－29 数据运营开拓精准化营销

根据自然特征、兴趣特征、社会特征、消费特征等四个维度，索菲亚为每个用户平均打上了 160 个标签，通过标签去检索和处理结果。正如索菲亚集团原副总经理王飚所说："索菲亚每年有 40 万用户的数据，最终依照用户的特征去指导企业的行为，我们对索菲亚未来的定位就是一个大数据公司。"根据对大数据的分析，索菲亚早在一年前就明确了对 2016 年双 11 的备货。以特供套餐和儿童家具等新产品为方向，索菲亚最终以 24 小时成交额破 4 亿元的成绩摘得全屋定制类桂冠。其中，799 元/平方米衣柜特价套餐当天中午就突破了一万套，成为当之无愧的爆款。

依据对消费者不同年龄层次、市场地板品类等全案的数据分析，久盛地板开启了聚焦实木地板的品牌转型。在信息爆炸时代，数据早已从单纯销售指导成为品牌发展的重要因数。不仅颠覆传统的营销模式，它甚至可以推动一场大数据时代的企业革命。以前家居行业的互动营销依赖的是联盟，企业自己"拉郎配"未必契合消费者的需求。而通过大数据统计结果发现，消费索菲亚衣柜的业主，选择科勒卫浴、TATA 木门、老板电器、瑞士卢森地板等其他品牌的概率较高。通过大数据的直观呈现，依据消费者对品牌选择的关联性，现在的企业可以主动联合起来进行营销与互动。

尚品宅配推出“智选 518”套餐。基于当下的市场变化，通过大数据智库，大数据抓取和人工智能预算，科学推算出每平方米均价，2 房和 3 房智选套餐，适配大部分中国家庭需求，让消费者用合适的预算去购买对的和最需要的，主动为客户提供性价比与质量兼备的购买建议从而快捷地促成消费决策，这种“智慧”消费模式或许更能代表新一代消费者的生活方式和消费观。

第九章

整装商业模式
——获客篇

第一节 整装获客的本质是服务质量

有些装修公司不是不会营销，而是太沉迷于营销，走向营销的另一个极端——恶性营销，最终死于营销。

2018 年，家装市场热闹非凡。动不动就 699 元套餐、599 元套餐，甚至更低；动不动就号称要抢占万亿元市场，分公司遍布全国；动不动就声称是新模式，要颠覆传统，要引领变革……但是，这些所谓的“行业大咖”，前天还风风光光，今天就轰然倒闭，资金链断了，欠款还不上，没有新资金注入。

装修公司纷纷倒闭，背后的原因千千万，有公司本身的原因，也有该行业的历史遗留原因。在众多原因中，其中一个需要各位同行引起足够的重视，那就是恶性营销。

所谓恶性营销，就是忽略用户的需求，只把用户当成现金流的来源。把获取现金流当成营销的第一要务，想尽办法获取用户的现金流。用户真正需要一个什么样的家？这个最本质的需求被放到了最不重要的

位置。（该分析只针对部分装修企业，并非指所有装修公司）

（1）自上而下，营销目标偏离

营销的本质是发现需求、解决需求，但部分装修公司的营销策略变成了“发现钱，找到钱”。管理层直接定下很高的业绩，达到业绩一起分钱，达不到业绩重罚，心思全放在抓业绩上面。

为什么装修公司的营销套路，除了满减还是满减？除了低价还是低价？除了优惠还是优惠？做品牌能不能促进消费者购买？能。但是要很久才见效，公司当下就要业绩。

所以，同行推出满 1000 元减 200 元，我就推出满 1000 元减 400 元。设计上能否实现所见即所得，材料整合是否齐全，甚至连后期是否有利润等都不管，让客户签单了再说。利润不够，后期增项来凑，用户不同意增项，那就换低价的次等材料。

真正研究用户需求、改善产品、完善家装流程、提升服务质量的人，少之又少。

日复一日，员工也推崇业绩至上的企业文化。

工作是公司给的，工资是公司发的，作为员工更多的只是打份工，赚份钱，没必要跟上级和公司闹得很僵。所以最后留在公司的，都是打心里就接受公司文化或者至少表面上可以忍受公司文化的人。

老板说业绩至上，久而久之，员工自然也把业绩放在第一位。这个月冲 2000 个量尺，下个月冲 3000 个量尺，再下个月冲 4000、5000……签单不叫签单，叫逼单；加班不叫加班，叫血拼到底。

哪里还有服务？哪里还有产品？装修公司变成了一个专业逼单公司。

（2）客户推波助澜，助长恶性营销

当业主上门看设计方案时，提的第一个要求就是便宜。如果这家公司不减价，他们也无所谓，反正装修公司还有那么多家，总有一家的价格足够低。

一旦用户形成这种心理，销售员再怎么说一分钱一分货都收效甚微，因为客户就觉得产品、服务、质量只是装修公司的借口而已，只是装修公司忽悠人的技巧而已。

既然这样，装修公司索性也不管了，满足客户的各种不合理的要求。至于后期的材料、施工等，增项漏项，以次充好，能瞒就瞒，不能瞒就直接摊牌：当初你要的瓷砖现在这个价格拿不到了，建议你换另外一种或者加钱。消费者想着，房子都装修一半了，总不能停吧，只能乖乖加钱。最终遭殃的是整个家装行业的口碑。

装修公司明目张胆地搞恶性营销，服务客户变成坑骗客户。

消费者挥舞着砍价的大旗，肆无忌惮地压价，底气很足，绝不让步。

装修公司的利润越来越低。人力、精力、财力又都耗在了营销上，无法专心提升产品和服务质量，等待装修公司的就是生存不下去。

消费者也接连遭殃。瓷砖铺好几个月后开裂，浴室墙壁刷完没多久水龙头就开始漏水，更有甚者，装修到一半装修公司竟然跑路了。

装修公司和客户的矛盾越积越深，最终一发不可收拾，整个家装行业的信誉、口碑都遭受到严重破坏。

（3）装饰公司：产品、服务才是营销之本

第一，恶性营销要立刻停止，也许一时的现金流剧降会让公司资金紧张，但总比最终走向末路要强。

第二，营销很重要，但不应该是至高无上的，设计、施工、材料、服务等都应该受到重视。

第三，回归产品，回归服务。消费在升级，现在的消费者要的是整装，要的是定制化、个性化，如何为用户提供“整装 + 全屋定制”的服务，这才是装修公司最该思考的问题。

（4）装修客户：同等价钱换取同等价值

第一，每一个人的劳动成果都应该被尊重，你看装修也许简单，但对于专业的人来讲，是他们多年风里来雨里去的付出。低价不等于不要钱，请用同等的价钱换取同等的价值。

第二，装修不只是买几样家具，不只是铺几块好看的瓷砖。家具封边技术稍有不同，就决定了你在往后几年吸进去的是氧气还是甲醛；卫生间地面回填的材料用陶粒还是建筑垃圾，决定了日后卫生间是否经常发潮……装修的每一个细节，都对日后的家庭生活有重要影响。现在的低价、折扣，就是日后的不便、麻烦。

第三，“低成本、高回报”是人的本性，谁都想要。但是仔细一想，就知道这种事情是违背社会规律的。永远不要相信谁会做亏本生意，换成是你你也不会。尤其是涉及装修时，一般人都是门外汉，几乎所有的低价最后都会变成陷阱。消费者和装修公司应该是双赢的关系，一方提供金钱，另一方提供专业、品质、服务。

第二节 整装的新营销获客模型

从单纯的获客模式来讲，整装与传统家装的获客有着相通之处，这也是传统家装公司的强项之一。

常规的获客模式如下：

➢ 小区开发。

➢ QQ 业主群。

➢ 买名单、短信群发、打电话。（如果是已经交房很久的楼盘，打电话前要扫楼，摸清没装修的家庭有几户）

➢ 网络，如淘宝、天猫。

➢ 百度推广、360 推广，现在手机搜索推广可能是趋势。

➢ 和第三方平台合作，如齐家网、土巴兔。

➢ 维护老顾客，让顾客转介绍。

➢ 团购，就是联合其他商家，如空调、地暖、瓷砖企业搞团购，这个可以自己搞，也可以找专门的团购平台合作。

➢ 大众点评的家装板块。

➢ 赶集网、58 同城的装修板块。

➢ 信箱广告，主要针对公司附近的老小区。

➢ 户外广告和小区广告。

➢ 公交车广告和出租车广告。

➢ 展会。

随着消费者的理性与国家政策及法律的完善，传统获客模式越来越受到挑战。我们有必要创新或升级获客模式。由于整装是个整体的运营系统，所以建立一个有效的获客模型非常重要。

结合当前线上与线下引流融合的特点，整装获客模式如图 9－1 所示。

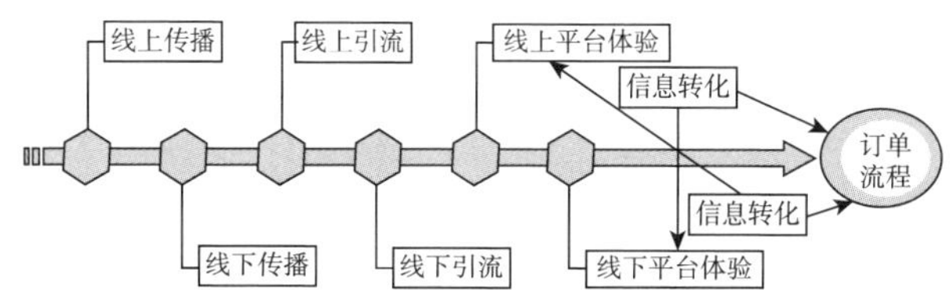

图 9－1　整装获客模式

传统的获客模式行业中也有较多，也是不少终端经销商都在实践的方法，在这里就不再多说了，下面着重说下新媒体获客的一些要点。

新媒体运营：要以 IP 内容为核的，通过新媒体矩阵创造高效连接。

就单个新媒体来说，我相信不少经销商都用过，而且是当时什么有效就用什么，都是断点式、战术性的居多，但很少把它用一种模型固定下来，然后在战术上进行创新与升级。

把单个的新媒体形成一个相对系统的传播与获客平台，再不停地输出与核心业务有关的内容，这就是成功的关键。因为现在的客户对单纯的广告已经没有包容心了。如图 9－2 所示。

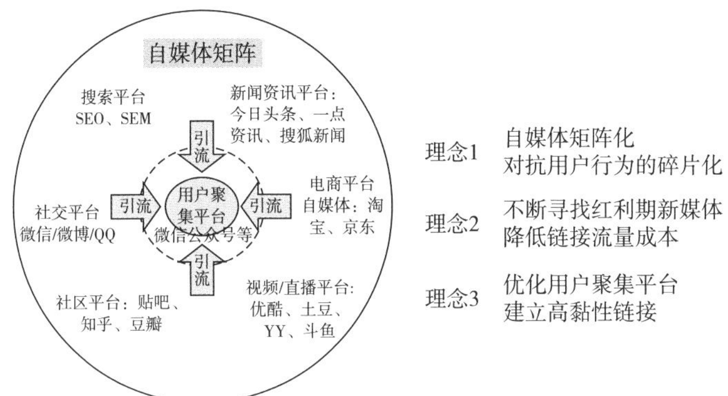

图9－2　自媒体矩阵

落地方式：移动策划营销＋超强互联网引流＋多纬互动体验＋构建销售平台＋全方位终端店面服务。如图9－3至图9－5所示。

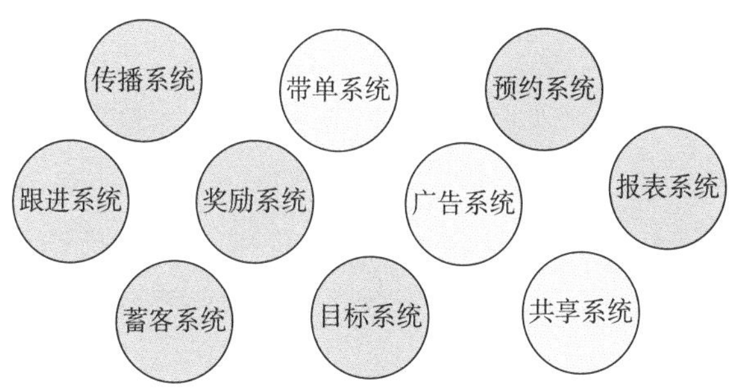

图9－3　构建销售平台

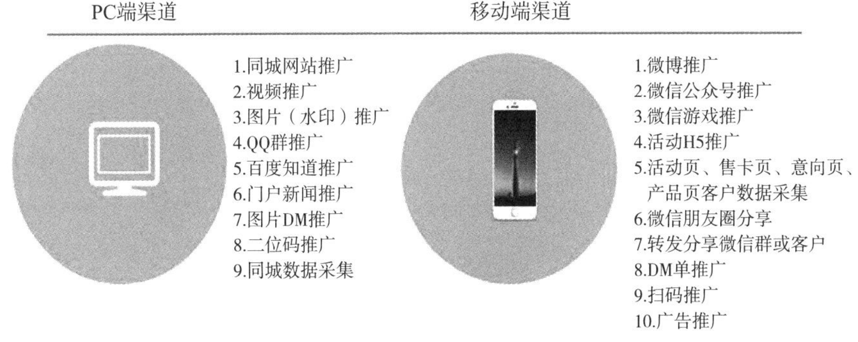

图9－4　移动策划营销

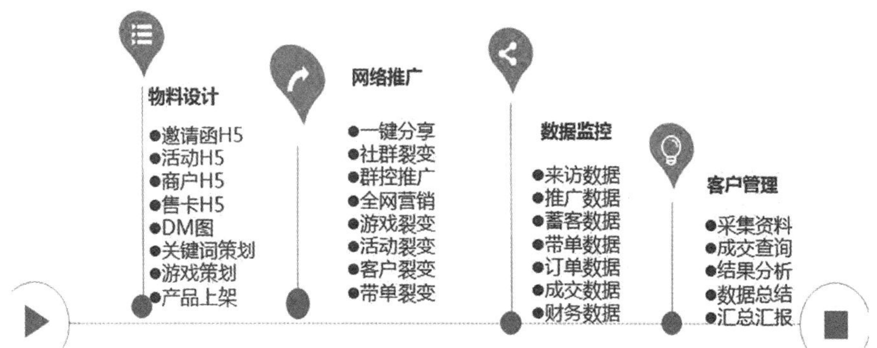

图 9－5　全方位终端店面服务

第三节　如何通过工地口碑获客

装修公司的老板们为了让客户进店，经常会以限量优惠、感恩回馈、设计讲座等形式来对客户进行集中切割。其实，除了从优惠活动、展厅参观等装修前的环节入手，工地营销也是促进客户签单的重要手段。事实证明，样板房结合工地参观，营销效果会事半功倍。那么，做工地营销要注意哪些方面？

参观工地的客户是越多越好吗

很多做工地营销的装企会贪多，做活动的时候总以为进店客户越多越好，其实客户越多，在公司人员有限的情况下，每个客户能和店面导购深聊的时间就越少，客户对公司和导购的认可度就容易降低。这显然不是我们想要的结果。

组织参观工地也是一样的。如果只邀约五户业主，配上三个营销人员、两个设计师、两个工程部的人员，效果会比七个人带着十户业主更好。

如何利用施工来邀约客户

很多公司带领客户看的往往是在施工的工地。那么，在施工工地什么节点效果最好？

1. 看节点验收

验收之前，工地会进行打扫，相对来说是干净的，看到的客户就会觉得，找你们装修不用特意安排也会有人来打扫，比较放心。

2. 看工地开工仪式

现在朋友圈刷工地开工照片的装修公司很多，但是开工仪式仅仅是为了在朋友圈刷屏和告诉客户我们很正规吗？

完全可以邀约对门、楼上楼下、小区的业主、其他小区面积户型相似的业主，来一同观看工地开工仪式。

有经验的小伙伴都清楚，对于已成交的客户，开工的时候是最开心的，已成交的业主在现场只会帮我们和来参观的客户说好话。现场氛围很好，又有与自己房子情况相似的业主成交在前，相信前去参观的客户的成交率也会大大提升。

3. 看工地完工仪式

很多公司在完工的时候往往是没有仪式的，如果能在每个月完工的工地中，找到几家满意度达到 90% 以上的客户，举办工地完工仪式，同时邀请同小区楼下楼上的业主来参观，效果会比开工仪式更震撼。因为在施工结束之后客户对你的满意度还这么高，那些来参观工地还在观望的业主对你的信任度就会更高。

4. 软装配饰都已经配齐的工地

如果是邀请客户参观软装配饰都已经配齐的工地，一定要注意保护好工地现场的卫生情况和物品。只有这样，老客户才愿意带新客户去看房子。只有这样，新客户才会自动代入老客户的角色，觉得你也会像对待老客户的房子一样仔细、小心地保护他家的房子。

工地营销的最终目的是创造二次洽谈的机会

在组织客户参观工地之后，一定要想尽办法让客户跟你回公司继续谈单。

因为装修公司给客户打电话和组织活动的目的都是和客户见面。那么，参观工地之后，和客户见面的第一个目的已经达到了，随之而来的第二个目的就是将客户带回公司。只有在公司才是主场作战，有助于一鼓作气地签单。

第四节　如何通过提高量尺率精准获客

许多客户会问：我家有户型图，为什么还要劳师动众来量房呢？有些老板或者设计师有苦难言，却不知道怎么和客户更好地解释，特别针对一些电销类的客户对象，第一通电话相当重要。如果能够更专业地给客户一个完美的解释与答案，想必会增加一定的量尺率。

装修公司为什么要量房？量的是什么？量房是装修的第一步，这个环节虽然细小，却是非常重要的。只有对房间各个地方的尺寸都了如指掌，才能更好地进行接下来的装修设计、制订预算方案等工作。

装修量房的作用：了解房屋详细的尺寸数据，通过量房准确地了解房屋内各房间的长、宽、高，以及门、窗、空调、暖气等的位置。

了解房屋格局的利弊情况：通过现场量房，设计师会仔细观察房屋的位置和朝向，以及周围的环境状况、噪声是否过大、空气质量如何、采光如何等，都会直接影响后期的设计。如果遇到一些房子格局或外部环境不好的情况下，就需要设计来弥补。

方便设计师与业主实地交流：量房时，设计师和业主一般都会到现场，如果业主对房屋的设计有一定的想法，在现场测量的时候，就可以和设计师沟通看这些想法是否可行，交流起来比较有效果。此外，业主如果需要提前订购主材，也需要现场和设计师进行沟通后再做决定。

保证后期房屋装修质量：只有量房比较精确，才能做出准确的设计图，不至于后期施工时，因为尺寸不对而无法施工，需要进行设计更改或者项目更改。一些项目如上下水、暖气、煤气位置，如果没有测量或者测量不准确，就有可能导致后期购买的坐便器、水盆等因尺寸不对、无法安装而发生退货、换货的情况。

又有客户会问：你们量的到底是什么呢？我在家也可以量给你们啊。此时必须跟客户解释，量尺并非单纯地测量数据，仅仅凭借户型图是看不到房屋细节的，容易导致装修工作出现偏差，最终吃亏的还是客户。

光照：窗户的位置，日照时间是否过长或不足。如果窗户位置不合适，将会导致室内昏暗。

噪声：观察房子周边现场和未来的噪声源，房子内可能产生噪声的位置与休息区的距离，决定解决方案。

气流：了解不同季节气流的变化，分析不同季节空气的质量、温度、湿气、气味，通过特别的设计去避免可能产生的问题。

数据：通过量房准确地了解房屋内各房间的长、宽、高，以及门、窗、空调、暖气等的位置，不至于后期施工时，因为尺寸不对而无法施工，需要进行设计更改或者项目更改。

量房是许多设计师的心病，因为量房不仅仅是量出房屋的尺寸、绘制平面图、记录业主的要求，还牵扯谈单及业主是不是认可公司的专业水准，所以量房也是设计师必须掌握的一项技能。那么，如何量好房并通过量房的过程成功谈单呢？

第一，沟通是首位。室内设计师可以带领助手预约客户到现场。由助手进行量房，设计师与业主现场沟通房屋的空间规划。交谈过程中室内设计师要了解的事项者：设计风格、装修花费、家庭成员、工作、爱好等。设计师通过分析客户要求，给出合理化建议、设计设想。

在沟通内容的安排上可以灵活多样。设计师可以带领客户逐一就每个空间的功能、色彩、缺陷的改进、装饰方案进行分析，也可以从门窗套、吊顶、储藏柜、室内照明、采暖、空调、水电路改造等说起。

第二，掌握主动权。在量房或与客户的沟通过程中，设计师应掌握主动权，控制谈话的内容和节奏，使沟通过程按照自己的意愿发展。当然，也要适度，碰上强势型的客户，设计师还是应该听从客户的安排、遵守客户的时间规律，适当争取主动。具体来说，应该主动掌握量房或沟通流程、主动引导沟通内容、主动把握沟通气氛，甚至主动解决竞争局面。

另外，设计师有一定的手绘能力对谈单非常有帮助，可以直接现场绘制出平面设计图或者透视图，让业主对你刮目相看。

第十章

整装商业模式

——用户篇

第一节　构建清晰的用户画像对标精准群体

为什么要构建清晰的用户画像？因为经营用户之前，我们得先界定好用户是谁。

什么是用户画像

用户画像是指根据用户的属性、用户偏好、生活习惯、用户行为等信息而抽象出来的标签化用户模型。通俗地说，用户画像就是给用户打标签，而标签是通过对用户信息分析得来的高度精练的特征标识。通过打标签可以利用一些高度概括、容易理解的特征来描述用户，可以让人更容易理解用户，并且可以方便计算机处理。如图 10－1 所示。

用户画像可以用来挖掘用户兴趣、偏好、人口统计学特征，主要目的是提升营销精准度、推荐匹配度，终极目的是提升产品服务，提升企业利润。用户画像适合于各个产品周期：从新用户的引流到潜在用户的挖掘、从老用户的培养到流失用户的回流等。

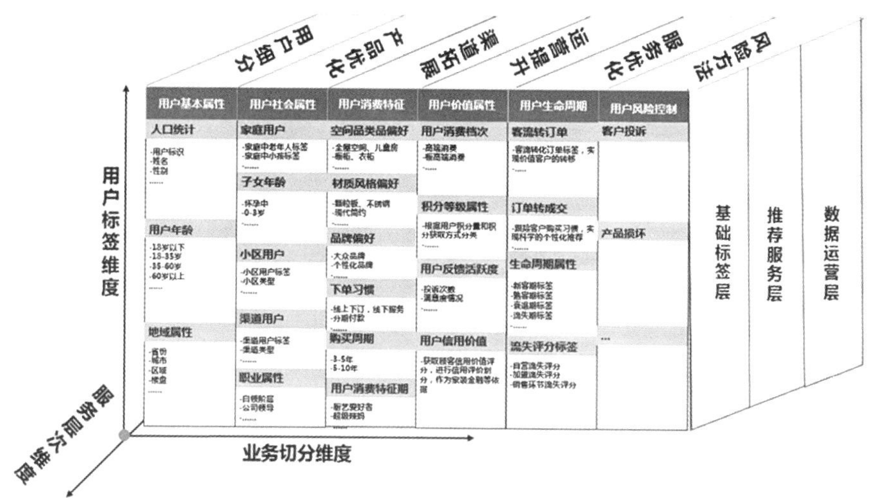

图 10-1 用户画像

总的来说，用户画像必须从实际业务场景出发，解决实际的业务问题，之所以进行用户画像，要么是获取新用户，要么是提升用户体验，或者挽回流失用户等具有明确目的的业务目标。如图 10-2 所示。

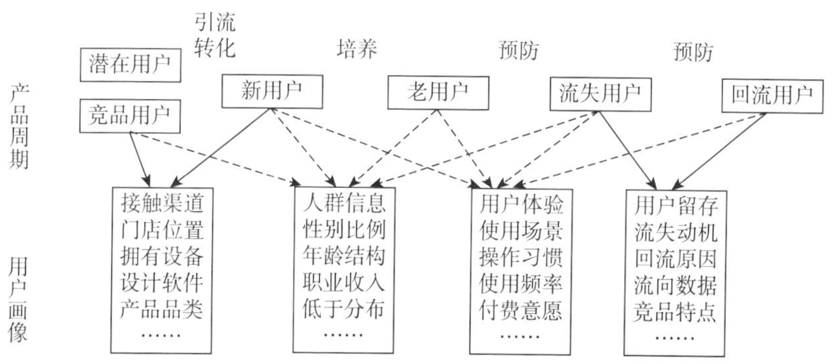

图 10-2 用户画像必须从实际业务场景出发

用户画像的作用

精准营销：根据历史用户特征，分析产品的潜在用户和用户的潜在需求，针对特定群体，利用短信、电子邮件等方式进行营销。

用户统计：根据用户的属性、行为特征对用户进行分类后，统计不同特征下的用户数量、分布；分析不同用户画像群体的分布特征。

数据挖掘：以用户画像为基础构建推荐系统、搜索引擎、广告投放系统，提升服务精准度。

服务产品：对产品进行用户画像，对产品进行受众分析，更透彻地理解用户使用产品的心理动机和行为习惯，完善产品运营，提升服务质量。

行业报告 & 用户研究：通过用户画像分析可以了解行业动态，比如人群消费习惯、消费偏好分析、不同地域品类消费差异分析。

用户画像的主要应用场景

①用户属性。

②用户标签画像。

③用户偏好画像。

④用户流失。

⑤用户行为。

⑥产品设计。

⑦个性化推荐、广告系统、活动营销、内容推荐、兴趣偏好。

第二节　用户经营的思维模型

不是生意越来越难做，而是做生意的逻辑彻底变了——从“买卖关系”到“服务关系”。

整装公司除了要花时间在寻找新用户上，也要花更多的时间在经营老用户身上。

未来的菜场是这样的：服务关系。

这时传统竞争就会升级成一种服务竞争：比如有的菜贩子会这样对买菜大妈说：“你买我的土豆，我会帮你把土豆皮削干净。”其他菜贩子说："你买我的土豆，我不仅帮你把土豆皮削干净，还帮你把菜送到家。"而真正聪明的菜贩子会这样说："大妈，我这里不仅有土豆，还有牛肉，您可以再买一点做土豆炖牛肉。另外，我还可以再送您两根葱，送给您一份菜谱，把菜都给您洗干净后打包……"

商家和消费者的关系正在从"买卖关系"升级为"服务关系"，未来比拼的是深度服务能力。

产品的事交给厂家去完成，售后和客服也是另外一块单独的内容，商家要做的是产品的衍生，它决定着你吸引消费者的能力，也是商家最有价值的地方。我们还发现，在这种商业逻辑之下，就不存在暴富的方式和暴利的产品了。这才是一个企业在一个真正成熟的社会所应具备的特征。

用户运营三大问题

第一个问题，如何通过了解用户来获益？（最重要的一个问题）

很多企业发现，更了解了用户之后也没有收益。但是，所有的企业都应该去思考这个问题。

第二个问题，怎么建立关系？怎么跟用户交朋友？

经营的关键在于能找到用户，而非单纯地让用户能找到你。很多人说高频就可以经营，但这是不对的。比如妈妈在家里每天都用燃气灶，那燃气灶公司能经营妈妈这个群体吗？不能。这就是因为家庭主妇想去找燃气灶公司的时候是能找到，但是燃气灶公司想找她们的时候是找不到的。经营用户的关键在于能否找到用户，找到了才能跟他们建立关系。

你需要回答拿什么去跟用户建立并维持这种关系。这需要围绕如何通过一个产品体系，跟用户建立了关系，并且持续地维持这个关系来思考。

第三个问题，你如何赋能其他的节点，去扩张跟用户的关系？

建立了关系之后，你必须有扩张的途径，而最重要的扩张方法是赋能。

用户增长漏斗模型

用户增长漏斗模型如图 10－3 所示。

用户增长漏斗：

□ 创建转化和流失漏斗路径

□ 关注留存、激活、裂变

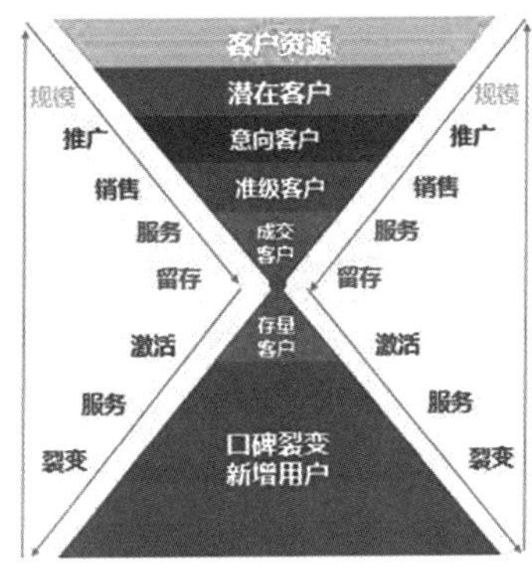

图 10－3　用户增长漏斗模型

创建转化和流失漏斗路径如下：

①全程跟踪抵达激活时刻之前用户旅程中所有关键步骤。

②跟踪用户接触产品的途径或渠道。

③我们通过服务解决“营销前最后一千米”。

用户消费产品的生命周期

用户消费产品的生命周期如图 10－4 所示。

传播场景 受众者/传播者	购买场景 购买者	使用场景 使用者	售后场景 使用者
用户对于产品的印象，用户接受和传播的方式	用户在购买场景中的体验有什么痛点	用户在使用场景中都存在哪些痛点	用户在维护和售后咨询中有哪些痛点

图 10－4　用户消费产品的生命周期

第三节 新用户留存与老用户激活

新老客户的增长闭环

通过运营用户，会持续性地带来用户增长。老客户通过分享体验，带来一些潜在的客户。你又不断地挖掘潜在客户的需求，他便成了你的新客户。新客户的需要被满足后，他又成了老客户，这样不断循环。在这个循环中，最重要的一点就是建立信任，获得大家对你的认可。如图10－5所示。

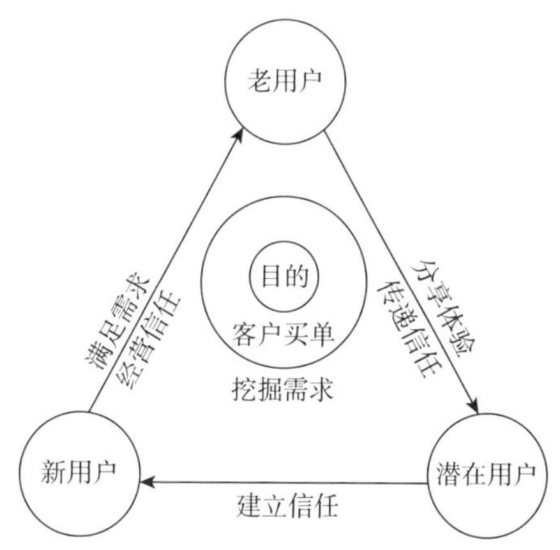

图10－5 新老客户的增长闭环

要怎样做，可以让新用户都留下来

误区一：要做什么事，可以让用户都留下来？就像有人问“我要说什么话，才能让她不和我‘分手’”——产品匹配用户。

当她要跟你“分手”的时候，你说什么话都没用了。所以，决定会不会“分手”的其实不在于多说一句什么话，而在于你们之前的交往中，你们的价值观是否相合、性格是否合得来、态度怎么样、个人品行修养是否符合对方的预期。这才是决定是否“分手”的关键因素。

导致“分手”的爆发点可能是一些偶然因素，如果你只是多说了一两句话想让她不“分手”也很难，即使那一瞬间地留下来了，第二天她可能还会离开。

因此，在解决留存的问题上，95% 的原因是产品本身的需求没有被解决好。准确地说，如果产品本身解决的是一个伪需求——需求完全通过补贴，通过老板的想象讲出来，这样的需求并不能真正地满足用户。

我们知道，大部分创业企业都不可避免地会失败，而大多数失败的创业企业里，大部分的问题都是产品不够好。大部分提出的需求是伪需求，这是创业的现实。如果本身解决的是伪需求，再好的运营也无济于事。

误区二：加个功能，改个文案，做个活动，就能把留存率提升起来？——综合的结果。

很多人会认为好像解决所有问题靠一招就实现了。实际上，它往往都是多个事情综合作用的结果。如果你只是做其中一方面，可能留存率只有小幅提升，而不是综合的爆发。留存率提高，是多方面都做到位的结果。

现在的消费者不仅需要好的产品，更需要贴心的关怀和优质的服务。

客户留存三个阶段：保持长期活跃，持续用户引导——确定并跟踪。

①初期：新用户特定时间重复获得新体验。比如安装后第 2 天电话或短信问候；安装后 × 天内，金保姆服务；安装后 × 天内，总部对客户满意度调查。

②中期：让用户养成兴趣、习惯。

③长期：确保产品为用户带来更大的价值。比如安装后 3 年，上门检修；结婚买房，3 ~ 5 年将会生小孩，需求将发生改变——书房改造成婴儿房。

成为新客户，我们要把这些新客户“养起来”变成客户池。如图

10－6 所示。

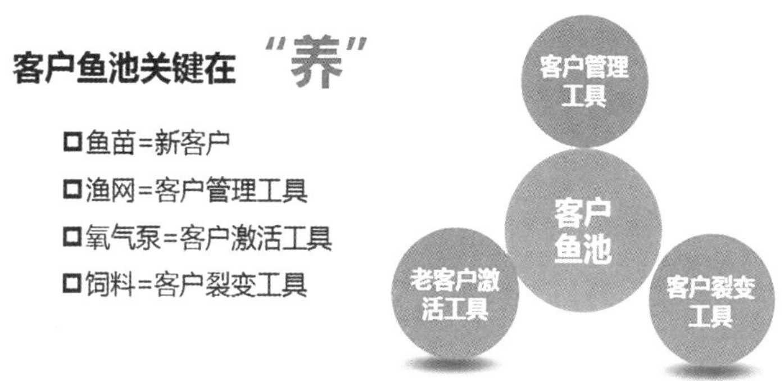

图 10－6 客户池

用创新的服务对老客户激活

(1) 数据运营

方法论本质是通过分析、调研找到活跃用户和非活跃用户之间的行为差异，并通过产品设计和运营让所有新用户尽可能地体验到产品价值。如图 10－7 所示。

图 10－7 客户激活方法

(2) 打造价值链上的高频业务

产品本身很低频，需要在相关价值链上打造一些更高频的功能带动这个产品的活跃度，如居家服务（高频）—微改局装（中频）—全屋整装（低频）。用高频业务来带低频业务，本身产品的需求非常低频，但至少还不是彻底的伪需求或者没需求。这有个关键词就是“产品价值链上”。

内容价值：内容消费是占据用户消费时间最长的形式。我们看朋友圈是内容消费，看优酷视频是内容消费，用户的在线时长非常长。对于用户来说，对有意义、有价值的信息相比来讲不会太排斥。

（3）恰当的时机提醒用户

人都是比较健忘的，特别是家装、定制等二次购买周期长。如果不提醒，很多客户容易忘掉，提醒本身就在提高活跃度，比如获取消息、短信、服务、朋友圈等。

①有提醒和没提醒相比，有提醒会好很多。

②提醒文案要结合场景。避免让用户反感，比如下暴雨时，收到滴滴推送说“大暴雨，送五折券”，这就很温暖。

③针对不同用户要有精细化运营。不同的用户有不同的喜好，在不同的属性之下，他们收到的消息也不同。

④不断看数据和反馈，不断优化文案与时机。对于每个运营来说，如果你要做这件事情，肯定要经历的一个过程，对用户的了解和理解不够，写什么样的文案用户反馈好，这要做一定的调整和反馈。

（4）增加用户离开的成本

有个概念叫沉没成本，是指人们在决定是否去做一件事情的时候，不仅是看这件事对自己有没有好处，还要看过去是不是已经在这件事情上有过投入。我们把这些已经发生不可收回的支出，如时间、金钱、精力等称为沉没成本。比如为了听一场讲座付出的费用就属于沉没成本。所以，付费活动到场率会比免费到场率高很多。所以，让用户在平台上付出时间、精力、金钱、感情都会促进这个平台有更多的留存。这些愿意投入时间、精力、感情的用户，我们将其定义为核心的忠实用户，把他们维护好，对整个平台非常有帮助。一个意见领袖的活跃度会持续带动很多粉丝和用户。

消费者在宜家的购物过程，是自身充分参与的过程。从商品挑选到自助提货，从自助包装到自己安装，最后消费者会获得付出了努力和汗水的成品。大部分消费者非常喜爱这类自己组装的家具和用品，并对它赋予更高的价值，这种现象被称为“宜家效应”。心理学认为，它是一种认知偏向。这种偏向很可能会影响产品外在的认知价值。消费者对于自己投入劳动、精力和情感而创造的物品的价值，通常会做出高估。对比那些不需要付出任何精力就可以使用的产品，这种“为之努力过的”产品对消费者的主观价值会更高，这便是“付出产生喜欢”。来自哈佛商学院的研究者诺顿等人针对这一问题做了一次实验。他们选择了宜家的一款黑色储物盒，要求一组被测试者按照安装说明书把盒子组装起来，而另一组被测试者则直接得到了组装完成后的盒子，需要做的事情就是欣赏它。结果显示，亲手组装盒子的被测试者报告说更喜欢这个盒子，并愿意花更多的钱买下它。

（5）用户激励体系

驱之以利，给优惠、给效果、给承诺。

（6）增加可使用的场景

很多产品没有做起来，其实是因为可使用的场景太少了，以至于用户都忘记了它。

第四节　整装用户的经营方法

用户经营痛点

我们先看一下传统整装行业的用户经营痛点。如图 10－8 所示。

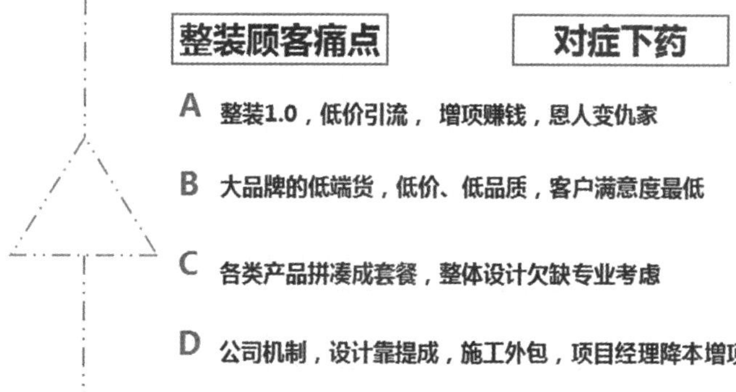

问:你们现在做定制吗？
刘:没有做。

问:硬装推定制很容易，为什么不做？
刘:因定制还有很多问题，我们搞不定。

问:计划什么时候做？
刘:等我们找到靠谱的供应商再考虑。

9天5城，走访各区域装修行业的翘楚，拜访其领军人，受益良多……

装修之路还很长，边走变学……

NPS运营……

图 10－8　用户经营痛点

心态调整：从“屠客关系”升级为“朋友关系”。

行业内的案例

1. 住范儿——互联网家装公司

细分，细分，再细分：城市级别（北京、上海）—旧房子—线上引流为主（内容营销），线下办公楼、门店为辅（租金成本低）→80 后、90 后装修经验不足的人—喜欢简约式风格。如图 10－9 所示。

住范儿的用户画像：旧房、简约、装修小白

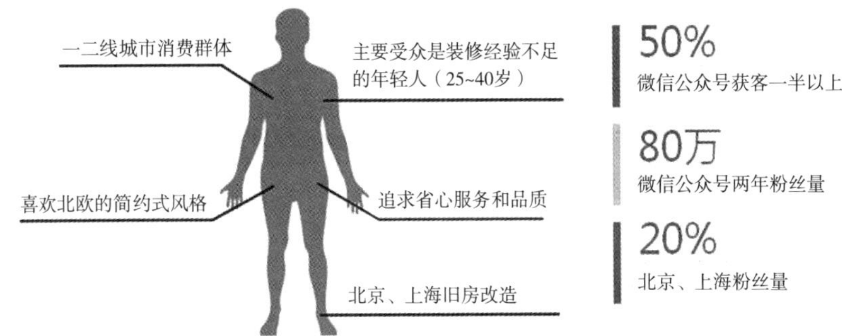

图 10－9　住泛儿的用户画像

过去，传统家装公司/定制企业凡是有订单都会接下来。但做整装不同，供应链就是一道门槛。如果什么客户的钱都想赚，这就离失败不远了。

住范儿主要的客户群体是首次装修的年轻人，即“装修小白”。住范儿通过微信公众号发布“装修案例”“装修指南”“装修日记”等优质内容给“装修小白”扫盲，超一半客户群体由微信公众号引流至线下。如图 10－10 所示。

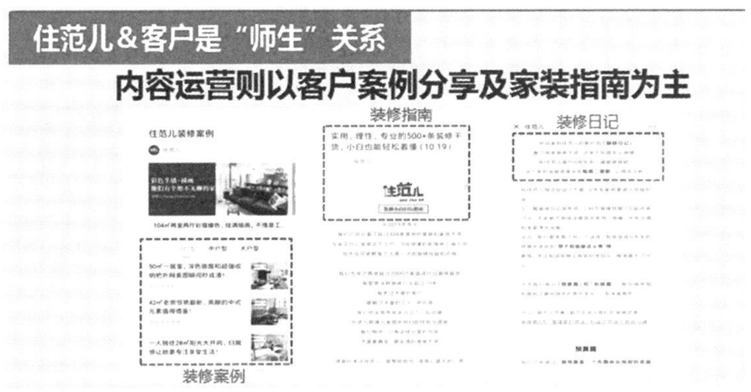

图 10－10 住范儿内容运营

2. 宜和宜美——全屋软装公司

宜和宜美坚持“定制化、年轻化、多元化、轻奢化、亲民化”的全屋软装定制路线。

（1）目标客户画像

➢ 25～35 岁，有一定的经济消费能力的中端人群，以女性客户为消费决策主体。

➢ 主要针对首房。所谓的首房是对于人来说的，房屋本身不一定是新房。

宜和宜美用户画像如图 10－11 所示。

图 10－11 宜和宜美用户画像

（2）“她”经济时代崛起

➢ “她经济”势不可当，女性消费力逐渐被释放；75%的家庭消费由女性决策，在家居家装领域中正在崛起。

➢ “她”向往的家居家装有“颜”也有“品”。与此同时，考虑家人的感受，表现出较强的家庭归属感。

➢ 在家居兴趣方面，家装主材、装修设计、住宅家具都是消费者最关心的点。其中，男性对选购主材、装修设计更为关心，女性对选购家具、家装饰品更为关心。

宜和宜美的主要客户群体是城市女性，一个要与你做闺密的家居品牌，品牌与客户之间信任、真诚、平等关系。如图 10－12 所示。

➢ 入会规则：累计消费满 1000 元自动成为闺密会员，消费满 10000 元成为至尊 VIP。

➢ 闺密会员日：每月 15 日举办线上会员日，专享一折好礼等活动。

➢ 推荐有礼：推荐好友成为用户将获感谢好礼，好友还将获得当月城市优惠基础上赠送的见面礼。

➢ 活动体验：城市门店定期举办油画体验课、周边社群拍卖会、平安夜狼人杀、王者荣耀比赛等线下活动。

宜和宜美和客户是闺蜜关系如图 10－12 所示。

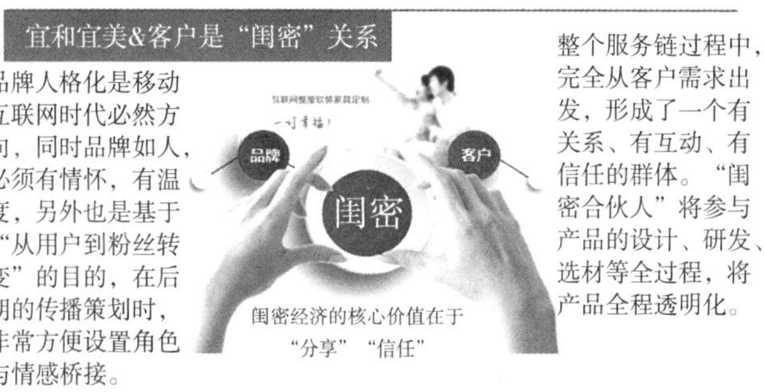

图 10－12 宜和宜美和客户是闺密关系

3. 橙家的用户画像：新奢感、新中产的家居新主张

橙家的用户画像如图 10－13 所示。

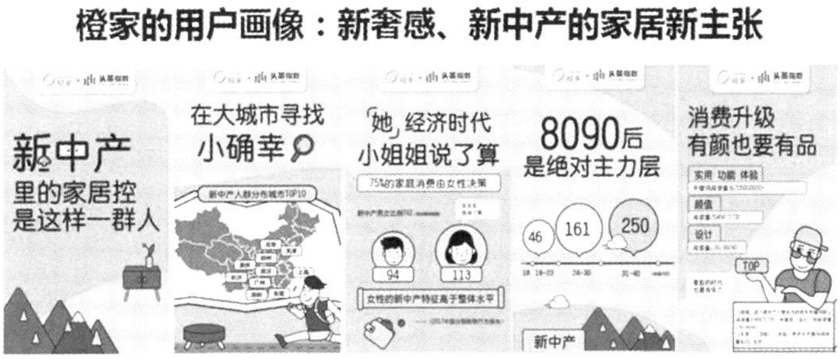

橙家的用户画像：新奢感、新中产的家居新主张

图 10－13　橙家的用户画像

（1）微定制提升差异化（标准化＋微定制＝轻奢感）

“从数据看来，新中产对家居生活的需求呈三个发展趋势：高颜值、高品质及个性化。”橙家研发总监王中里透露。橙家之所以于业内首次提出“标准化＋微定制”的互联网家装新模式，就是为了满足新中产用户的新需求。配合碧桂园集团独有的柔性供应链，选择橙家轻奢套餐的用户，只需更换软装元素，即可享受个性化的家居产品体验。

这样的变革，与以往一个标准化套餐走天下的互联网家装有较大的差异。橙家这一产品战略，在供给端依然坚持标准化操作，而在用户层面则满足他们的个性化需求，这也被看作是互联网家装行业进入 2.0 时代的标志。在橙家 CEO 王睿看来，标准化是互联网家装 1.0 建立的基础，也是橙家实现高效率和高周转的基本要素，而到了 2.0 时代，用户从追求效率到现在追求颜值和品质，则对定制有了更多的需求。

（2）中国新中产阶级：想去远方浪，更爱在家宅

①有颜值：

在风格方面：北欧风强劲，新中式崛起。

阅读量：中式 > 美式 > 北欧 > 现代 > 田园。

在颜色方面：最爱 INS 白，香槟金和高级灰也不错。

②会享受：

在住宅细分空间方面：客厅和厨房受到的关注最多。在客厅肆意造作，与厨房洞见山村与爱。

在家具方面：“床”的关注度最高。8000 万关注量，只为一夜安眠。

在个性化细节方面：以人性化的名义，光明正大地懒。

阅读量：镜前灯 > 带开关插座 > 顶喷花洒 > 抽拉式水龙头 > 立体收纳 > 静音门锁 > 取暖照明 > > 浴室镜柜 > USB 插口 > 感应灯。

③重安全：

焦虑呼吁的安全感，阅读量：摄像头 > 空气净化器 > 指纹锁 > 环保健康。97.76% 的被调查者都会在意家居产品对自身健康的影响。

作为家居产品全生命周期的一部分，橙家橙生活将家装产品的销售场景延伸到了线下商城，从针对家装的低频消费场景切入到针对家居产品的中高频消费场景，成了一种终端零售化的重要呈现方式。

橙家与大部分企业有所区别，其门店全部开在了商圈内，原因在于橙家希望通过在商圈内增加家装业态。一方面，是让消费者消费场景更为轻松便捷；另一方面，也是希望引导消费者营造客户生活方式，紧跟家居潮流推陈出新。所以，橙家不仅仅是一家家装公司，还是一家贩卖生活方式的公司。如图 10－14 所示。

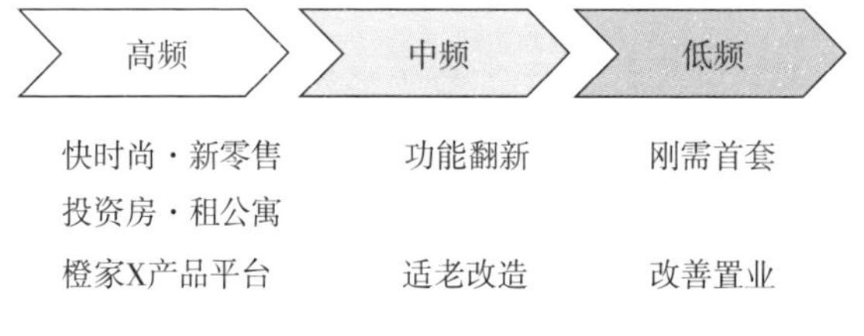

图 10－14　橙家橙生活

橙家与网易严选已经联合在宁波、杭州落地家居行业首款软装联名产品，打造一个以家居空间为体验核心的场景。在此之前，橙家正在逐步靠近。与 La Forma、苏宁等品牌跨界合作。

以网易严选为起点，“橙家 ×” 产品平台战略发布：橙家与网易严选的合作是建立在新零售革命的背景下，“互联网家装 + 原创生活类电商”的尝试被看作是家居业内的首次试水；平台化是未来橙家主要的产品战略；橙家在未来要做的不仅仅是深耕家装领域，同时开放自身平台，引入更多家居相关品类产品，拓展用户，构建离用户最近的零售生态圈。

4. 尚品宅配 HOMKOO 整装云生活方式主张

尚品宅配生活学院成立，引发家居定制与未来生活方式思考（数据运营的变现思路）。

家是人们繁忙工作后身体休息和心情放松的场所。为了最大程度地给客户带来家的“舒适感”和“归属感”，尚品宅配以数百万计的中国家庭为研究对象，系统地分析、归纳、总结出中国家庭全生命周期的定制模型，提出人生的六个阶段，为此匹配出对应的六大系列产品：单身贵族、二人世界、伴你童行、学业有成、家成业就、儿孙满堂。每个主题都体现自己的特点及风格，不同的家庭在不同生命周期阶段会有不同的居住需求、生活方式、消费行为及家庭成员生理心理的需求。基于此，尚品宅配推出“我 + 生活方式”系列产品，涵盖睡房、客餐厅、厨房等多个产品线，让消费者可以随心所欲地定制生活方式。

（1）单身贵族

个性：青春活力、注重健康、个性鲜明。

自由：我的独立空间，我的自由时间。

时尚：新潮时尚，享受生活人群。

（2）二人世界

在一起：写下你我，爱与浪漫交汇的城堡。

小情调：再亲密的恋人，也要互留个人空间。

新生活：容纳两个人，所有物品与各自的习惯。

（3）伴你童行

陪伴：别让父母的陪伴，成为孩子成长中的奢侈品的。

安全：适幼功能化设计，为孩子的安全保驾护航。

收纳：拓宽家庭实际面积，让家变成孩子的游乐场。

（4）学业有成

乐享：一家和睦，快乐分享。

培养：小孩成长呵护，家人感情培养。

舒适：家居整齐美观，生活健康养生。

（5）家成业就

稳重：深色系主色调，儒雅从容的生活态度。

品位：一种品质，一种永不过时的生活方式。

尊享：睿智生活，专属定制。

（6）儿孙满堂

适老：无障碍设计，定老年人生活需求。

培养：安居乐业，心安神泰。

舒适：儿孙绕膝，共享天伦之乐。

第十一章

整装商业模式案例分析

第一节　赋能型整装
——HOMKOO 整装云

HOMKOO 整装云是“S2B”模式。终极目标：为中小装修公司与定制经销商赋能，提升他们的业务效率。如图 11－1 所示。

图 11－1　HOMKOO 整装云

HOMKOO 整装云采用了先进的家装行业 S2B2C 模式，对整装的业务能力及服务模式进行升级。用强大的供应链，大幅度提升供应端的效率，以更好地赋能给平台对应的 B 端，帮助他们更好地服务每一个消费者。如图 11－2 所示。

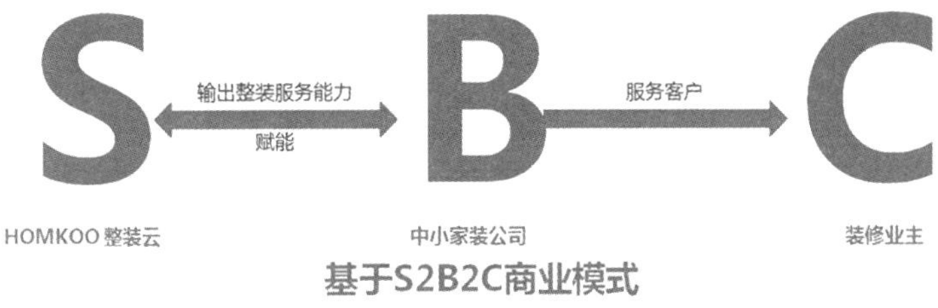

图 11 -2 基于 S2B2C 商业模式

HOMKOO 整装云的 F2C 整装供应链平台解决了家装企业价格高、毛利低的问题。通过降低家装企业物流成本、降低材料采购成本、削减层级代理成本来提升企业利润率，并通过中央厨房式供应链管理系统，实现柔性化配送，让施工更轻松、高效。如图 11 -3 所示。

➢ 设计：多种家居解决方案，3D 建模 VR 体验。

➢ 家具：全屋定制，统一风格调性。

➢ 报价：材料清单、价格明细，一单畅享 F2C 价格。

➢ 中央调度：柔性化物流。

➢ 施工管理：系统自动碰撞检测全流程作业指令。

➢ 竣工验收：设计效果图完美呈现。

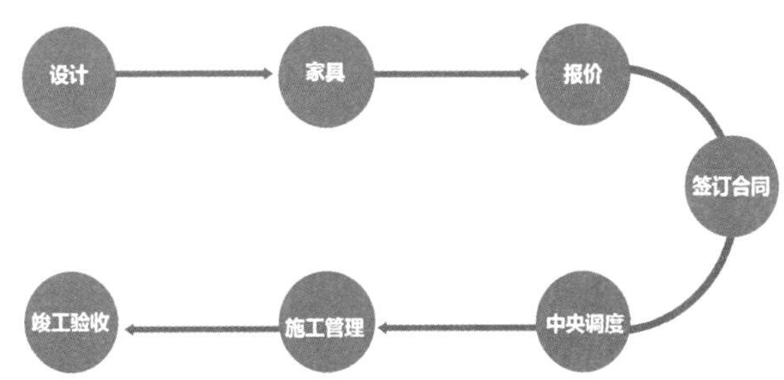

图 11 -3 HOMKOO 整装云的 F2C 整装供应链平台

使用 HOMKOO 整装云赋能平台，装修公司只需完成获客、施工、安装交费等三项工作。

将全屋定制企业原本就很强大的终端优势应用到整装销售中。比如成熟的全屋产品方案、急速渲染的设计软件、一键生成的报价系统、3D 实景/VR 体验的科技手段等。客单价提高、转化率提升，实现客户从 1 到 100 的指数级增长。

HOMKOO 整装云基于尚品集团一贯以来对用户的深刻理解：

我们需要比用户更懂用户。

做定制就是做个性化服务。

客户需要什么，我们就设计生产什么。

HOMKOO 整装云基于对定制家居的深厚积累，将定制产品与家装的运营有机融合。如图 11 - 4 所示。

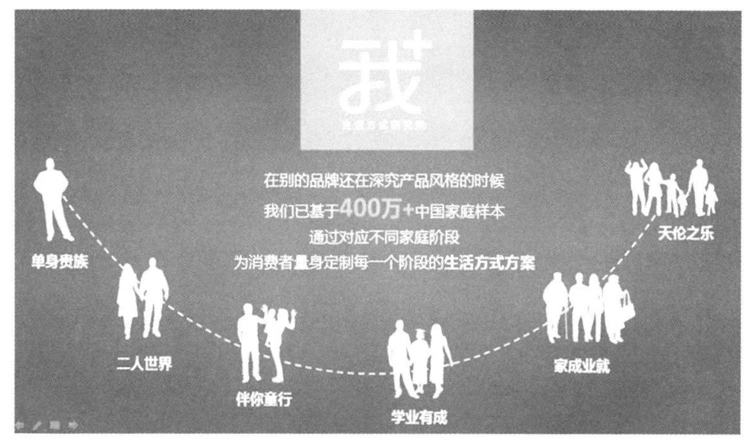

图 11 - 4　定制产品与家装的运营有机融合

HOMKOO 整装云对装修现场的工地实现全数据化管理，所有工地都实现了数据化、信息化、在线化，让传统装修管理从不可控到可控。

这也是基于尚品集团在软件信息化建设方面独特的基因。

第二节　产品型整装
——欧派家居

欧派家居的发展历程如图 11 - 5 所示。

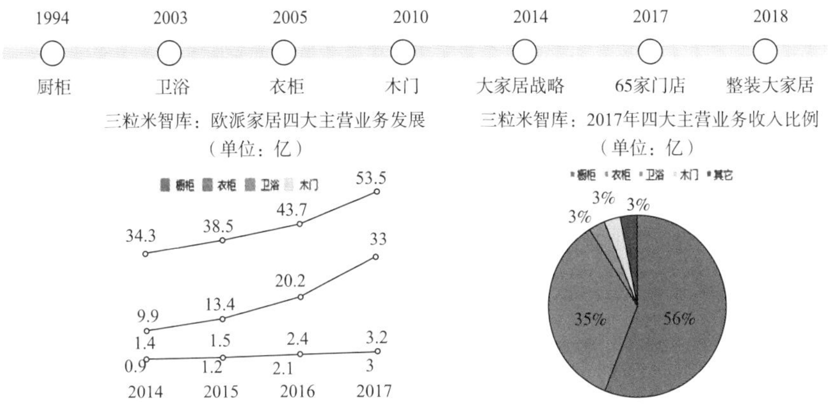

图 11－5　欧派家居的发展历程

欧派家居现有四大主营业务，2017 年厨柜营收 53.5 亿元、衣柜营收 33 亿元、木门营收 3.2 亿元、卫浴营收 3 亿元，分别同比增长 22.4%、63.4%、33.3%、43.9%。厨柜的龙头地位稳固，衣柜增速最快，市场规模仅次于索菲亚位于第二名，而卫浴和木门业务也成为新收入的增长点，欧派大家居模式初见成效。

截至 2017 年 12 月 31 日，全国共有大家居专卖店 65 家，全年大家居合同业绩增长 34%，上半年大家居合同业绩增长 32.8%，下半年增长 43.8%。全年业绩增长超过 50% 的大家居商场占比达到 45%。最明显的优势是单值变大，从 1 个单品到 7 大品类的裂变，以定制家居为超级入口，带动全屋品类的发展矩阵，彼此共生共长、相互赋能。

欧派从最初的厨柜品类开始发展，随着行业的不断发展，其商业模式也与时俱进地发展，这也是欧派到目前为止成为行业冠军的重要原因。企业的成功不是简单的单一方面的成功，有着太多偶然与必然的因素。我们可以从它成功的轨迹中找到一些企业经营的借鉴思路，但并不能简单地模仿，因为行业的发展也是动态的、与时俱进的。

欧派大家居的进化过程如图 11－6 所示。

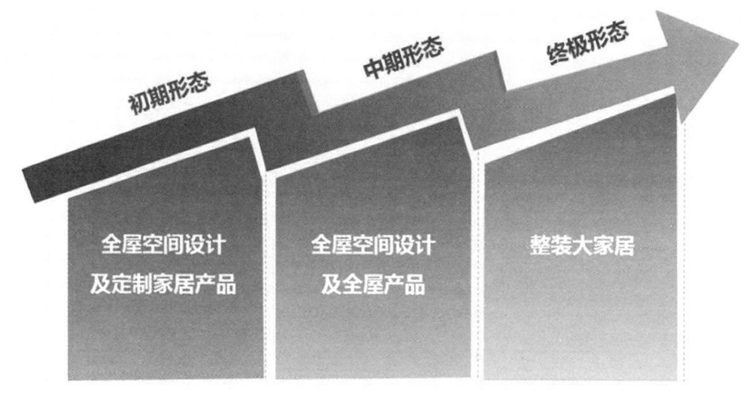

图 11－6　欧派大家居的进化过程

初期形态指的是全屋空间、全屋产品的设计及提供定制类家居产品。在这个阶段，大家居的主要目标是打破品类壁垒，整合欧派内部厨柜、衣柜、木门、卫浴、壁纸、厨电等优质资源，构建面向市场的家居生态链条，是基于自身条件最大化满足消费者一站式空间解决方案需求的起步器。

中期形态指的是全屋空间、全屋产品的设计，以及提供定制类家居产品和非定制类家居产品。这一阶段是欧派大家居的自我进化阶段，是行业未来形态的进一步具象化和明确化。站在用户的角度来看，一站式购齐、一家搞定是大家居模式存在的价值和意义。从定制产品扩充到非定制产品，从卖产品到卖整体空间解决方案。

终极形态指的是打造家装入口平台，为客户提供全屋设计、全屋产品和全部施工的一体化服务，客户完全可以拎包入住。整装大家居的本质，是以设计为核心的全装修链整合者。

欧派整装大家居模式，一体化的聚合体系。对装修公司来说，整装大家居提供的是家居系统里面的核心板块，是决定整个家居解决方案成败的关键因素。就如一台电脑主机，整装大家居就是品牌整装机，内部各个零部件调校得水乳交融，性能得到最优发挥；反观普通装修方案，就像个人自行组装的电脑，东拼西凑，配置再高也很难发挥最佳效应。

如图 11－7 所示。

图 11－7　欧派整装大家居模式

2018 年，欧派大家居将采取二四三计划。其中，订单交付能力被锁定为核心竞争力，欧派将从源头上进行创新优化，完善信息化系统，订单前后端将被打通，有效提高订单处理能力。与此同时，作为家装的主要入口，欧派将重新定位整装业务，全面拥抱整装企业，加大与他们的战略合作。对于可能出现的各经销商利益纠纷，将实施规则约束，从源头采取平衡措施，避免直接竞争，维护市场秩序。

原来的代理商和整装代理商共存有以下 4 个原则：

①利益共享：如宜宾的欧派整装大家居代理商要把零售额的一部分给原来的代理商，这样传统代理商一年下来能拿到不少钱。

②业绩共算：算宜宾欧派业绩的时候把整装和传统零售的加在一起进行考核。

③渠道分开：整装和传统零售渠道要分开。

④品类分开：整装大家居的产品在零售卖场是不卖的。

“全屋套餐模式”的核心是“设计”，它以设计驱动消费者的大家居消费，满足其全屋定制需求。同时，它也以设计驱动欧派大家居终端的全面运营改革，以设计驱动欧派大家居商场的管理、流程。

欧派大家居推出的新模式，改变了以往单品成交的思维模式，新模式成交的关键不是产品卖点，而是设计方案，是生活方式的方案解决。这也是新流程打造的核心重点，大家居新流程的本质是全屋空间设计服务，不是卖单品。大家居新流程的核心是三个 KPI：量尺率、看图率和成交率。新流程强调，出全屋效果图是最低要求，量尺是最重要的环节。因此，大家居新流程能否成功实施及实施的程度如何，取决于大家居商场对流程掌握、执行力度及销售型设计师的配比数量，核心是对客户服务的整体满意度。

欧派家居试水整装的反思及调整如图 11－8 所示。

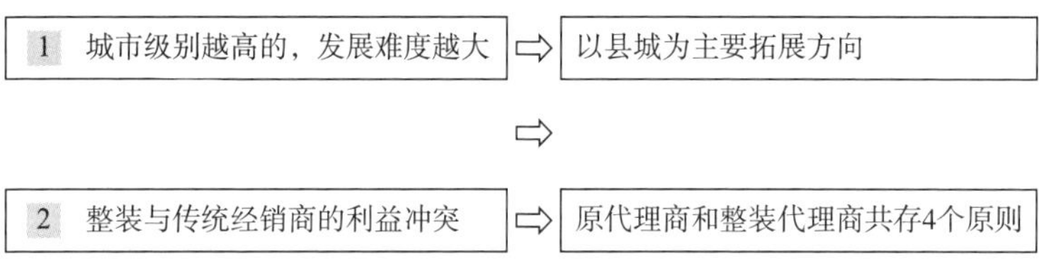

图 11－8　欧派家居试水整装的反思及调整

第三节　家装型整装
——爱空间

谈论及互联网家装时，人们常把它和互联网工具的概念混同起来，认为互联网家装只是借助互联网思维和互联网工具进行的营销驱动。严格地讲，利用互联网工具进行营销驱动可以理解为初创企业前期的跑马圈地。但是在互联网家装实际运营过程中，它能够持续创造企业价值，互联网家装自身拥有的属性和特点成为支撑大规模扩张的重要因素。模式的重塑并不等于颠覆，而是引领整个行业不断前行和升级的过程。无论是信息化、透明化、标准化，还是系统化、产业化，都相辅相成、缺一不可。

互联网装修模式是爱空间的创建基石及主打的商业模式。爱空间创造性地提出按平方米报价、闭口合同、包工包料和确定工期。

爱空间布局 24 个城市，累计服务 25200 个用户，累计工人数量 10000 多人，2016 年实现交付订单 1.2 万单，2016 年交易额 10 多亿元。提到互联网家装 1.0 时代，就不得不提到标准套餐、效率与性价比三个关键词。但是，在成本与交付等多种压力下，不少互联网家装早在 2017 年便不得不通过涨价或延长工期，让产品运转与用户口碑能够良性循环。2017 年 4 月，爱空间在业内率先宣布“升级”套餐，原来 699 元/平方米的家装套餐涨到 899 元/平方米，涨幅高达三成。不久之后，有住网装修也宣布将主打套餐从 699 元/平方米上涨至 899 元/平方米。甚至连原本一直坚持不涨价的橙家，也在 2017 年年尾将主打套餐的价格从 688 元提升至 788 元。

爱空间认为，未来家装行业只会存在两种：标准化家装和定制化家装。如图 11－9 所示。

图 11－9 爱空间专注打造标准化家装

移动互联网时代，重要的营销理念就是产品本身就是营销。爱空间标准化家装三部曲：产品标准化、交付标准化和服务标准化。还有管理与运营标准化、标准化无增项、展示标准化 4S 店、材料标准化少 SKU、工序标准化施工流水线。如图 11－10 所示。

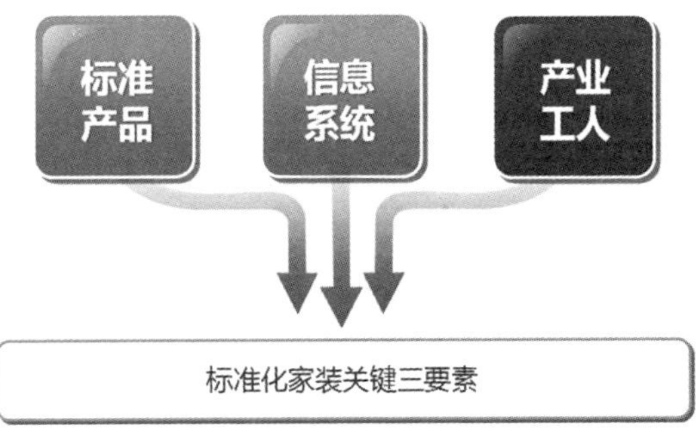

图 11－10　标准化家装关键三要素

①2014 年爱空间成立，在打造标准化的基础上自建供应链，通过施工流程标准化和信息化，实现交付标准化和服务标准化。

②成立初期，爱空间自建产业工人队伍，运营过程中工人对外接私活、劳务成本高等问题不断涌现。2016 年 4 月，爱空间放弃自有产业工人模式，成立项目管家制，系统派单，由爱空间对工人进行培训并按完工订单结算工资。

③2017 年 6 月，爱空间获得国美 2.16 亿元的 C 轮融资，有望在供应链、产品及渠道等多方面实现进一步提升。

整个装修过程包括 36 个环节，600 多个 SKU 材料，需要 4.5 吨建材，跟 200 多个陌生人打交道，面临 300 多次决策和多个陷阱。爱空间坚信用信息技术改变家装行业，开发出信息系统全景图，通过 3 个 App＋19 个系统的无缝对接，全面打通所有客户端、工人端、企业管理端等环节，将移动互联信息技术赋能家装，保障强而有力的规模化交付。如图 11－11 所示。

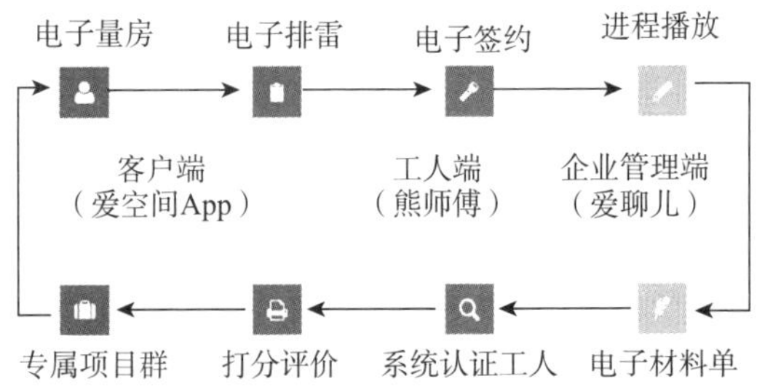

图 11－11　信息系统全景图

将整个装修过程拆解为16道工序、88道工艺、240道工法，每一道工序都有对应的工种，只有管理到每道工序的每个工人，将所有的工艺、工法、工具都统一规范起来，做到“五工统一”，**让装修像流水线一样去运营**，为实现规模化品质交付奠定强有力的基础。如图11－12所示。

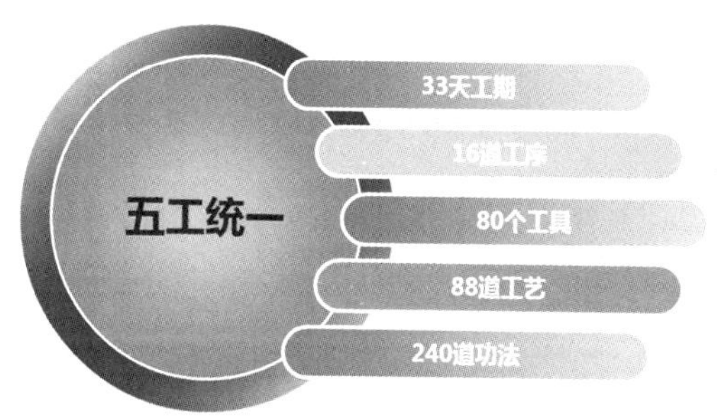

图11－12　五工统一

对于当下热议的整装话题，爱空间并没有为之所动，贪大求全，而是**采取合作模式引入对应的服务和产品**。爱空间坚持深耕硬装领域，在家居软装方面，跟博洛尼、尚品宅配、宜家等三家企业建立合作关系，又在家居电器方面，跟国美等建立合作关系，打造**“标准化家装＋定制化软装＋家用电器”**的系统的解决方案，满足消费者家装、家居、家电一站式购齐的需求。

2017年8月18日，爱空间国美首个2000平方米旗舰店正式面世，坐标北京马甸桥国美商场，双方联合打造了家装、家电联购节，这也预示着国美与爱空间从资本合作到经营落地，双方互通互融将家装、家电进行一体化营销。

➢ **终端店面加强合作**：国美在线下有1800多家门店，这些店面对于整个线下获客展示，以及跟客户沟通会非常便利，家装是一个天然的O2O行业，线上展示之后，一定会到线下来体验。而今天的家电行业越来越被线上的3C商场所替代，所以对国美来讲在业态层面会形成互补，国美全国10万名销售能够同时去推荐爱空间的家装产品，像卖家电一样卖家装。

➢ **会员权益共享机制**：爱空间和国美双方启动了会员权益共享的

机制，只要成为某一方会员，自动享受另一方会员的所有权益，凡是国美会员在爱空间消费，可以享受额外的优惠，而爱空间客户在国美电器消费，则能享受国美专门为爱空间客户定制的家电套餐。

➢ **供应链层面共享：**不论使用大厨房的电器还是未来的小家电产品，未来更多的嵌入式的家电会更多出现在消费场景中。

➢ **一站式购物：**推行省心省力，一站式搞定家装、家居、家电。

第四节 房地产型整装

——橙家

房地产企业在向定制家居进行延伸的时候，更多的是将定制家居整合进精装房或者菜单式套餐里面，他的盈利主要体现在房子销售的利润空间，当然也有房地产商利用客户池优势将定制家居的盈利模式独立出来的。

碧桂园集团在向家居产业延伸时也进行着重大的布局，内部采取多头并进的方式开展各个领域的业务。在消化内部业务订单的同时，也同时向外部市场化的订单进行合作向市场化方向同步发展。目前，碧桂园向家居产业延伸的结构如图 11 - 13 所示。

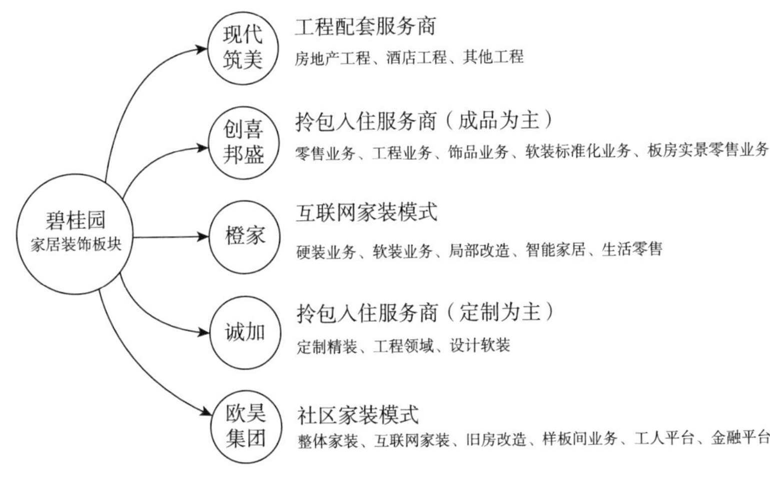

图 11 - 13 碧桂园向家居产业延伸的结构

橙家是碧桂园互联网家装战略合作伙伴，定位2亿名**新中产业主**的互联网家装品牌，依托碧桂园集团先天**供应链优势**及先进的运作模式迅速崛起，致力为客户提供**高质价比、健康环保**的整体家装服务。

橙家亮相了全生命周期产品，涵盖了轻奢硬装、国际严选软装、智能家居、家居零售等多系列产品，这些产品线覆盖到人们家居生活场景中，从孩童到青年、从中年到老年，全生命周期里不同人生阶段所必需的多方面家居生活需求。如图11－14所示。

主营业务

图11－14　橙家全生命周期产品

客户对象及业务形态：

➢ 刚需首套：基础硬装、气质软装。

➢ 改善置业：硬装、软装、智能、零售。

➢ 功能翻新：局部改造、智能家居。

➢ 投资房租：气质软装、生活零售。

橙家推出的微定制的冰山理论，背后代表着极致供应链、全流程信息化、开放生态。

微定制，提升差异化。同一户型，通过微定制呈现不同的效果。这样的变革，与以往一个标准化套餐走天下的互联网家装有较大差异。橙家这一产品战略，在供给端依然坚持标准化操作，而在用户层面满足他们个性化的需求，这也被看作是互联网家装行业进入2.0时代的标志。

橙家产品研发总监王中里预测，随着互联网家装行业的成熟，标准化与微定制将会最终走向融合。届时，互联网家装产品的细分，将更多的是基于不同生命周期、不同人群进行的细分。如图 11－15 所示。

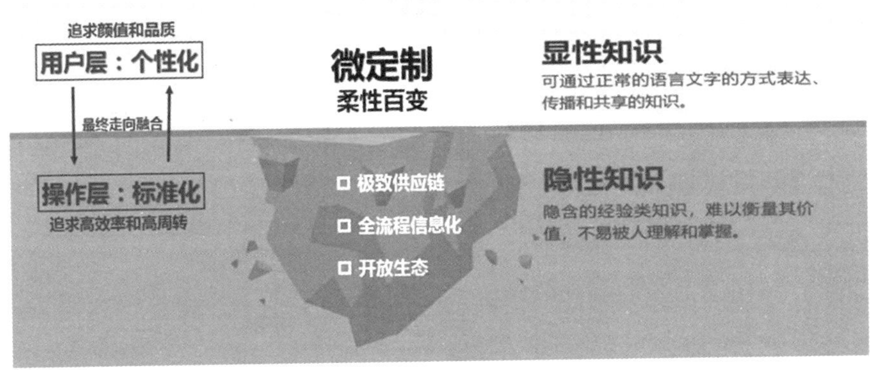

图 11－15　橙家微定制

橙家一直定位聚焦服务新中产消费人群，这是新商业时代的新变量之一。未来，这类人群也将会是中国主流消费人群，这类人群更注重颜值和住感，他们的强消费能力也会把更多品牌抬进百亿级甚至更大的阵营中。如图 11－16 所示。

标准化+微定制=新奢感

致力于服务中国2亿新中产业主

颜值革命　颜值即正义

星级主感　舒适即王道

精益制造　匠心即初心

图 11－16　橙家定位聚焦服务新中产业主

所谓的轻奢整装，强调的是设计原创性、功能舒适性、居家环保性、视觉美观性和用材品质性，以便在有限的生活空间里呈现最大的居家价值。

极致供应链的优势不用多说，依托碧桂园集团的千亿规模集采，极致的成本和性价比优势。橙家每平方米装修价格可以做到 688 元还有利润，而其他互联网家装公司，这个价位基本就是在做公益事业。如图 11－17 所示。

图 11－17 碧桂园集团千亿规模集采

橙家的产销协同模型如图 11－18 所示。

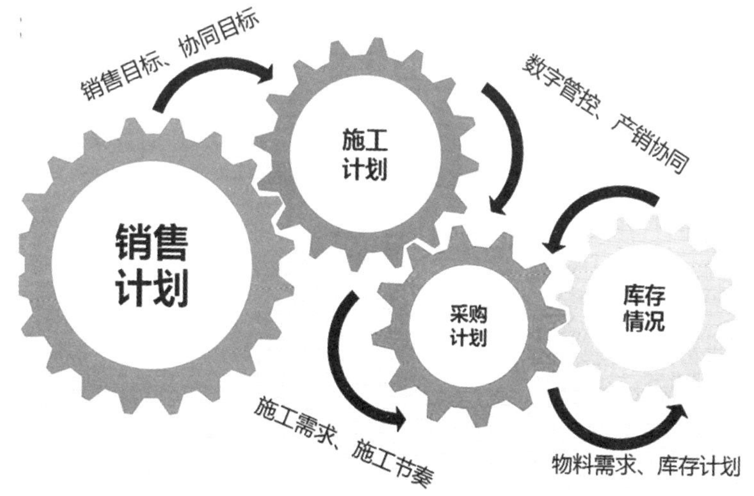

图 11－18 橙家的产销协同模型

橙家的信息化建设：全流程信息化，是企业增长的原动力；系统化管理，数据化呈现。如图 11－19 所示。

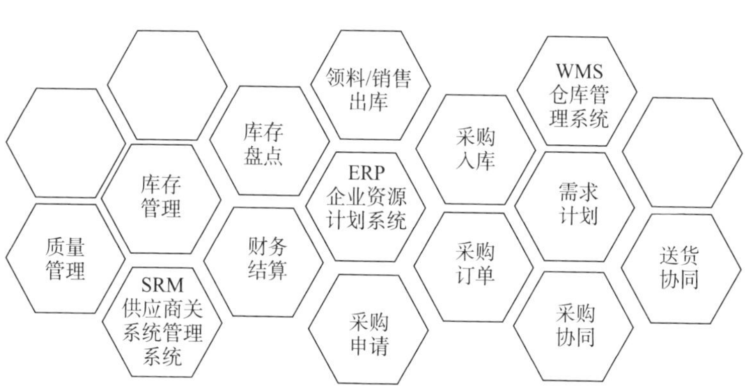

图 11－19 橙家的信息化建设

橙家开放生态的整合模型如图 11 - 20 所示。

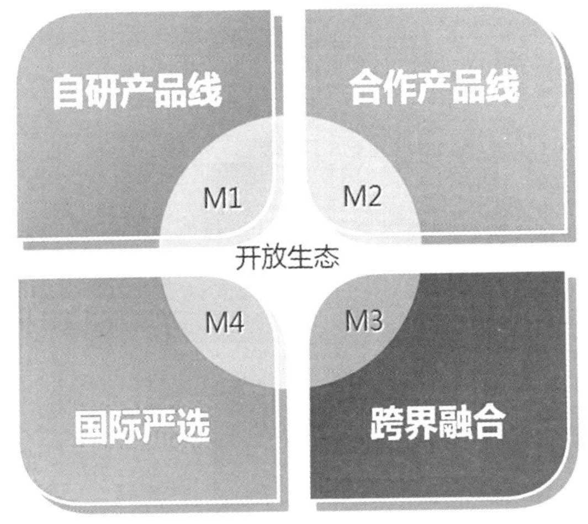

图 11 - 20 橙家开放生态的整合模型

橙家的精益制造模型如图 11 - 21 所示。

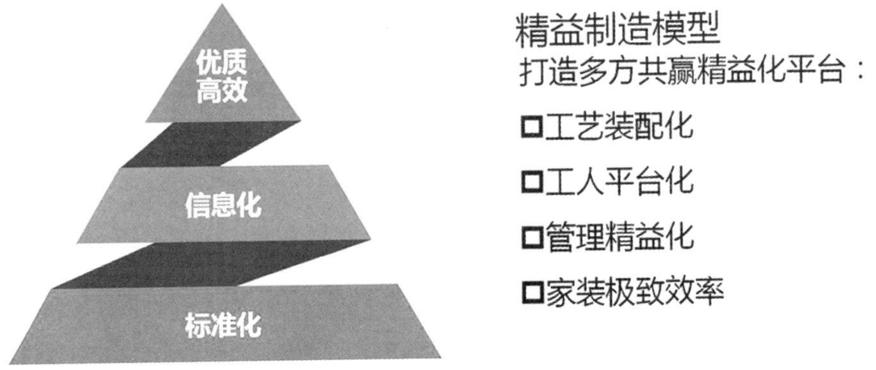

图 11 - 21 橙家的精益制造模型

橙家内部被称为 SIF 精益制造理念，它的雏形最早源自汽车行业的管理系统，橙家主要围绕 SIF 精益制造理论，标准化、信息化和优质高效，为工程管理可视化赋能，为精益化改善提供数据基础，实现多方共赢的格局。

橙家的施工流程标准化如图 11－22 所示。

图 11－22 橙家的施工流程标准化

作为家居产品全生命周期的一部分，橙家橙生活将家装产品的销售场景延伸到了线下商城，从针对家装的低频消费场景切入到针对家居产品的中高频消费场景，成了一种终端零售化的重要呈现方式。

橙家与大部分企业有所区别，其门店全部开在了商圈内，原因在于橙家希望通过在商圈内增加家装业态。一方面，是让消费者消费场景更加轻松便捷；另一方面，希望引导消费者营造客户生活方式，紧跟家居潮流推陈出新。所以，橙家不仅仅是一家家装公司，还是一家贩卖生活方式的公司。

橙家与网易严选已经联合在宁波、杭州落地家居行业首款软装联名产品，打造一个以家居空间为体验核心的场景。在此之前，橙家正在逐步靠近。与 La Forma、苏宁等品牌的跨界合作。

以网易严选为起点"橙家×"产品平台战略发布。橙家与网易严选的合作是建立在新零售革命的背景下，"互联网家装＋原创生活类电商"的尝试被看作是家居业内的首次试水；平台化这是未来橙家主要的产品战略；橙家在未来要做的不仅仅是深耕家装领域，同时也开放自身平台，引入更多家居相关品类产品、拓展用户、构建离用户最近的零售生态圈。

第五节　平台型整装
——齐家网

平台企业对家居家装产业的赋能经历了以下三个阶段：

第一阶段：流量赋能。平台企业通过成熟的线上和线下推广体系，为家居家装企业带来精准的流量，帮助企业提高流量转化率，低成本获取用户；帮助用户在平台上充分了解产品和服务，彼此之间建立高效连接。

第二阶段：规则赋能。平台企业通过制定相关标准、提供相关服务来改造家居家装行业的业务标准，并通过深度介入，加强把控与保障，优化用户体验，推进家居家装行业健康发展。

第三阶段：技术服务赋能。家居家装企业极度分散，技术相对落后。平台企业通过为家居家装企业输出技术服务来改善其供应链和管理能力，降低运营成本，提升服务效率。

齐家网发展历程如图 11－23 所示。

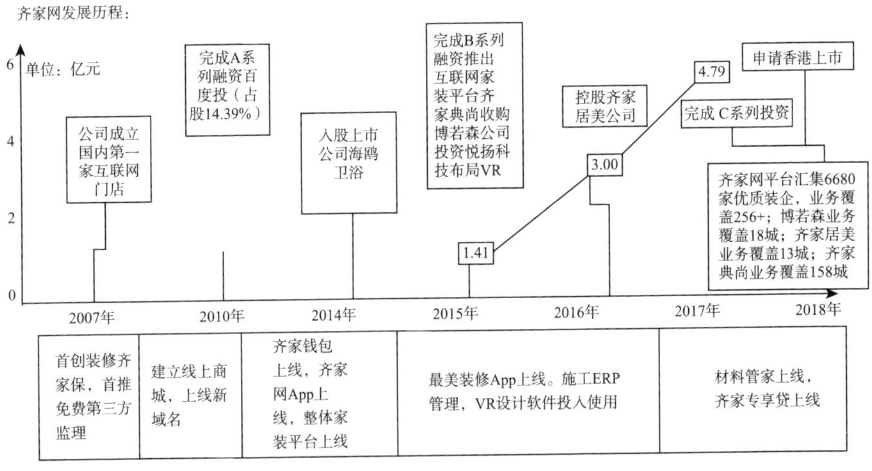

图 11－23　齐家网发展历程

2018 年齐家网在港递交 IPO 申请，成为互联网家装平台上市第一家企业。齐家网以团购起家，而后逐渐转型为互联网家装平台。弗若斯特沙利文报告显示，2017 年中国家装服务行业市场规模达到 2.3 万亿元，在线家装服务行业按照 GMV 计算，2017 年市场规模达到 1267 亿元，齐家网拥有 25.7% 的市场份额。

齐家网历经十年发展，依托巨大的流量优势，在用户、装企与供应链品牌厂商之间创造了良好的互动场景与连接通道。齐家网自主研发的 3D 云设计平台图，以设计作为切入点，贯穿家装各个环节。对品牌厂商而言，平台上积累的海量装修数据能够帮助厂商更加精准、快速地了解用户的需求变化，及时调整销售策略。对装修企业而言，能够深度整合供应链和施工作业系统，实现施工主材的智能调配，帮助企业提高施工效率、降低成本。未来，齐家网以这种模式发展，将孕育出服务于家装行业的网络协同平台，从技术角度全面赋能行业。如图 11－24 所示。

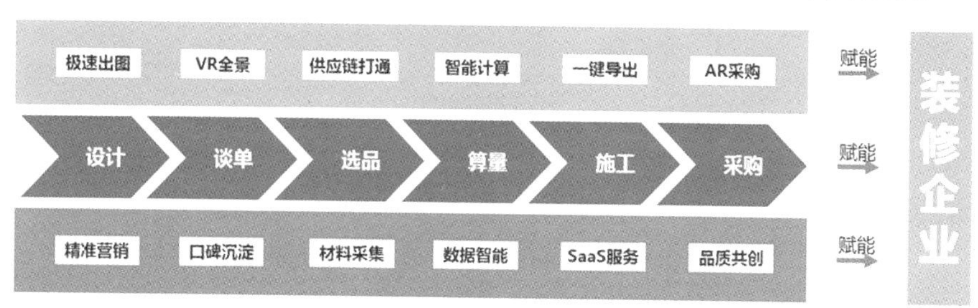

图 11－24 家装行业的网络协同平台

业务简介：

➢ 齐家团购：其核心作用是把线上客户引导到线下，通过线下体验，提高客户的提袋率。齐家团购的线下体验有三种实现方式：周末租用会展中心、到自建的体验中心进行体验、到合作的线下家居商场进行体验。

➢ 齐家装修：齐家装修业务主要提供三类产品：一口价施工包、一站式整装包、装修公司与消费者之间的中介。

➢ 齐家商城：齐家商城第三方入驻；以建材品牌为主，其次是软装家居品牌；有极少部分齐家网自营商品。

三大优势：

➢ 生态优势：以家装建材互联网团购起家，构建从建材、设计再到施工、售后等涵盖家装各个流程和环节的生态链条。

➢ 流量优势：流量有着重要作用。百度作为齐家网的第二大股东。

齐家网的业务体系：施工 ERP 的管理系统；异业合作资源整合能力；战略计划真正的落地能力。如图 11－25 所示。

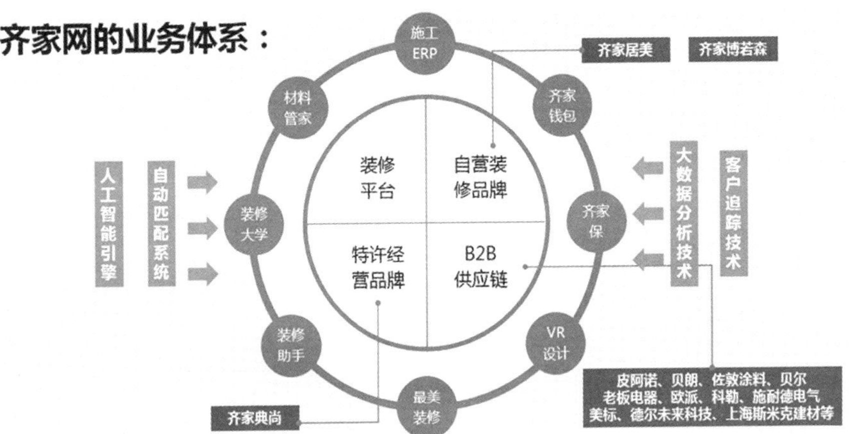

图 11－25　齐家网的业务体系

➢ 装修平台：平台是我们的核心业务。我们透过平台向用户和装修公司提供重要的增值服务。平台亦是装修公司吸引新客户的高效且具有成本效益的途径。除了能够将装修公司与客户相连接外，我们亦将家装流程及平台上的装修公司与客户进行交流的方式进行标准化和简化，以帮助装修公司提升能力、提高客户满意度。

➢ 自营家装品牌：鉴于许多用户的多样化需求，我们亦建立了两个提供全方位服务的家装品牌：博若森和居美。博若森专注于个人消费者，而居美专注于为住宅开发商及服务式公寓提供家装服务。

➢ 特许经营商（城市合伙人）：预料到中国三四线城市的互联网家装市场拥有巨大的增长潜力，特别建立了针对这些市场的特许经营品牌——典尚。

➢ 齐家供应链：装修公司可通过我们的平台下单，直接从制造商处购买各式各样的优质建材、辅材和装饰。供应链网络内的建材制造商包括国内外知名品牌，以及本地高性价比品牌。我们设有严格的制造商筛选政策，涵盖他们处理订单、安排送货的能力和仓储空间。

➢ 齐家保资金托管：类似于支付宝的功能，担保客户的资金安全。

➢ 关于交付工地的安全质量工艺的问题，提供免费的第三方监理，对于装企来说，也可以把这个工具作为转化率的工具。

2019 年“SSF”战略，即 SSF 三位一体助力装企营收破亿元，并以信息化为驱动填补装企技术短板，以供应链为抓手推动品牌利润增值。

①深构生态供应链体系。

➢ 齐家网全面布局生态供应链体系，无论是 F2C 全国供应链的深化、全国品牌本地化供应链齐 × 计划的启动，还是区域品牌供应链的整合。

➢ 生态供应链方面齐家网将会围绕选品、价格、服务和品牌层次深入展开，通过供应链提升齐家网及平台上的装企的品牌的差异化，真正构建装企的品牌价值。

➢ 以智能和科技的产品为驱动，丰富供应链层次。

②深化家装信息化建设。

➢ 齐家网将进一步以技术为驱动，在流量、内容、设计、施工交付、交易保障等方面给予装企全面支持，并将在广告投放、社交营销、CRM 客户管理、DS 设计、ERP 管理等方面开放平台，持续繁荣齐家网生态。

➢ 齐家网将会为商家提供专业的接单系统，并会联合更多的第三方成立一个齐家开放平台，将信息化进行到底。

③深挖家装生态金融场景。

➢ 齐家装企贷和专享贷则是解决装企和用户关于“钱”的难题的一次完美落地，齐家网于 2019 年继续发力挖掘金融场景。

➢继续赋能，给更多的业主提供专享贷服务。

➢对于信用、标签和服务能力优秀的商户，穷价位会通过第三方授信机制，通过装企贷款将其在齐家网的买单费用放授给对方，通过这种合作模式可以帮助装企建立起一套完整的贷款流程，甚至实现不占用商户现金流的情况。

④齐家网为商家提供了体系化的商家系统，包括专业的 PC 端商家后台、商家接单小程序及全新商家后台系统：家装行业主要信息化工作场景依然集中在 PC 端，同时借助移动互联网和微信小程序的便利性。

全线升级服务，革新用户体验。具体内容如下：

①越来越多的用户更加关注“环保”“智能”。为此，齐家网紧跟用户诉求，借助技术手段，力推环保工地，改革施工工艺和工法，并整合新兴、环保的材料，减少装修垃圾，避免施工污染，满足用户日益强烈的环保需求，让家装更加人性化和便利性。

②齐家网将全面升级交付管理：针对偏远用户无法上门服务、工地现场不规范、业主对商家私收定金存疑等难题，齐家网将开通齐家保远程监理；执行商家端工艺培训机制、启动商家工地管理机制等，进一步强化交付管理能力；齐家网将所有的工地都在线化；平安保服务 2.0 出台，帮助用户对抗装修公司“跑路”、装修施工意外等风险。

③齐家网发布合作装企晋升标准 1.0，加大对合作企业的审核力度。根据标准，锁单量和齐家保开工转化率达到一定要求后，才能享受到齐家网匹配的 SSF 级资源。

④向客户灌输专业装修知识，同时也在完善口碑和点评体系，帮助用户更好地选择商家。

在行业中，部分大型家装企业拥有自有的供应链，通过与厂家直连的方式获得货物的供应。这一方式虽然成本控制较好，但是存在着开放程度不够与产能不足的隐患。而另一种比较常见的“抱团取暖”式的供应链体系，即建材家居品牌的流通商通过拓展行业内头部的装企、本地知名装企打通市场，这一方式对接过程极为冗杂、效率极低，很难大范围复制和帮助家装企业。

齐家网生态化供应链主要由以下三个部分组成，如图 11 – 26 所示。

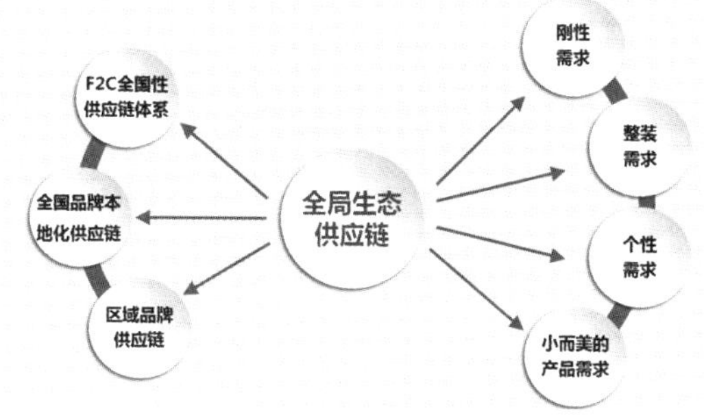

图 11 – 26　齐家网生态化供应链

①业务核心基础是 F2C 的全国性供应链体系，目前已经覆盖了“8 + 1”种品类，拥有着过万的 SKU。

②齐家网也在打造全国品牌的本地化供应链——“齐 × 计划”，这一有着浓厚未知色彩的计划主要是帮助用户获得个性化的产品和服务。

③齐家网将会把各个区域有代表性的小而美的产品纳入供应链体系，让供应链体系更加丰满。

老板·创业			
一、经理人			
书名	内容	书名	内容
老总有想法，高层有干法 王清华　著	企业将、帅之间的定位问题、角色问题、方法问题、思维问题、管理问题等	历史深处的管理智慧1：组织建设与用人之道 刘文瑞　著	通过历史鉴照当今企业选人用人、二代接班人、创业团队管理等问题
历史深处的管理智慧2：战略决策与经营运作 刘文瑞　著	通过历史鉴照当今企业决策、战略规划、战略冒进、决策监督等问题	历史深处的管理智慧3：领导修炼与文化素养 刘文瑞　著	通过历史鉴照当今企业的领导修养、用权、管理风格等问题
老板经理人双赢之道 陈　明　著	经理人怎养选平台、怎么开局，老板怎样选/育/用/留		
二、用人			
用好骨干员工 王　敏　著	系统化分享关键人才打造与激励方法	领导这样点燃你的下属 孟广桥　著	领导者如何才能让员工积极主动地工作
让用人回归简单 宋新宇　著	帮助管理者抓住用人的要害，让用人变得简单		
三、转型·创业			
创业要过哪些坎 董　坤　著	15年创业咨询经验总结的创业遇到的问题及办法	高潜牛人 董　坤　著	创业和事业发展中如何找到牛人
成为下一个SaaS独角兽 崔牛会　主编	19位SaaS领专家，7个不同的视角总结SaaS行业实践	创模式：23个行业创新案例 段传敏　著	CEO社群23位企业家的思考与实践分享。
重生——中国企业的战略转型 施　炜　著	本书对中国企业战略转型的方向、路径及策略性举措提出了建议和意见。	7个转变，让公司3年胜出 李　蓓　著	企业估值、业务模式、营销、生产制造、客户服务、用户黏性到组织管理7个转变
企业二次创业成功路线图 夏惊鸣　著	五步骤给出了一幅企业二次创业经营突破、管理提升的成功路线图	跟老板“偷师”学创业 吴江萍　余晓雷　著	如何通过“偷师”学习与积累当老板的阅历
公司由小到大要过哪些坎 卢　强　著	企业成长路线图，现在我在哪，未来还要走哪些路，都清楚了	跳出同质思维，从跟随到领先 郭　剑　著	66个精彩案例剖析，帮助老板突破行业长期思维惯性
企业经营			
经营打造你的盈利系统 高可为　著	选择最有效的经营策略，打造属于自己的商业模式	中国企业的觉醒 王　涛　著	企业告别自私、野蛮，转向善良、爱，才会赢得消费者
成为敏感而体贴的公司 王　涛　著	未来有竞争力的企业，一定是那些敏感而体贴的公司！	有意识的思考 王　涛　著	对头脑中固有观念保持觉察，从而超越它们的局限
简单思考 孔祥云　著	著名咨询公司（AMT）CEO创业历程中的经验与思考	写给企业家的公司与家庭财务规划 周荣辉　著	以企业的发展周期为主线，写各阶段企业与企业主家庭的财务规划

续表

书名	内容	书名	内容
从10亿到100亿的企业顶层设计 刘建兆　著	重新定义企业成长方式，有效益、有效率、有效能、有效果、有品质的良性成长。	活系统：跟任正非学当老板 孙行健　尹　贤　著	造活系统，使系统活，靠系统活，活得系统。
宗：一位制造业企业家的思考 刘建兆　著	发展20年营业额近亿元制造业企业家的思考与心得	使命：驱动企业成长 高可为　著	用大企业发展轨迹及企业家的心路历程，揭示企业成长的基因，做事的逻辑
让经营回归简单 宋新宇　著	战略、客户、产品、员工、成长、经营者的经营法则	边干边学做老板 黄中强　著	86个案例讲述中小公司成长过程遇到的问题和方法
盈利原本就这么简单 高可为　著	跨越业务与财务边界，为企业提高盈利水平提供方法。		
综合管理			
一、企业管理			
让管理回归简单 宋新宇　著	从目标、组织、决策、授权、人才、老板自己等提供方案	管理的尺度 刘文瑞　著	西医式的体检化验，又要施加中医式的望闻问切
管理：以规则驾驭人性 王春强　著	人性驾驭角度权度运筹安排的可兑现性，管理有效性	看电影，学管理 刘文瑞　著	十六部电影的解读，揭示电影内含的管理之道
好管理　靠修行 曾　伟　著	从佛法、道法思想中寻找管理智慧	公司大了，怎么管 金国华　著	成长型企业发展中的共性问题，通过案例实录解开
低效会议怎么改 王玉荣　葛新红　著	从梳理公司会议体系的层面改变低效会议的现状	年初订计划年尾有结果 郭　晓　著	总结七步落地方案让战略计划切实落地实现
分股合心 段　磊　周　剑　著	围绕股权激励，详细介绍相关知识和实行方法	员工心理学超级漫画版 邢　磊　著	漫画形式对组织中个体心理的全面介绍和深入探讨
让投诉客户满意离开 孟广桥　著	投诉法律法规，应对各种投诉技巧等提升客诉能力		
二、管理思想			
管理学的奠基者 刘文瑞　著	近代以来的管理思想发展揭示管理思想的演化奥秘	巴纳德组织理论研读 郭　威　著	深度研读巴纳德《经理人员的职能》，帮你理解和看懂
管理学在中国 刘文瑞　著	科学看待管理学流入中国，对继承发展进行深入阐述	德鲁克管理学 张远凤　著	以德鲁克管理思想发展为线展示20世纪管理学发展
德鲁克与他的论敌们 罗　珉　著	德鲁克与马斯洛、戴明等诸多管理大师论战的故事	德鲁克管理思想解读 罗　珉　著	作为德鲁克学生全面解构其思想的精髓与实践价值
治论：中国古代管理思想 张再林　著	深入分析中国古代哲学基本精神的基础上，梳理分析了儒法墨三家的管理思想		

续表

营销·销售			
一、企业销售			
书名	内容	书名	内容
大客户销售这样说这样做 陆和平　著	大客户销售活动的十大模块，68个典型销售场景	**向高层销售** 贺兵一　著	销售人员与客户高层打交道需要重点掌握的知识、技巧
资深大客户经理 叶敦明　著	将大客户经理必须具备的规划、策略、执行三种能力连通自如	**成为资深的销售经理** 陆和平　著	让销售经理成功把握销售管理6个关键点，并提供工具
销售是个专业活 陆和平　著	据客户采购流程拆分销售过程10阶段，讲解方法技巧	**学话术　卖产品** 张小虎　著	手机、电动车、家电、食品等消费品的一线销售话术
二、企业营销			
新营销组织力 迪智成　著	适应最新数字化外部环境，系统化协同组织能力建设	**营销按钮** 老　苗　著	讲述存在于人性以及各个营销环节中的"按钮"
精品营销战略 杜建君　著	"精品营销战略"核心逻辑与营销组合策略	**360°谈营销** 王清华　古怀亮　著	营销是立体的，从不同角度观察不同企业的营销精髓
互联网精准营销 蒋　军　著	互联网时代整3体策划、包装品牌和产品	**招招见销量的营销常识** 刘文新　著	做好基本的营销动作都可以提高销量、减低成本
用数字解放营销人 黄润霖　著	用数字说话覆盖营销工作的方方面面	**用营销计划锁定胜局** 黄润霖　著	让营销计划落地，营销人员只需解决两个问题：基数与概率
我们的营销真案例 联纵智达研究院　著	五芳斋粽子、诺贝尔瓷砖、利豪家具、保健品、娃哈哈	**中国营销战实录** 联纵智达研究院　著	51个案例，46家企业，46万字，18年积淀
弱势品牌如何做营销 李政权　著	产品与物流通道、服务通道、促销互动通路提供方法	**解决方案营销实战案例** 刘祖轲　著	十大工业品作者实操案例解码解决方案营销
升级你的营销组织 程绍珊　吴越舟　著	根据企业实际情况建立有机性营销组织	**变局下的营销模式升级** 程绍珊　叶　宁　著	十年大量案例归纳三种核心驱动要素，三种升级方向
老板如何管营销 史贤龙　著	以十六个招式，理论与案例相结合，高段位营销方法	**孙子兵法营销战** 刘文新　著	理解《孙子兵法》原意的同时，还可体悟到营销之用
三、品牌			
中国品牌营销十三战法 朱玉童　著	深度演绎最符合企业品牌营销策划的十三套实战战法	**中小企业如何打造区域强势品牌** 吴　之　著	如何建立强势品牌的角度解析扩张难题
四、营销策划			
这样写文案，就没有卖不动的产品 秦　剑　刘安丽　著	术、法、道三个层面由浅至深培养商业文案创作能力	**洞察人性的营销战术** 沈　坤　著	介绍了28个匪夷所思的营销怪招，大部分甚至可以直接运用

续表

书名	内容	书名	内容
双剑破局：沈坤营销策划案例集 沈　坤　著	双剑公司8年来的实操案例，每个项目诞生过程、策划角度和方法		
企业案例			
鲁花：一粒花生撬动的粮油帝国 余　盛　著	鲁花如何成长为优秀的带动农业产业发展的品牌，鲁花你一定学得会	金龙鱼背后的粮油帝国 余　盛　著	以金龙鱼为脉的一部中国粮油行业的史诗
你不知道的加多宝 曲宗恺　牛玮娜　著	以时间为轴线，详细叙述了加多宝品牌的发展历程	静水流深 黄治国　著	作者在美的十五年对何享健近内部讲话资料的整理
娃哈哈区域标杆 罗宏文　快车君 赵晓萌　寇尚伟	讲娃哈哈豫北市场如何成为娃哈哈全国第一大市场、全国增量第一的市场	借力咨询：德邦成长背后的秘密 官同良　王祥伍　著	德邦将自己积累的与咨询公司发展共赢的合作逻辑和盘托出
六个核桃凭什么从0过100亿 张学军　著	全视角深度解读养元企业的裂变成长，复盘十年蜕变轨迹	像六个核桃一样 王　超　著	六个核桃为什么卖得这么好，产品畅销的6大要义36条简明法则
中国首家未来超市 IBMG集团　著	对乐城超市的掌门人及内部员工的采访详细阐释了乐城的经验	三四线城市超市如何快速成长：解密甘雨亭 IBMG集团　著	甘雨亭的许多关键经营指标均高于行业标准，学习其成功的方法
集团化企业阿米巴实战案例 初勇钢　著	作者在某酒厂推行阿米巴经营模式的心得		
经销商			
新经销：新零售时代教你做大商 黄润霖　著	探访近100位经销商在传统营销手法上的创新，传统营销微创新和新营销本地化	商用车经销商运营实战 杜建君　王朝阳 章晓青　著	对商用车经销商的经营与管理、4S店运营做了全方面的系统总结
跟行业老手学经销商开发与管理 黄润霖　著	从管理耐用消费品经销商角度提炼了48个代表性问题并给出解决办法	快消品经销商如何快速做大 黄润霖　著	经销商如何通过经营实现规模，通过管理实现规模效益
建材家居经销商实战42章经 王庆云　著	经营管理的心法和战法，帮助经销商成为“业务妙手”和“管理能手”	成为最赚钱的家具建材经销商 李治江　著	针对建材家居行业的经销商，从销售模式、产品、门店、市场等方面给出方法
白酒经销商的第一本书 唐江华　著	经销商如何选择厂家、合作、运营品牌等问题给建议	快消品招商的第一本书 刘　雷　著	从招商理论到招商动作进行系列化分解，化繁为简
中小企业			
中小企业如何打造区域强势品牌 吴　之　著	如何建立强势品牌的角度解析扩张难题	用流程解放管理者 张国祥　著	8个板块构成，共66篇文章，14幅流程管理图
用流程解放管理者2 张国祥　著	对中小企业规范化流程管理进行系统的阐述	弱势品牌如何做营销 李政权　著	产品与物流通道、服务通道、促销互动通路提供方法

续表

书名	内容	书名	内容
本土化人力资源管理 8 大思维 周　剑　著	用最贴近中国中小企业现实管理情境的案例去讲述周围人的“家事”	中小农业企业品牌战法 韩　旭　著	农业企业需要全产业链视野，更需要品牌实战方法
门店销售冠军复制系统 王吉坤　著	门店型企业如何打造可复制的销售冠军系统，凡是门店型企业都可以使用	新零售动作分解与实操：建材·家居·家具 盛斌子　著	对泛家居行业趋势、店面管理、团队管理、促销推广、五感营销等提供策略
家具建材促销与引流 薛　亮　李永锋　著	对泛家居营销执行模式和工具、关键环节等进行汇总	建材家居门店 6 力爆破 贾同领　著	产品力、导购力、形象力、推广力、服务力、组织力
家具行业操盘手 王献永　著	总结家具终端门店发展的现状及问题并给出策略	手把手教你做专业督导 熊亚柱　著	系统梳理督导的核心技能，岗位职责、工作流程及技能
手把手帮建材家居导购业绩倍增 熊亚柱　著	针对建材家居门店的业务人员，案例故事还原场景教你成为好导购	10 步成为最棒的建材家居门店店长 徐伟泽　著	梳理店长管理的核心工作职责，店面管理规范和帮助销售人员成长
建材家居门店销量提升 贾同领　著	9 个板块讲述建材门店一个单店如何做到经营的良性循环	总部有多强大，门店就能走多远 IBMG 集团　著	五大方向综合阐述连锁零售企业总部如何提升管理能力
赚不赚钱靠店长，从懂管理到会经营 孙彩军　著	注重专卖店的经营思路拓展，门店管理细节方面能力提升	新医改了，药店就要这样开 尚　锋　著	从药店定位的思考，内部和会员管理等几个方面探讨中小型药店发展方向
门店管理			
电商来了，实体药店如何突围 尚　锋　著	新时代药店经营三驾马车：药学专业服务、会员贴心服务和精准定向促销	引爆药店成交率 1：店员导购实战 范月明　著	药店人的零售工作怎样接待顾客，完善销售技巧
引爆药店成交率 2：药店经营实战 范月明　著	从药店经营角度如何建立改善门店现状的实用标准	引爆药店成交率：专业化销售解决方案 范月明　著	从简单的拿药服务到提供多角度的专业解决方案
互联网			
一、互联网转型			
画出公司的互联网进化路线图 李　蓓　著	18 个“可以……吗”的问题作为你产品、客户和价值方面的指引牌	7 个转变，让公司 3 年胜出 李　蓓　著	企业估值、业务模式、营销、生产制造、客户服务、用户黏性到组织管理 7 个转变
重生战略移动互联网和大数据时代的转型法则 沈　拓　著	四个重生战略对应四个法则告知传统企业的转型重生之路	创造增量市场：传统企业互联网转型之道 刘红明　著	为读者提供了寻找这些互联网的切入点和接触点的具体方法，带来增量市场
互联网 + 变与不变 本土管理实践与创新论坛　著	61 篇精华文章，聚焦传统行业如何互联网 + 时代转型	今后这样做品牌 蒋　军　著	顶层设计、营销创新、产品战略、渠道变革、品牌策略
移动互联新玩法 史贤龙　著	立足现实，剖析新时代背景下的移动互联趋势与热点	互联网时代的成本观 程　翔　著	多维组合成本的互联网精神和大数据特征及应用

续表

书名	内容	书名	内容
正在发生的转型升级实践 本土管理实践与创新论坛　著	100 多位本土管理专家当年对最新一年的思考和实践	**1000 铁杆女粉丝** 张兵武　著	如何让普通女性成为忠实追随的铁杆粉丝，磁力点、情感结、甜蜜区、信任圈
混沌与秩序Ⅰ：变革时代企业领先之道 彭剑锋　施　炜 苗兆光　王祥伍 孙　波　夏惊鸣	新环境下企业面临变革应如何应对，作为企业家又应当如何坚守并与企业共同成长提出了深度思考	**混沌与秩序Ⅱ：变革时代管理新思维** 彭剑锋　施　炜 苗兆光　王祥伍 孙　波　夏惊鸣	对处于时代变革下的企业管理新机制、人力资源管理新思维，组织与人的新型关系，结合案例提出优化建议
消费升级：实践·研究 本土管理实践与创新论坛　著	从经营、管理、行业三个方面记录消费升级下的实践	**互联网精准营销** 蒋　军　著	互联网时代整体策划、包装品牌和产品
二、抖音、微信微商、电商			
抖音营销系统 刘大贺　著	抖音系统的实战营销知识，上百个从 0 做大的案例	**金牌微商团队长** 罗晓慧　著	微商团队长创业实操的指导工具书
微商生意经：真实再现 33 个成功案例操作全程 伏泓霖　罗晓慧　著	精心挑选的 33 个微商成功案例，阐述具体操作过程	**快速见效的企业微信营销方法** 孙　巍　著	站在微信生态的立体高度系统讲述企业微信快营销方法论
阿里巴巴实战运营：14 招玩转诚信通 聂志新　著	产品定位、阿里巴巴排名因素、数据分析，标题优化等如何做好阿里巴巴	**阿里巴巴实战运营 2：诚信通热卖技巧** 聂志新　著	打开诚信通运营的金钥匙，10 大具体运营技巧
三、行业新营销			
餐饮新营销 杨　勇　程绍珊　著	聚焦餐饮企业转型，系统的餐饮企业营销管理体系	**新零售进化路径** 李政权　著	预先复盘新零售及商业的未来，找到方向
珠宝黄金新营销 崔德乾　著	珠宝业新营销/新品牌/新产品/新零售/新连接/新场景/新服务/新传播/新管理	**新经销：新零售时代教你做大商** 黄润霖　著	探访近 100 位经销商在传统营销手法上的创新，传统营销微创新和新营销本地化
新零售动作分解与实操：建材·家居·家具 盛斌子　著	对泛家居行业趋势、店面管理、团队管理、促销推广、五感营销等提供策略	**新营销** 刘春雄　著	让品牌商和渠道商掌握获得独立流量的能力，能够与平台商博弈
快速见效的企业网络营销方法　B2B　大宗 B2C 张　进　著	数据和案例 90% 来自作者服务的中小企业，快速全面地学习企业网络营销方法	**移动互联下的超市升级** 联商网专栏　著	超市未来的发展趋势，对社区超市、生鲜、全渠道建设、O2O 等提出观点
百货零售全渠道营销策略 陈继展　著	零售行业的竞争重点、行业本质，战略转型、未来趋势、经验和案例	**互联网时代的银行转型** 韩友斌　著	银行业在互联网金融变革浪潮中所做的积极应对和转型布局
触发需求：互联网新营销样本·水产 何足奇　著	通过鲜誉案例解读阐述水产行业如何进行互联网转型	**新农资如何弯道超车** 刘祖轲　著	从农业产业化、互联网转型、行业营销与经营突破四个方面阐述农资企业转型

续表

书名	内容	书名	内容
新零售　新终端 迪智成　著	将新零售系统打法做梳理并落地在新终端建设上		
医药医疗			
一、药店			
新医改了，药店就要这样开 尚　锋　著	从药店定位的思考，内部和会员管理等几个方面探讨中小型药店发展方向	电商来了，实体药店如何突围 尚　锋　著	新时代药店经营三驾马车：药学专业服务、会员贴心服务和精准定向促销
引爆药店成交率1：店员导购实战 范月明　著	药店人的零售工作怎样接待顾客，完善销售技巧	引爆药店成交率2：药店经营实战 范月明　著	从药店经营角度如何建立改善门店现状的实用标准
引爆药店成交率：专业化销售解决方案 范月明　著	从简单的拿药服务到提供多角度的专业解决方案		
二、药品销售			
医药第三终端：从控销到动销　诊所　基层医疗 王祥君　张芳文　著	用大量案例来梳理药企落地动销的策略、方法和技战术	医药营销：诊所开发维护与动销 张江民　著	从六个方面系统阐述基层诊所市场营销攻略
处方药合规推广实战宝典 赵佳震　著	对处方药推广体系搭建、推广人员岗位内容等六个方面进行阐述	医药代理商经营全指导 戴文杰　著	从产品选择、价格体系设计、路径管理等维度描述代理商产品操作的基本策略
处方药零售这样做 田　军　著	处方药零售的重要性及做市场的具体措施和方法	OTC医药代表药店开发与维护 鄢圣安　著	一位从初级OTC医药销售代表成长起来的销售经理的经验分享
OTC医药代表药店销售36计 鄢圣安　著	以《三十六计》为线，写OTC医药代表向药店销售的一些技巧与策略		
三、药企转型			
药企战略·运营与医药产业重构 杜　臣　著	对医药产业的深度认知与发展趋势结合，战略思考与经营操作相统一	医药行业大洗牌与药企创新 林延君　沈　斌　著	围绕着创新介绍医药行业，介绍近百家医药企业创新实践案例
医药新营销 史立臣　著	从药企最关心的八个方面阐述制药企业、医药商业企业营销模式转型	医药企业转型升级战略 史立臣　著	商业模式转型、管理转型、定位转型、运营模式转型和跨界转型五方面阐述转型
新医改下的医药营销与团队管理 史立臣　著	立足新医改相关政策的解读，为中小医药企业出谋划策	在中国，医药营销这样做 段继东　著	时代方略在医药营销领域思想、方法文章的精选合集
四、新医疗			
成为医疗器械领军者 王　强　著	中小型医疗器械生产企业和代理商怎样转型	新型诊所经营与创新 动脉网　著	对新型诊所从标准化管理、经营方式、团队建设、连锁模式四个方面进行解读

续表

书名	内容	书名	内容
医美新风口：颜值经济下的亿万市场 动脉网　著	详细介绍中国医疗美容行业的发展趋势，现状以及医美产业链等	互联网医院：正在发生的医疗新变革 动脉网　著	介绍互联网医院的建设与运营、管理，发展模式和市场布局，以及发展规律
快消品			
一、快消案例			
中国快消品营销这些年 史贤龙　著	一本书浓缩快消品营销15年的实战历程与前沿思考	这样打造大单品 迪智成　著	通过13个大案例帮助企业梳理打造大单品的路径
你不知道的加多宝 曲宗恺　牛玮娜　著	以时间为轴线，详细叙述了加多宝品牌的发展历程	娃哈哈区域标杆 罗宏文　快车君 赵晓萌　寇尚伟	讲娃哈哈豫北市场如何成为娃哈哈全国第一大市场、全国增量第一的市场
六个核桃凭什么从0过100亿 张学军　著	全视角深度解读养元企业的裂变成长，复盘十年蜕变轨迹	像六个核桃一样 王　超　著	六个核桃为什么卖得这么好，产品畅销的6大要义36条简明法则
5小时读懂快消品营销 陈海超　著	20年快速消品市场风云洞察解码，丰富的案例解析		
二、快消品区域经理			
快消品营销团队管理 刘　雷　伯建新　著	快消品团队管理相关的20余个工具+20余个案例	这样打造快消品区域标杆 罗宏文　牛玉龙　著	分为两篇解决如何成功打造标杆市场和进行持续增量管理两大问题
成为优秀的快消品区域经理（升级版） 伯建新　著	作为区域经理的“速成催化器”，升级版增加11篇内容	快消老手都在这样做：区域经理操盘锦囊 方　刚　著	一线成长起来的资深快消品营销人“压箱底”绝活亲囊而授
快消品营销人的第一本书 刘雷　伯建新　著	针对一线厂家业务员工作中常遇到的问题给予建议	销售轨迹：一位快消品营销总监的拼搏之路 秦国伟　著	一个普通营销人的故事，16年背井离乡的职场拼搏之路
快消品营销：一位销售经理的工作心得2 蒋　军　著	从市场操作、团队管理、传播推广、营销的具体策略和战略等方面提供方法		
三、快消品动销			
动销：产品是如何畅销起来的 余晓雷　著	怎么被消费者买走和竞争对手是谁这两个原点解决动销问题	动销操盘：节奏掌控与社群时代新战法 朱志明　著	用七个章节阐述关于动销操盘的要诀，节点、节奏、主次、条件匹配性等问题
动销四维：全程辅导与新品上市 高继中　著	从产品、渠道、促销和新品上市四个方面详细讲解提高动销的具体方法		
四、快消品渠道			
深度分销 施　炜　著	流道价值链、模式选择、渠道策略与管理、零售经销商管理、最佳实践、团队建设	通路精耕操作全解周俊 陈小龙　著	对康师傅制胜法宝通路精耕进行系统介绍与说明，图表和完善入微的操作方法

续表

书名	内容	书名	内容
酒水饮料快消品餐饮渠道营销手册 朱伟杰　著	对餐饮渠道深入挖掘，建立适合餐饮渠道发展的服务模式和组织保障措施	快消品经销商如何快速做大 杨永华　著	经销商如何通过经营实现规模，通过管理实现规模效益
快消品营销与渠道管理 谭长春　著	解决日常涉及的渠道管理、市场、产品等营销事务	快消品招商的第一本书 刘　雷　著	从招商理论到招商动作进行系列化分解，化繁为简
采纳方法：化解渠道冲突 朱玉童　著	21 个最新的渠道冲突案例立体地介绍渠道冲突的现象和方法		
五、快消品企业战略			
重构：快消品企业重生之道 杨永华　著	从战略，品牌，市场，产品，营销，系统，管理 7 个方面进行重构	变局下的快消品实战策略 杨永华　著	从 5 个角度针对快消品企业如何应对行业变局给出答案
新营销 刘春雄　著	让品牌商和渠道商掌握获得独立流量的能力，能够与平台商博弈	采纳方法：破解本土营销 8 大难题 朱玉童　著	破解困扰营销人的八大难题变给出解决方法
白酒营销培训宝典：复制高业绩 刘孝鞅　著	总结白酒营销人员系统运作市场的要点，转化为易学可复制的动作和工具表单	酒水饮料快消品餐饮渠道营销手册 朱伟杰　著	对餐饮渠道深入挖掘，建立适合餐饮渠道发展的服务模式和组织保障措施
白酒营销的第一本书 唐江华　著	多角度阐释白酒一线市场操作的最新模式和方法	白酒经销商的第一本书 唐江华　著	经销商如何选择厂家、合作、运营品牌等问题给建议
白酒到底如何卖 赵海永　著	多角度地阐释了白酒一线市场操作的最新模式和方法	白酒到底如何卖 2：从市场培育到动销 赵海永　著	系统化、标准化、模式化的促成动销的实战操作方式和方法
变局下的白酒企业重构 杨永华　著	白酒企业重构期的营销战略与实操策略 6 大方法	酒业转型大时代 微　酒　著	酒水营销、新闻资讯及行业分析、预测的知识宝典
区域型白酒企业营销必胜法则 朱志明　著	以 36 条法则从战略、营销、推广、产品线、品牌、市场、战术、等方面提供方法	10 步成功运作白酒区域市场 朱志明　著	从市场攻守、产品攻略、新品上市、占领渠道、促销等十个层面阐述
茶·调味品·油·乳业			
营销中国茶：2 小时读懂茶叶营销 史贤龙　著	中国茶营销的“困局”“破局”和“创举”	中国茶叶营销第一书 柏　龑　著	纵览中国茶叶市场的全局，并且有针对性地提出问题并阐述解决方法
调味品营销第一书 陈小龙　著	15 年监控中国市场 50 个中外著名调味品品牌市场运作、管理等得到的经验总结	调味品企业八大必胜法则 张　戟　著	提炼了调味品企业八大规律性的关键成功要素
食用油营销的第一本书 余　盛　著	从小包装油行业概述到产品的基本知识，从基本执行动作到品牌整体策划等	鲁花：一粒花生撬动的粮油帝国 余　盛　著	鲁花如何成长为优秀的带动农业产业发展的品牌，鲁花你一定学得会

续表

书名	内容	书名	内容
金龙鱼背后的粮油帝国 余　盛　著	以金龙鱼为脉的一部中国粮油行业的史诗	**乳业营销的第一本书** 侯军伟　著	区域型乳品企业如何才能够稳健的发展
工业品			
一、工业品销售			
大客户销售这样说这样做 陆和平　著	大客户销售活动的十大模块，68 个典型销售场景	**销售是个专业活　B2B** 陆和平　著	据客户采购流程拆分销售过程 10 阶段，讲解方法技巧
成为资深的销售经理：B2B　工业品 陆和平　著	让销售经理成功把握销售管理 6 个关键点，并提供工具	**一切为了订单：订单驱动下的工业品营销实践** 唐道明　著	以订单流程的三个环节为主线讲述工业品营销管理新思路
二、工业品营销			
工业品营销管理实务（第 4 版） 李洪道　著	是信任导向工业品营销体系的深化版、工业品营销管理体系优化咨询升级版	**工业品企业如何做品牌** 张东利　著	为当下中国制造的品牌化转型提供经过实践证明的理念、方法和体系
工业品市场部实战全指导 杜　忠　著	解决职能不清、市场部五大职能如何运作、职业发展路径等具体问题	**解决方案营销实战案例** 刘祖轲　著	十大工业品作者实操案例解码解决方案营销
资深大客户经理：策略准　执行狠 叶敦明　著	将大客户经理必须具备的规划、策略、执行三种能力连通自如		
三、工业品企业			
变局下的工业品企业 7 大机遇 叶敦明　著	探索工业品企业成长的新机会，7 大战略与战术性机会	**两化融合管理体系贯标流程与方法** 戴　勇　著	融合五十多家企业在两化融合贯标过程的经验，总结重点与举措
丁兴良讲工业 4.0 丁兴良　著	多角度阐述中国在工业 4.0 的机遇和挑战		
建材家居			
一、建材家居门店			
家居建材促销与引流 薛　亮　李永锋　著	对泛家居营销执行模式和工具、关键环节等进行汇总	**新零售动作分解与实操：建材·家居·家具** 盛斌子　著	对泛家居行业趋势、店面管理、团队管理、促销推广、五感营销等提供策略
家具行业操盘手 王献永　著	总结家具终端门店发展的现状及问题并给出策略	**手把手教你做专业督导** 熊亚柱　著	系统梳理督导的核心技能，岗位职责、工作流程及技能
手把手帮建材家居导购业绩倍增 熊亚柱　著	针对建材家居门店的业务人员，案例故事还原场景教你成为好导购	**10 步成为最棒的建材家居门店店长** 徐伟泽　著	梳理店长管理的核心工作职责，店面管理规范和帮助销售人员成长
建材家居门店销量提升 贾同领　著	9 个板块讲述建材一个单店如何做到经营的良性循环	**建材家居门店 6 力爆破** 贾同领　著	产品力、导购力、形象力、推广力、服务力、组织力
二、建材家居经销商			
新经销：新零售时代教你做大商 黄润霖　著	探访近 100 位经销商在传统营销手法上的创新，传统营销微创新和新营销本地化	**建材家居经销商 42 章经** 王庆云　著	经营管理的心法和战法，帮助经销商成为“业务妙手”和“管理能手”

续表

书名	内容	书名	内容
成为最赚钱的家具建材经销商 李治江　著	针对建材家居行业的经销商，从销售模式、产品、门店、市场等方面给出方法		
三、建材家居企业			
定制家居黄金十年 韩　锋　翁长华　著	对中国定制家居行业20年发展历程深度、系统、专业的解读	建材家居营销：除了促销还能做什么 孙嘉晖　著	探索家居建材行业营销的革命，回顾和思考来发现行业“营销天花板”的突破口
建材家居营销实务：新环境、新战法 程绍珊　杨鸿贵　著	针对建材家居市场特点提出以客户价值为基础的整体营销价值链		
零货·超市·百货			
新零售进化路径 李政权　著	预先复盘新零售及商业的未来，找到方向	新零售　新终端 迪智成　著	将新零售系统打法做梳理并落地在新终端建设上
移动互联下的超市升级 联商网　著	超市未来的发展趋势，对社区超市、生鲜、全渠道建设、O2O等提出观点	百货零售全渠道营销策略 陈继展　著	零售行业的竞争重点、行业本质，战略转型、未来趋势、经验和案例
超市卖场定价策略与品类管理 IBMG集团　著	零售企业的市场拓展与商品定位、商品结构与商品陈列、毛利分析与库存分析	连锁零售企业招聘与培训破解之道 IBMG集团　著	围绕零售企业组织架构、培训体系建设等内容进行深刻探讨
总部有多强大，门店就能走多元 IBMG集团　著	五大方向综合阐述连锁零售企业总部如何提升管理能力	三四线城市超市如何快速成长：解密甘雨亭 IBMG集团　著	甘雨亭的许多关键经营指标均高于行业标准，学习其成功的方法
中国首家未来超市：解密安徽乐城 IBMG集团　著	对乐城超市的掌门人及内部员工的采访详细阐释了乐城的经验	零售：把客流变成购买力 丁　昀　著	通过大量的实际案例对中国零售业态的升级转型之路提出思考
餐饮·服装·影院			
餐饮新营销 杨　勇　程绍珊　著	聚焦餐饮企业转型，系统的餐饮企业营销管理体系	电影院的下一个黄金十年 李保煜　著	介绍了中国电影产业的运作模式以及电影院的开发、设计思路
餐饮企业经营策略第一书 吴　坚　著	阐述餐饮企业产品之道、市场之道、顾客之道及盈利之道	赚不赚钱靠店长，从懂管理到会经营 孙彩军　著	注重专卖店的经营思路拓展，门店管理细节方面能力提升
农牧业			
一、农资			
饲料营销有方法 陈石平　著	饲料营销的7大核心命题	农资营销实战全指导 张　博　著	深度营销在农资市场行之有效的营销策略和工具
新农资如何弯道超车 刘祖轲　著	从农业产业化、互联网转型、行业营销与经营突破		

续表

书名	内容	书名	内容
二、农牧企业			
中国牧场管理实战 黄剑黎　著	牧场管理标准、管理制度、操作规程做出剖析和指引	**中小农业企业品牌战法** 韩　旭　著	农业企业需要全产业链视野，更需要品牌实战方法
变局下的农牧企业9大成长策略 彭志雄　著	为农牧企业量身打造了9个立足现在、展望未来的成长策略	**农产品营销实战第一书** 胡浪球　著	针对33个农产品营销的核心问题提供具体招数
地产·汽车			
一、地产			
中国城市群房地产投资策略 吕俊博　刘　宏　著	挖掘主要城市群的现状特征、发展因子、演化趋势、竞争关系等，给出分析建议	**产业园区/产业地产：规划、招商、实战运营** 阎立忠　著	认知、规划、招商、运营四方面系统解读产业园区的建设精要和运营技巧
人文商业地产策划 戴欣明　著	“全球化视野（创意）”+“人文+”思维		
二、汽车			
商用车经销商运营实战 杜建君　著	对商用车经销商的经营与管理、4S店运营做了全方面的系统总结	**汽车配件这样卖** 俞士耀　著	适合轮胎、机油、维修、快保、美容、洗车等汽车服务业态销售实操办法
润滑油销售：这样说，这样做更有效 张金荣　著	总结润滑油销售面对三大客户常遇到的200余个营销问题解决方法		
投资理财·收购资本			
交易心理分析 马克·道格拉斯【美】　著	一语道破赢家的思考方式，并提供了具体的训练方法	**财报背后的投资机会** 蒋　豹　著	零基础轻松掌握财务报表的相关知识，快速入门
写给企业家的公司与家庭财务规划 周荣辉　著	以企业的发展周期为主线，写各阶段企业与企业主家庭的财务规划	**分股合心** 段　磊　周　剑　著	围绕股权激励，详细介绍相关知识和实行方法
成功并购300问 浩德并购军师联盟　著	系统学习资本运作和企业并购知识的金融工具书	**并购名著阅读指南** 叶兴平　著	全球5000多本并购图书中精选200本并进行评价
阿米巴			
阿米巴经营的中国模式 李志华　著	基于阿米巴经典理念提出了适合中国本土的员工自主经营的“1532”模型	**集团化企业阿米巴实战案例** 初勇钢　著	作者在某酒厂推行阿米巴经营模式的心得
中国式阿米巴落地实践之激活组织 胡八一　著	划分原则、裂变与整合、组织管控、重新定位、巴长竞聘和组阁	**中国式阿米巴落地实践之从交付到交易** 胡八一　著	从6个方面阐述经营会计，从交付到交易是成功实施阿米巴的标志
中国式阿米巴落地实践之持续盈利 胡八一　著	企业做平台、平台做成阿米巴、阿米巴做成合伙制		

续表

人力资源管理			
一、绩效·薪酬			
书名	内容	书名	内容
回归本源看绩效 孙　波　著	从目的和概念帮助企业梳理绩效管理与经营的关系	走出薪酬管理误区 全怀周　著	7个常见薪酬误区入手为企业提供一套系统解决方法
曹子祥教你做绩效管理 曹子祥　著	作者核心授课课程的还原，掌握绩效管理的核心内容	曹子祥教你做激励性薪酬设计 曹子祥　著	作者28年咨询经验总结，如何进行科学的薪酬体系设计
二、招聘·面试·培训			
把招聘做到极致 远　鸣　著	多年人力资源资深招聘经理多年工作心得提炼	把面试做到极致 孟广桥　著	一套实用的确定岗位招聘标准、提升面试官技能方法
人才评价中心漫画版 邢　雷　著	用漫画形式写成的人才测评专业书籍	世界500强资深培训经理人教你做培训管理 陈　锐　著	从构建培训体系、培训组织、培训文化、开发培训资源教你做培训管理
三、HR高管·劳动法			
经营型HRD 黄渊明　著	总结企业HRD如何支撑企业经营成功抓好七件关键事情	人才供应链：实现高绩效均衡的人才管理模式 许　锋　著	打造人才供应链的四大支柱，十项修炼的完整体系
新任HR高管如何从0到1 新　海　著	到互联网创业型企业担任HRVP，从0到1建立较完善的HR体系	人力资源体系与e－HR信息化建设 刘书生　陈　莹 王美佳　著	6大框架、28个关注点、5大目标、6大优势、166个交付物咨询体系和盘托出
集团化人力资源管理实践 李小勇　著	针对集团型企业人力资源管理急问题，提出科学建议	我的人力资源管理笔记 张　伟　著	第三方咨询视角跳出“技术方法”看人力资源管理
人力资源的5分钟劳动法 李皓楠　著	入职管理、在职管理、离职管理中遇到的劳动法问题及应对		
四、HRBP			
HRBP是这样炼成的之菜鸟起飞 黄渊明　著	作者在初步转型HRBP两年时间里摸索实践的亲身经历与总结	HRBP是这样炼成的之中级修炼 黄渊明　著	结合作者亲身从事HRBP的工作经历，总结HRBP的作战故事
HRBP高级修炼 黄渊明　著	故事方式，HRD角度深度呈现运用HRBP的思维、方法		
企业文化			
企业文化落地本土实践 王祥伍　著	华夏基石“知信行”模型描绘企业文化落地路线图	企业文化的逻辑 王祥伍　著	从文化起源深刻剖析文化、效率、企业、企业文化联系
企业文化定位·落地一本通 王明胤　著	企业文化理念传播和落地聚焦的17种方法，解读了近100个实战案例	36个拿来就用的企业文化建设工具 海融心胜　著	汇集整理了36个通用的企业文化实践工具

续表

书名	内容	书名	内容
企业文化激活沟通 宋杼宸　安　琪　著	系统阐述沟通与企业文化的关系，给予企业提升沟通效能的企业文化解决方案	**企业文化建设超级漫画版** 邢　雷　著	用漫画形式写成的企业文化建设专业书籍，理论体系和 29 个具体的操作方法
在组织中绽放自我 朱仁建　著	个人与组织之间的关系，文化对组织化形成的影响		
流程管理			
营销·研发·供应链业务架构与流程管理 谭勋晖　著	对营销、研发、供应链这三大业务流程变革实践经验总结	**打造集成供应链** 王春强　著	第一用力在“集成”上，梳理内外部各相关模块及其依赖关系
人人都要懂流程 金国华　余雅丽　著	50 幅流程管理漫画，内部对流程价值理念的高度共识	**用流程解放管理者** 张国祥　著	8 个板块构成，共 66 篇文章，14 幅流程管理图
用流程解放管理者 2 张国祥　著	对中小企业规范化流程管理进行系统的阐述	**跟我们学建流程体系** 陈立云　罗均丽　著	在《跟我们做流程管理》基础上丰富了标杆实践案例
16949 质量管理体系落地与全套文件汇编 谭洪华　著	对 IATF16949 每个条款讲解采用理解、作用、落地、模板、成功案例四个模块解析	**ISO9001：2015 制造业文件模板全集** 贺红喜　著	五篇内容组成的完整的质量管理体系工具文件
精益质量管理实战工具 贺小林　著	四个方面对精益质量管理进行了全方位介绍和解读，并提供大量方法工具	**五大质量工具详解及运用案例** 谭洪华　著	APQP、FMEA、MSA、SPC、PPAP 这五大质量工具的具体运用
IATF16949 质量管理体系详解与案例文件汇编 谭洪华　著	针对 IATF16949 的标准原文做详细解说，同时提供大量表单案例	**SA8000：2014 社会责任体系认证实战** 吕　林　著	将 SA8000 多版本及 10 多年的体系实战经验汇编成书
ISO9001：2015 新版质量管理体系解读与案例文件汇编 谭洪华　著	ISO9001：2015 新版标准理解和运用操作进行详细解读	**ISO14001：2015 新版环境管理体系解读与案例文件汇编** 谭洪华　著	ISO14001：2015 改版后的差别和操作运用进行详细讲解
精益生产			
一、精益·JIT·IE			
精益思维 刘承元　著	作者二十余年企业经营和咨询管理的经验总结	**比日本工厂更高效** 刘承元　著	管理提升无极限 + 超强经营力 + 精益改善里的成功实践
计划与物流精益改善之道 于晓光　著	围绕“计划与物流战略咨询的方法论”进行解析，提供方法论和案例	**300 张现场图看懂精益 5S** 乐　涛　著	通过日本丰田、上市企业案例，用 300 张现场图系统讲解 5S 管理
3A 顾问精益实践 1：IE 与效率提升 党新民　苏迎斌 蓝旭日　著	系统、全面地介绍 IE 工厂管理技术，提高效率创造价值	**3A 顾问精益实践 2：JIT 与精益改善** 肖智军　党新民　著	系统、全面地介绍 JIT 生产方式，并加入实践案例
高员工流失率下的精益生产 余伟辉　著	从三方面论述推行精益管理时如何应对员工流失		

续表

书名	内容	书名	内容
二、生产管理			
化工企业工艺安全管理实操 黄　娜　著	围绕化工工艺安全14要素来展开分析	手把手教你做专业生产经理 黄　娜　著	生产经理如何在信息流、物流、资金流三大流中开展工作
欧博心法：好工厂　靠管理 曾　伟　著	从管人篇和管事篇帮助读者解决人难管、事难控	欧博工厂案例1：生产计划管控对话录 曾　伟　曾子豪　著	工厂管理生产计划管控模块的8个全景细节大案例
欧博工厂案例2：品质技术改善对话录 曾　伟　曾子豪　著	工厂管理品质、技术、效率管理模块的10个全景细节大案例	欧博工厂案例3：员工执行力提升对话录 曾　伟　曾子豪　著	工厂管理人员管控模块的5个全景细节大案例
工厂管理实战工具 曾　伟　著	中国传统文化指导下的工厂管理工具		
全能型班组：城市能源互联网与电力班组升级 国网天津电力公司　著	从互联网时期的班组转型升级出发，对新型班组组织模式和运行机制进行设想	国网天津电力全能型班组建设实务 国网天津电力公司　著	聚焦天津电力公司在探索全能型班组转型升级时的优秀实践
车间人员管理那些事儿 岑立聪　著	小事入手把基层车间管理者头疼的事务打包解决		
咨询·培训师			
培训师事业长青之道 廖信琳　著	培训师自我管理的“洋葱模型”，十项内容与五个层级	管理咨询师的第一本书 熊亚柱　著	深度剖析初级入行咨询师在工作中会遇到的问题
资深管理咨询顾问工作心得 张国祥　著	使用手册讲述咨询师如何操作项目，老板如何选择咨询师，企业如何自主落地	手把手教你做顶尖企业内训师 熊亚柱　著	从开、控、收、编、制、用的角度去践行培训师的职责
TTT培训师精进三部曲上 廖信林　著	手把手教您“深度改善现场培训效果”的一招一式	TTT培训师精进三部曲中 廖信林　著	建构一整套培训课程设计与开发的认知架构和方法体系
TTT培训师精进三部曲下 廖信林　著	通过“沉淀职业功力的六度模型”，帮助培训师在职业技能上的持续精进		
产品·研发			
研发体系改进之道 靖　爽　陈年根 马鸣明　著	取材数十家企业研发改进的咨询实践，提炼一套实操的改进步骤与工具	新产品开发管理，就用IPD（升级版） 郭富才　著	把产品经营的思想凝结在新产品开发管理机制中，升级版更丰富
产品开发管理：方法·流程·工具 任彭枞　著	结合超过300家企业的实际研发管理方法，总结问题和方法，大量表格	资深项目经理这样做新产品开发管理 秦海林　著	采用过程管理方法，对新产品开发的四大过程进行分析，主要针对小电器产品
产品炼金术Ⅰ：如何打造畅销产品 史贤龙　著	如何打造畅销产品的四个方法	产品炼金术Ⅱ：如何用产品驱动企业成长 史贤龙　著	经营者视角重新认识产品，对产品现状快速诊断
中东历史与现状二十讲 黄民兴　著	对中东几千年的历史和动荡的现状进行了一个白描	非暴力抵抗的诞生 甘　地　著	甘地南非21年为印度侨民争取政治权利的艰苦历程

续表

书名	内容	书名	内容
中国古代政治制度上：皇帝制度与中央政府 刘文瑞　著	探究中国古代政治制度的规则和机制，论证古代皇帝制度的形成和演变历程	中国古代政治制度下：地方体制与官僚制度 刘文瑞　著	探究中国古代政治制度的规则和机制，论证古代地方政府的发展演变过程
两晋南北朝十二讲 李文才　著	分12个专题对两晋南北朝的历史进行阐述	每个中国人身上的春秋基因 史贤龙　著	透过真实的春秋历史，看到人性里的黑暗与光明、卑劣与高尚
二、哲学			
车过麻城·再晤李贽 张再林　著	用游记的方式，展示李贽独到的学术眼力和理论建树	王阳明万物一体论 陈立胜　著	“万物一体”是王阳明思想的基本精神。大人者，能与天地万物为一体
自我与世界：以问题为中心的现象学运动研究 陈立胜　著	对现象学运动之中的“意向性”“自我”“他人”“身体”及“世界”进行深入分析	作为身体哲学的中国古代哲学 张再林　著	对中国古代哲学之性质内容给予一种全新的理论解读
中西哲学的歧义与汇通 张再林　著	揭示中西哲学“你中有我，我中有你”之旨		
三、传统文化			
与老子一起思考·道篇 史贤龙　著	一本将《老子》思想本义、思想价值、思想史地位、文明史意义讲透的著作	与老子一起思考·德篇 史贤龙　著	考、释、译、论四个方面的工作对《老子》进行解读
国富策：读管子知天下财富 翟玉忠　著	《管子》轻重十六篇为核心的轻重术，深刻阐发并从中汲取有益时代的经验教训	说服天下：鬼谷子的中国沟通术 翟玉忠　著	为纵横家正名，对纵横术进行了系统总结
中国商道 翟玉忠　著	对中国先秦和明清时期商业典籍系统整理和诠释	梁涛讲孟子之万章篇 梁　涛　著	对《万章》的讲解通俗、富有新意
中国思想文化十八讲 张茂泽　著	中国宗教文化课程10年基础上撰写而成，介绍中国古代宗教思想	孔门心法，中道而行：史幼波中庸讲记 史幼波　著	史幼波讲的《中庸》提炼出中华传统心性之学的精髓
大学之道，圣学纲目：史幼波大学讲记 史幼波　著	史幼波讲的《大学》帮助我们在自己身上找到一个精神的皈依处	史幼波《周子通书》《太极图说》讲记 史幼波　著	根据史幼波围绕这两篇儒学经典的系列讲座整理而成
四、书法·太极·教育·英语			
跟陈忠建学写名家书法Ⅰ 陈忠建　著	用视频跟陈忠建学名家书法之楷书·行书	跟陈忠建学写名家书法Ⅱ 陈忠建　著	用视频跟陈忠建学名家书法之隶书·楷书·行书
郑子太极拳理拳法 杨竣雄　著	作者14岁入郑子太极之门，用故事性的方式讲述教学	内功太极拳训练教程 王铁仁　著	训练方法及练习，用内气演练过程予以详析，有视频
别让你的执着毁了孩子 廖信林　著	复盘与孩子互动过程中的关键时刻，有效的亲子教育	像美国人一样讲话 马方旭　著	美国最常用的800句习惯用语搭配场景例句，有视频